原富

(上)

An Inquiry into the Nature and Causes of the Wealth of Nations

亞當・斯密
Adam Smith 著
嚴復 譯

臺灣商務印書館

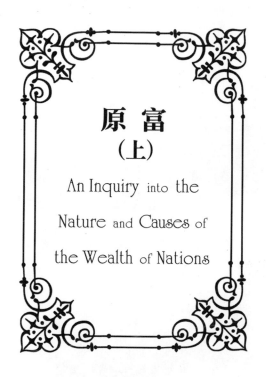

救亡圖存，富國利民

臺灣商務印書館重印嚴復先生翻譯名著叢刊序

祖父嚴幾道先生，身當清末衰頹之世，首先有系統的把西方的觀念和學說引進中國，因為他看到了中國面對的危機，必須救亡圖存，全盤維新。祖父的一生，他的所學、所思、所為，離不了憂國之心，愛國之情。

祖父譯述之西方名著，包括《天演論》、《原富》、《社會通詮》、《群己權界論》、《孟德斯鳩法意》、《群學肄言》、《名學淺說》、《穆勒名學》等八部巨著，原先已由商務印書館出版，稱「嚴復先生翻譯名著叢刊」，絕版已久。現臺灣商務印書館決定重新編排發行這八本書，以饗讀者。囑我為序，謹識數語，以表我對祖父的思慕。

一八九四年甲午戰爭之敗，給祖父的刺激最深，當年十月他給長子嚴璩的書信中痛心的說，清廷「要和則強敵不肯，要戰則臣下不能」，國事敗壞至此，非變法不足以圖存。他接著在一八九五年發表了四篇充滿血淚的文章，「論世變之亟」、「原強」（原強續篇）、「闢韓」、「救亡決論」，提出中國振衰起敝的辦法，強調必須認清中國人自己的缺點，吸收西方的優點，以「鼓民力」、「開民智」、「新民德」，再造富強，所以有學者認為嚴復是清末維新運動中一位最傑出的思想家和言論家，誠可信也。

祖父是一位典型的中國知識分子，他對時代具有強烈的使命感，以天下為己任，企盼國家富強，人民安樂。他服膺孟子「民貴君輕」的主張，所以他的「闢韓」論，駁斥韓愈「原道」中所謂「君者，出令者也……民者，出粟米麻絲，作器皿，通貨財以事其上者也。」他說韓愈只「知有一人而不知有億兆人民。祖父希望發揚的是西方自由主義啟蒙思想的民主概念，以「新民德」，而臻富強。

祖父一生，處於國力積弱、戰亂頻仍的時代，在政治上難以發揮，轉而引介西方學術思潮，從事中西文化的整合與重建工作，對中國現代化具有深遠的影響。

祖父的譯述工作，提出了「信、達、雅」之說，用力甚勤，故梁啟超曾說：「文「近人嚴復，標信達雅三義，可謂知言。」清末桐城派文學家吳汝綸也說：「文如幾道，可與言譯書矣！」又說：「自吾國之譯西書，未有能及嚴子者也。」今臺灣商務印書館重印祖父譯書八本，當可印證其歷久常新也！

祖父翻譯西方名著，重在思想之傳播，而非僅僅文字之傳譯，他認為「一理之明，一法之立，必驗之物事。物事而皆然，而後定之為不易。」所以他在譯書中也會表達自己驗證的意見，希望真正做到富國利民，以達不朽。

嚴倬雲　謹識

嚴復先生與商務印書館

一九二〇年代以前，商務印書館編譯所在創館元老張元濟的主導下，出版了許多介紹外國新知識的翻譯書，對中國的現代化產生重大的影響，其中影響最大的，應該是嚴復譯介英國學者赫胥黎（Thomas Henry Huxley）的《天演論》（Evolution and Ethics）。

翻譯《天演論》，影響深遠

達爾文（Charles Darwin）在一八三一年乘坐小獵犬號探險船環球旅行五年，蒐集有關物種進化的證據。回到英國後，又花了二十年的時間加以研究整理，到一八五六年開始寫作，一八五九年出版《物種原始》（Origin of Species），提出物種進化的證據，引起學術界和宗教界一片嘩然。

赫胥黎本來是反對物種進化理論的，當他看完達爾文的《物種原始》後，恍然大悟，從此非常積極支持進化理論，甚至於一八六〇年在牛津大學講堂，與威博佛斯大主教（Bishop Samuel Wilberforce）公開辯論，威博佛斯譏笑赫胥黎的祖父母是否來自哪一個猿猴？

赫胥黎從此努力研究進化論，甚至提出人類進化的證據，證明猿猴與人類的大腦構造是相同的。他把有關的研究寫了許多本書，其中《進化與倫理》（Evolution and Ethics）是討論有關進化的倫理問題，提出物競天擇、適者生存等理論，於一八九三年出版。

留學英國，譯介西方名著

嚴復於一八五四年陽曆一月八日在福州出生，家中世代以中醫為業。十三歲喪父，遂放棄科舉之途，十四歲進入福州船政學堂學習駕駛，四年後成為學堂的第一屆畢業生，先後分發在「建威艦」、「揚武艦」實習五年。

一八七二年，他取得選用道員的資格（正四品，可以擔任地方主官），乃改名嚴復，字幾道，於一八七七年三月前往英國格林威治皇家海軍學院（The Royal Naval College, Greenwich）學習。兩年後學成返國，在他的母校福州船政學堂擔任教習，翌年升任天津水師學堂總教習，一八九〇年升為總辦（校長），但與李鴻章意見不合，有意另謀發展，一八九五年甲午戰後，開始在天津「直報」發表文章，主張變法維新。

一八九六年，張元濟進入總理衙門服務，開始勤讀英文，認識了嚴復。次年，在嚴復的協助下，張元濟創辦西學堂（後改名通譯學堂），傳授外國語文，聘請嚴復的侄兒嚴君潛擔任常駐教習。這一年（一八九七年），嚴復與夏曾佑等人在天津創辦「國聞報」，宣揚變法維新以圖存的主張，並開始連載刊登他所翻譯的《進化與倫理》，改名為《天演論》，介紹西方最新的「物競天擇、適者生存」理論。

一九〇五年《天演論》由商務印書館出版。嚴復在自序中說：「赫胥黎氏此書之指，本以救斯賓塞任天為治之末流，其中所論，與吾古人有甚合者，且於自強保種之事，反復三致意焉。」可見嚴復翻譯此書，正是要引介外國新潮流來啟發國人。

一八九八年，張元濟與嚴復都獲得光緒皇帝的召見，談到變法維新的問題。可惜百日維新在九月二十一日隨著「戊戌政變」而失敗，張元濟被革職，永不錄用，當年底回到上海，次年獲聘為南洋公學譯書院院長。梁啟超從天津搭船逃往日本，「國聞報」因為詳細刊登政變經過而被查封停辦。

商務出版《原富》等世界名著

一八九九年六月，嚴復將他翻譯的《原富》（即《國富論》，Adam Smith, An Inquiry into the Nature and Causes of the Wealth of Nations）寄給張元濟，南洋公學決定以二千兩銀子購買版權，嚴復同意，一九〇一年由南洋公學分冊出版。後來因為版稅沒有正常給付，嚴復再將《原富》交給商務印書館出版。

一九〇〇年義和團之亂起，嚴復離開天津避居上海，參加正氣會發起成立的中國議會，容閎被選為會長，嚴復被推舉為副會長。

張元濟在一九〇二年為商務印書館創設編譯所後，出版了很多本嚴復翻譯的書，除了《天演論》、《國富論》外，還有《群己肄言》(Herbert Spencer, The Study of Sociology, 1872, 商務在一九〇三年出版）、《群己權界論》（John Mill, On Liberty, 1859, 商務在一九一七年購得版權）、《穆勒名學》（John Mill, A System of Logic, 1843, 商務在一九〇三年出版）、《社會通詮》（Edward Jenks, A History of Politics 商務在一九〇三年出版）、《孟德斯鳩法意》（Montesquieu, Spirit of Law, 1750 Thomas Nugent 英譯本，商務一九〇六年出版）、《名學淺說》（William Stanley Jevons, Primer of Logic, 1863, 商務一九〇九年出版）。

（《勇往向前—商務印書館百年經營史》，台灣商務出版）

《穆勒名學》上半部在一九〇五年由南京金粟齋木刻出版，一九一七年十一月二十七日由張元濟購得版權，並請嚴復繼續把書譯完。

商務印書館也曾在一九〇四年出版嚴復編寫的《英文漢詁》（英漢辭典），提供讀者另一本研讀英文的工具書。

《天演論》是影響最大的一本書，銷行很廣，從一九〇五年到一九二七年，這本書共印行了三十二版，對當時的知識份子產生很大的刺激與影響（劉學禮，〈達爾文學說在近代中國〉）。後來馬君武等人也將達爾文的《物種原始》翻譯出書。台灣商務印書館在台刊行北京商務印書館新譯的《物種原始》，列入OPEN系列。《天演論》在台灣仍然一再發行。

嚴復在一九一〇年曾獲宣統皇帝賜予文科進士出身，並擔任海軍部協都統、資政院議員。一九一二年京師大學堂更名為北京大學校，嚴復擔任首任校長，但到十一月間即辭去校長職務，次年擔任總統府外交法律顧問，發起組織「孔教會」。一九一四年曾擔任參政院議員，參與憲法起草工作。

一九一六年袁世凱死後，嚴復避禍於天津。一九二〇年氣喘病久治無效，回到福州養病，一九二一年十月二十八日病逝，享年六十九歲。

嚴復一生最大的成就是，致力翻譯介紹西方思想，商務印書館全力協助出版，對中國的現代化產生了重大的影響。他所翻譯的書，提倡「信雅達」，以半文言寫作，至今仍然流傳在世。

臺灣商務印書館自九十七年（二〇〇八年）起，推動臺灣商務的文化復興運動，要將商務歷年出版或已絕版的知識好書，重新增修編輯發行。「嚴復先生翻譯名著叢刊」的重新編輯出版，正是為了推介嚴復當年翻譯西方文化名著的成就，同時也希望新一代的讀者能夠重新閱讀世界文化名著，共同創造我們這一代的文化復興。

臺灣商務印書館董事長　王學哲　謹序

二〇〇八年十一月十二日

嚴復先生翻譯名著叢刊總目

第一種天演論

Thomas Henry Huxley: Evolution and Ethics

第二種原富

Adam Smith: An Inquiry into the Nature and Causes of the Wealth of Nations

第三種社會通詮

Edward Jenks: A History of Politics

第四種群己權界論

John Stuart Mill: On Liberty

第五種孟德斯鳩法意

Montesquieu: Spirit of Laws

第六種群學肄言

Herbert Spencer: The Study of Sociology

第七種名學淺說

William Stanley Jevons: Primer of Logic

第八種穆勒名學

John Stuart Mill: A System of Logic

嚴復先生翻譯名著叢刊例言

一　嚴幾道先生所譯各書，向由本館出版，久已風行海內，茲特重加排印，彙成一套，並將嚴先生之譯著，向由他處出版者，亦徵得原出版處同意，一律加入，以臻完備。並精校精印，版式一律，既易購置，尤便收藏。

二　本叢刊共分八種，乃輯合嚴先生所翻譯之著作而成，至嚴先生之著作，不屬於譯本之內者均未輯入。

三　嚴先生之譯名，為力求典雅，故多為讀者所不能明瞭，且與近日流行之譯名不盡同，本叢刊在每冊之末，均附有譯名對照表，一面將原文列出，一面將近日流行之名詞，附列於後，使讀者易於明瞭。

四　凡書中所引之人名地名，均分別註明，以便讀者易於查考。

五　書中各名詞之用音譯者，則將其原文引出，以便讀者知其音譯之本字為何。

臺灣商務印書館謹識

譯例言

譯事三難信達雅。求其信已大難矣。顧信矣不達。雖譯猶不譯也。則達尚焉。海通已來。象寄之才。隨地多有。而任取一書。責其能與於斯二者則已寡矣。其故在淺嘗。一也。偏至。二也。辨之者少。三也。今是書所言。本五十年來西人新得之學。又為作者晚出之書。譯文取明深義。故詞句之間。時有所傎到附益。不斤斤於字比句次。而意義則不倍本文。題曰達恉。不云筆譯。取便發揮。實非正法。什法師有云。學我者病。來者方多。幸勿以是書為口實也。

西文句中名物字。多隨舉隨釋。如中文之旁支。後乃遙接前文。足意成句。故西文句法。少者二三字。多者數十百言。假令仿此為譯。則恐必不可通。而刪削取徑。又恐意義有漏。此在譯者將全文神理。融會於心。則下筆抒詞。自善互備。至原文詞理本深。難於共喻。則當前後引襯。以顯其意。凡此經營。皆以為達。為達即所以為信也。

易曰脩辭立誠。子曰辭達而已。又曰言之無文。行之不遠。三者乃文章正軌。亦即為譯事楷模。故信達而外。求其爾雅。此不僅期以行遠已耳。實則精理微言。用漢以前字法句法。則為達易。用近世利俗文字。則求達難。往往抑義就詞。毫釐千里。審擇於斯二者之間。夫固有所不得已也。豈釣奇哉。不佞此譯。頗貽艱深文陋之譏。實則刻意求顯。不過如是。又原書論說。多本名數格致。及一切疇人之學。倘於之數者向未問津。雖作者同國之人。言語相通。仍多未喻。矧夫出以重譯也耶。

新理踵出。名目紛繁。索之中文。渺不可得。即有牽合。終嫌參差。譯者遇此。獨有自具衡量。即義定名。顧其事有甚難者。即如此書上卷導言十餘篇。乃因正論理深。先敷淺說。僕始繙巵言。而錢塘夏穗卿曾佑病其濫惡。謂內典原有此種。可名懸談。及桐城吳丈摯父汝綸見之。又謂巵言既成濫詞。懸談亦沿釋氏。均非能自樹立者所為。不如用諸子舊例。隨篇標目為佳。穗卿又謂如此則篇自為文。於原書建立一本之義稍晦。而懸談懸疏諸名。懸者卆也。乃會撮精旨之言。與此不合。必不可用。於是乃依其原目。質譯導言。而分注吳之篇目於下。取便閱者。此以見定名之難。雖欲避生吞活剝之誚。有不可得者矣。他如物競天擇。儲能效實諸名。皆由我始。一名之立。旬月踟躕。我罪我知。是存明哲。

原書多論希臘以來學派。凡所標舉。皆當時名碩。流風緒論。泰西二千年之人心民智係焉。講西學者所不可不知也。茲於篇末。略載諸公生世事業。粗備學者知人論世之資。

窮理與從政相同。皆貴集思廣益。今遇原文所論。與他書有異同者。輒就譾陋所知。列入後案。以資參考。間亦附以己見。取詩稱嚶求。易言麗澤之義。是非然否。以俟公論。不敢固也。如曰標高揭己。則失不佞懷鉛握槧。辛苦迻譯之本心矣。

目錄（上冊）

卷二

卷三

吳序

嚴子既譯亞當氏所著計學書。名之曰原富。俾汝綸序之。亞當氏是書歐美傳習已久。吾國未之前聞。嚴子之譯。不可以已也。蓋國無時而不需財。而危敗之後為尤急。國之庶政。非財不立。國不可一日而無政。則財不可一日而不周所用。故曰國無時而不需財。及至危敗。財必大耗。欲振厲圖存。雖財已耗。愈不能不用。故曰危敗之後尤急。中國士大夫。以言利為諱。又忕習於重農抑商之說。於是生財之途常隘。用財之數常多。而財之出於天地之間。往往遺棄而不理。吾棄財不理。則人之睨其旁者。勢必攘臂而并爭。於是財非其財。吾棄財不理而不給於用。則仍取給於隘生之途。途益隘而取益盡。於是上下交瘁。而國非其國。財非其財。國非其國。則危敗之形立見。危敗之形見而不思變計。則相與束手熟視而無如何。思變矣而不得所以變之之方。雖終日搶攘徬徨交走駭愕。而卒無分毫之益。中國自周漢到今。傳所稱理財之方。其高者則節用而已耳。下乃奪民財以益國用已耳。奪民財以益國用。前所謂取給於隘生之途是矣。此自殆之術也。節用之說。施之安寧之世。能使百政廢缺不舉。而財聚留於不用之地。施之危敗之後。財節無可節。廢缺者不舉。而亦無可聚留。循是不變。是坐自困也。所為變之之方者。何也。取財之出於天地之間者條而理之。使不遺棄而已矣。取財之出於天地之間者條而理之。使不遺棄。非必奇材異智而後能也。然而不痛改諱言利之習。不力破重農抑商之故見。則財且遺棄於不知。夫安得而就理。是何也。以利為諱。則無理財之學。重農抑商。則財之可理者少。夫商者。財之所以通也。農者。生財之一途也。閉財之多途使出於一。所謂隘也。其勢常處於不足。尚何通之可言。古之生財之途博矣。博而不通則壅。故商興焉。禹之始治水也。既與益稷予眾庶稻及他根食矣。又調有餘補不足。懋遷化居以通之。是商與農並興驗也。專農一途。故不需商也。禹於九州田賦。既等而次之。至其貢篚則皆所鮮所多相通易之物。凡畋之所獵。漁之所獲。虞之所出。工之所作。卝人之所職。舉財之出於天地之間者。無不財取為用。夫是故勸商。其每州之終必紀諸水母輸則。皆商旅所以通之路也。是安有重農抑商之謬論乎。禹之理天下之財至纖悉不專農如此而卝利尤遠。蓋荊揚之金三品。至周而猶盛。故詩曰大賂南金。及漢武而後乃稍衰歇。史公有言。豫章黃金。取之不足更費。其證也。然上溯神禹時已二千年矣。禹之興卝利如此。又據九州水道推論之。使神禹生今時。其從事於今之路礦。可意決也。況乃處危敗之後。則若周宣之考室。衞文之通商惠工騋牝三千。蓋皆奉神禹為師法。而可以利為後而諱言之乎。今國家方修新政。而苦財賂衰耗。說者顧謂五洲萬國。我為最富。是貧非吾患也。而嚴子之書適成於是時。此亞當氏言利之書也。顧時若不滿於商。要非吾國抑商之說。故表而辨明之。世之君子。儻有取於西國計學家之言乎。則亞當氏之說具在。儻有取於中國之舊聞乎。則下走所陳。尚幾通人財幸焉。

光緒辛丑十一月桐城吳汝綸

譯事例言

計學。西名葉科諾密。本希臘語。葉科此言家。諾密為聶摩之轉。此言治言計則其義始於治家。引而申之。為凡料量經紀撙節出納之事。擴而充之。為邦國天下生食為用之經。蓋其訓之所苞至眾。故日本譯之以經濟。中國譯之以理財。顧必求脗合。則經濟既嫌太廓。而理財又為過陋。自我作故。乃以計學當之。雖計之為義。不止於地官之所掌。平準之所書。然考往籍。會計計相計偕諸語。與常俗國計家計之稱。似與希臘之聶摩較為有合。故原富者。計學之書也。

然則何不徑稱計學。而名原富。曰從斯密氏之所自名也。且其書體例。亦與後人所撰計學。稍有不同。達用多於明體。一也。匡謬急於講學。二也。其中所論如卷三之第二章第三章。卷五之第五章。皆旁羅之言。於計學所涉者寡。尤不得以科學家言例之。云原富者。所以察究財利之性情。貧富之因果。著國財所由出云爾。故原富者。計學之書。而非講計學者之正法也。

謂計學創於斯密。此阿好者之言也。夫財賦不為專學。其散見於各家之著述者無論已。中國自三古以還。若大學。若周官。若管子。孟子。若史記之平準書。貨殖列傳。漢書之食貨志。桓寬之鹽鐵論。降至唐之杜佑。宋之王安石。雖未立本幹。循條發葉。不得謂於理財之義無所發明。至於泰西。則希臘羅馬。代有專家。而斯密氏所親承之師友。若庚智侖。若特嘉爾。若圖華尼。若休蒙大闢。若哈哲孫。若洛克。若孟德斯鳩。若麥庚斯。若柏柢。其言論謦咳。皆散見於本書。而所標重農之旨。大抵法國自然學會之所演者。凡此皆大彰著者也。獨其擇焉而精。語焉而詳。事必有徵。理無臆設。而文章之妙。喻均智頑。則自有此書。而後世知食貨為專科之學。此所以見推宗匠。而為新學之開山也。

計學於科學為內籀之屬。內籀者。觀化察變。見其會通。立為公例者也。如斯密。理嘉圖。穆勒父子之所論著。皆屬此類。然至近世如耶方斯。馬夏律諸書。則漸入外籀。為微積曲線之可推。而其理乃益密。此二百年來。計學之大進步也。故計學欲窺全豹。於斯密原富而外。若穆勒。倭克爾。馬夏律。三家之作。皆宜遂譯。乃有以盡此學之源流。而無後時之歎。此則不佞所有志未逮者。後生可畏。知必有賡續而成之者矣。

計學以近代為精密。乃不佞獨有取於是書。而以為先事者。蓋溫故知新之義。一也。其中所指斥當軸之迷謬。多吾國言財政者之所同然。所謂從其後而鞭之。二也。其書於歐亞二洲。始通之情勢。英法諸國。舊日所用之典章。多所纂引。足資考鏡。三也。標一公理。則必有事實為之證喻。不若他書。勃窣理窟。潔淨精微。不便淺學。四也。

理在目前。而未及其時。雖賢哲有所不見。今如以金為財。二百年以往。泰西幾無人不然。自斯密出。始知其物為百貨之一。如博進之籌。取前民用。無可獨珍。此自今日觀之。若無甚高之論。難明之理者。然使吾輩生於往日。未必不隨俗作見。並為一談也。試觀中國道咸間。計臣之所論議施行。與今日朝士之言通商。可以悟矣。是故一理既明之後。若揭日月而行。而當長夜漫漫。習非勝是之日。則必知幾之神。曠世之識而後與之。此不獨理財之一事然也。

由於以金為財。故論通商。則必爭進出差之正負。既斷斷於進出差之正負。則商約隨地皆荊棘矣。極力以求抵制之術。甚者或以興戎。而不悟國之貧富。不關在此。此亦亞東言富強者所人人皆墜之雲霧。而斯密能獨醒於二百年以往。此其所以為難能也。

爭進出差之正負。斯保商之政。優內抑外之術。如雲而起。夫保商之力。昔有過於英國者乎。有外輸之獎。有掣還之稅。有海運之條例。凡此皆為抵制設也。而卒之英不以是而加富。且延緣而失美洲。自斯密論出。乃商賈亦知此類之政。名曰保之。實則困之。雖有一時一家之獲。而一國長久之利。所失滋多。於是翕然反之。而主客交利。今夫理之誠妄。不可以口舌爭也。其證存乎事實。歌白尼奈端之言天運。其說所不可復搖者。以可坐致數千萬年過去未來之躔度而無杪忽之差也。斯密計學之例所以無可致疑者。亦以與之冥同則利。與之舛馳則害故耳。

保商專利諸政。既非大公至正之規。而又足沮遏國中商業之發達。是以言計者群然非之。非之誠是也。然既行之後。欲與更張。則其事又不可以不謹。蓋人心浮動。而身被之者。常有不可追之災故也。已寘母本。不可復收。一也。事已成習。不可猝改。二也。故變法之際。無論舊法之何等非計。新政之如何利民。皆其令朝頒。民夕狼顧。其目前之耗失。有萬萬無可解免者。此變法之所以難。而維新之所以多流血也。悲夫。

言之緣物而發者。非其至也。是以知言者慎之。斯密此書。論及商賈。輒有疾首蹙額之思。後人釋私平意觀之。每覺所言之過。然亦知斯密時之商賈。為何等商賈乎。稅關屯棧者。公司之利也。彼以謀而沮其成。

陰嗾七年之戰。戰費既重。而印度公司。所待以楷柱其業者又不訾。事轉相因。於是乎有北美之戰。此其害於外者也。選議員則購推舉。議榷梲則賂當軸。大壞英國之法度。此其害於內者也。此曹顧利否耳。何嘗恤國家乎。又何怪斯密言之之痛也。雖然。此緣物之論也。緣物之論。所持之理。恆非大公。世異情遷。則其言常過。學者守而不化。害亦從之。故緣物之論。為一時之奏劄可。為一時之報章可。而以為科學所明之理必不可。科學所明者公例。公例必無時而不誠。

斯密於同時國事。所最為剽擊而不遺餘力者。無過印度之英公司。此自今日觀之。若無所過人者。顧當其時。則英公司之燀赫極矣。其事為開闢以來所未曾有。以數十百處污逐利之商旅。際蒙兀之積弱。印民之內訌。克來福一豎子耳。不數年間。取數百萬里之版圖。大與中國並者。據而有之。此亞烈山大所不能為。羅馬安敦所不能致。而成吉思汗所圖之而無以善後者也。其驚駭震耀各國之觀聽者。為何如乎。顧自斯密視之。其驢非驢。馬非馬。上焉既不能臨民以為政。下之又不足懋遷而化居。以言其政令。則魚肉身毒之民。以言其壟斷。則侵欺本國之眾。徒為大盜。何裨人倫。惟其道存。故無所屈。賢哲之言論。夫豈聳於一時功利之見而為依阿也哉。嗚呼賢已。

然而猶有以斯密氏此書。為純於功利之說者。以謂如計學家言。則人道計贏慮虧。將無往而不出於喻利。馴致其效。天理將亡。此其為言厲矣。獨不知科學之事。主於所明之誠妄而已。其合於仁義與否。非所容心也。且其所言者計也。固將非計不言。抑非曰人道止於為計。乃已足也。從而尤之。此何異讀兵謀之書。而訾其伐國。覩鍼砭之論。而怪其傷人乎。且吾聞斯密氏少日之言矣。曰。今夫群之所以成群。未必皆善者機也。飲食男女。凡斯人之大欲。即群道之四維。缺一不行。群道乃廢。禮樂之所以興。生養之所以遂。始於耕鑿。終於懋遷。出於為人者寡。出於自為者多。積私以為公。世之所以盛也。此其言。藉令褒衣大袑者聞之。不尤掩耳而疾走乎。則無怪斯密他日之悔其前論。戒學者以其意之已遷。而欲燬其講義也。

原富本文。排本已多。此譯所用。乃鄂斯福國學頒行新本。羅哲斯所斠閱者。羅亦計學家。著英倫麥價考。號翔贍。多發前人所未發者。其於是書。多所注釋匡訂。今錄其善者附譯之。以為後案不佞間亦雜取他家之說。參合己見。以相發明。溫故知新。取與好學深思者。備揚榷討論之資云爾。

是譯與天演論不同。下筆之頃。雖於全節文理。不能不融會貫通為之。然於辭義之間。無所顛倒附益。獨於首卷第十一章釋租之後。原書旁論四百年以來銀市騰跌。文多繁贅。而無關宏旨。則概括要義譯之。其他如卷四第三章。首段之末。專言荷京版克。以與今制不同。而所言多當時瑣節。則刪置之。又卷一後。有斯密及羅哲斯所附一千二百二年至一千八百二十九年之倫敦麥價表。亦從刪削。又此譯所附中西編年。及地名人名物義諸表。則張菊生比部。鄭稚辛孝廉。於編訂之餘。列為數種。以便學者考訂者也。

夫計學者。切而言之。則關於中國之貧富。遠而論之。則係乎黃種之盛衰。故不佞每見斯密之言。於時事有關合者。或於己意有所棖觸。輒為案論。丁寧反覆。不自覺其言之長。而辭之激也。嗟乎。物競天擇之用。未嘗一息亡於人間。大地之輪廓。百昌之登成。止於有數。智佼者既多取之而豐。愚懦者自少分焉而嗇。豐嗇之際。盛衰係之矣。且人莫病於言非也而相以為是。行禍也而相以為福。禍福是非之際。微乎其微。明者猶或熒之而。況其下者乎。殆其及之而後知。履之而後艱。其所以失亡者。已無藝矣。此予智者罟擭陷阱之所以多也。欲違其災。舍窮理盡性之學。其道無由。而學矣。非循西人格物科學之律令。亦無益也。自秦愚黔首。二千歲於茲矣。以天之道。舟車大通。通則雖欲自安於愚。無進於明。其勢不可。數十百年以往。吾知黃人之子孫。將必有太息痛恨於其高曾祖父之所為者。嗚呼。可不懼哉。

光緒二十七年歲次辛丑八月既望嚴復書於輔自然齋

亞當・斯密傳

亞當・斯密者。斯密其氏。亞當其名。蘇格蘭之噶谷邸人也。父業律師。為其地監榷。死逾月而亞當生。母守志不再醮。撫遺腹甚有慈恩。卒享大年。親見其子成大名。而亞當亦孝愛終其身不娶婦。門以內。雍雍如也。亞當生而羸弱。甫三歲。遊外家。為埃及流匃所擄。尋而復歸。入里小塾學書計。十四進格拉斯高鄉學。十八而為巴列窩選生。資以廩餼。入英之鄂斯福國學。當十七稘中葉。英國國論最淆。教宗演事上無犯之旨。凡後此所嚴為立政憲法者。皆以謂叛上褻天之邪說而斥之。韓諾華氏新入英為王。英前王雅各黨人。潛聚其中。陰謀所以反政者。以故國學師資窳怠。章則放紛。斯密遊於其間。獨亹亹孶孶。沈酣典籍。居之六年。而學術之基以立。既卒業。居額丁白拉。以辭令之學授徒。一時北部名流。多集館下。於是而交休蒙大鬭。休蒙大鬭者。以哲學而兼史家。為三百年新學鉅子。斯密與深相結。交久而情益親。繼而主格拉斯高名學講習。其明年。改主德行學。又時時以計學要義演說教人。蓋斯密平生著作。傳者僅十餘種。原富最善。德性論次之。皆於此時肇其始矣。一千七百六十三年。有公爵拔古魯者。挾斯密以遊歐洲。居法國者三十閱月。法人為自然學會。會中人皆名宿。而休蒙適副英使居巴黎。則介斯密遊其曹偶。遂與拓爾古。格斯尼。摩禮利輩皆莫逆為摯交。而斯密之見聞乃益進。當是時。歐洲民生蕉然。大變將作。法國外則東失印度。西喪北美。內則財賦枵虛。政俗大壞。華盛頓起而與英爭自立。兩洲騷然。自由平等之義。所在大昌。民處困阨之中。求其故而不得。則相與歸獄於古制。有識之徒。於政治宗教。咸有論著。斯密生於此時。具深湛之思。值變化之會。故原富有作。雖曰其人瞻知。抑亦時之所相也。歸里杜門十年。而原富行於世。書出。各國傳譯。言計之家。偃爾宗之。而同時英宰相彌德於其學尤服膺。欲採其言。盡變英之財政。適與拿破崙相抗。兵連軍興。重未暇及也。然而弛愛爾蘭入口之禁。與法人更定條約。平其酒榷。不相齮齕。則皆斯密氏之畫云。夫兵者國之蟊賊。而變法與民更始。非四封無警。尤不行。北美自立。英國債之積已多。洎連普魯士。以抗拿破崙。海陸倥傯。斯英人無釋負之一日矣。顧英國負雖重。而蓋藏則豐。至今之日。其宜貧弱而反富強者。夫非揞鎖廓門。任民自由之效歟。則甚矣。道之無負於人國也。居久之。斯密為格拉斯高國學祭酒。年六十四矣。逾三年死。葬於額丁白拉剛囊門之某園。斯密於學靡所不窺。少具大志。欲取經世之要而一理之。道遠命促。僅竟其二。德性論言風俗之所以成。其與同時哲學家異者。諸家言群道起於自營。德性論謂起於人心之相感。性豈弟。人樂與親。與人言論。不為發端。俟有所起而後應之。機牙周給。彊記多聞。舉座驚歎。燕居好深湛之思。當其獨往。耳目殆廢。家本中貲。以學自饒。然勇於周恤。盡耗其產。死日獨餘楹書。以畀其外弟賓格拉斯云。

譯史氏曰。德人最重汗德心學。見謂生民未有。必求其配。無已其原富乎。夫二書辭旨。奧顯絕殊。而德人稱之顧若此。或曰。斯密之遊法也。去革命之起無幾時。然於事前未聞一論及之。此以云先幾之識。殆未然歟。嗟夫。此以見斯密之不苟。而立言之有法也。夫妄億一國之變。雖庸夫優為之。中以邀名。不中無讁。獨至知言之士。一言之發。將使可復。彼寧默然者。知因緣至繁。無由施其內籀之術故也。不然。據既然之迹。推必至之勢。理財禁民之際。一私之用。則禍害從之。執因而窮果。以斯密處此。猶疇人之於交食。良醫之於死生。夫何難焉。雖然。吾讀其書。見斯密自詭其言之見用也。則期諸烏託邦。其論四民之愛國也。則首農而黜商賈。顧死未三十年。大通商政。行之者不獨一英國也。而死守稼律。聯田主以旅距執政。乃農而非商也。事之未形。其變之不可知如此。雖在聖智。有時而熒。然則後之論世變者。可不謹其所發也哉。可不謹其所發也哉。

中西年表

（編按：全書「曆」作「歷」，應係譯者避乾隆之「弘曆」名諱所書。）

西歷前二十四世紀　起甲辰訖庚子

唐堯元載至五十七載

西歷前二十三世紀　起辛丑訖庚辰

唐堯五十八載至百有二載　虞舜五十載　夏禹元歲至五歲

西歷前二十二世紀　起辛巳訖庚申

夏禹六歲至八歲　帝啟九歲　太康二十九歲　仲康十三歲　帝相二十八歲　少康元歲至十八歲

西歷前二十一世紀　起辛酉訖庚子

夏少康十九歲至六十一歲　帝杼十七歲　帝槐二十六歲　帝芒元歲至十四歲

西歷前二十世紀　起辛丑訖庚辰

夏帝芒十五歲至十八歲　帝泄十六歲　帝不降五十九歲　帝扃二十一歲

西歷前十九世紀　起辛巳訖庚申

夏帝廑二十一歲　孔甲三十一歲　帝皋十一歲　帝發十九歲　桀癸元歲

至十八歲

西歷前十八世紀　起辛酉訖庚子

夏桀十九歲至五十二歲　商湯十八祀至三十祀　太甲三十三祀　沃丁元祀至二十祀

西歷前十七世紀　起辛丑訖庚辰

商沃丁二十一祀至二十九祀　太庚二十五祀　小甲十七祀　雍己十二祀　太戊元祀至三十七祀

西歷前十六世紀　起辛巳訖庚申

商太戊三十八祀至七十五祀　仲丁十三祀　外壬十五祀　河亶甲九祀　祖乙十九祀　祖辛元祀至六祀

西歷前十五世紀　起辛酉訖庚子

商祖辛七祀至十六祀　沃甲二十五祀　祖丁三十二祀　南庚二十五祀　陽甲七祀　盤庚元祀

西歷前十四世紀　起辛丑訖庚辰

商盤庚二祀至二十八祀　小辛二十一祀　小乙二十八祀　武丁元祀至二十四祀

西歷前十三世紀　起辛巳訖庚申

商武丁二十五祀至五十九祀　祖庚七祀　祖甲三十三祀　廩丁六祀　庚丁元祀至十九祀

西歷前十二世紀　起辛酉訖庚子

商庚丁二十祀至二十一祀　武乙四祀　太丁三祀　帝乙三十七祀　紂辛三十二祀　周武王十三年至十九年　成王元年至十五年

西歷前十一世紀　起辛丑訖庚辰

周成王十六年至三十七年　康王二十六年　昭王五十一年　穆王元年

西歷前十世紀　起辛巳訖庚申

周穆王二年至五十五年　共王十二年　懿王二十五年　孝王元年至九年

西歷前九世紀　起辛酉訖庚子

周孝王十年至十五年　夷王十六年　厲王五十一年　宣王元年至二十七年

西歷前八世紀　起辛丑訖庚辰

周宣王二十八年至四十六年　幽王十一年　平王五十一年　桓王元年至十九年

西歷前七世紀　起辛巳訖庚申

周桓王二十年至二十三年　莊王十五年　釐王五年　惠王二十五年　襄王三十三年　頃王六年　匡王六年　定王元年至六年

西歷前六世紀　起辛酉訖庚子
周定王七年至二十一年　簡王十四年　靈王二十七年　景王二十五年
敬王元年至十九年
西歷前五世紀　起辛丑訖庚辰
周敬王二十年至四十四年　元王七年　貞定王二十八年　考王十五年
威烈王二十四年　安王元年
西歷前四世紀　起辛巳訖庚申
周安王二年至二十六年　烈王七年　顯王四十八年　慎靚王六年　赧王
元年至十四年
西歷前三世紀　起辛酉訖庚子
周赧王十五年至五十九年　東周君七年　秦莊襄王三年　始皇帝三十七
年　二世三年　漢高帝元年至六年
西歷前二世紀　起辛丑訖庚辰
漢高帝七年至十二年　惠帝七年　呂后八年　文帝前十六年後七年　景
帝前七年中六年後三年　武帝建元六年　元光六年　元朔六年　元狩六
年　元鼎六年　元封六年　太初四年
西歷前一世紀　起辛巳訖庚申

漢武帝天漢元年至四年　太始四年　征和四年　後元二年　昭帝始元六年　元鳳六年　元平一年　宣帝本始四年　地節四年　元康四年　神爵四年　五鳳四年　甘露四年　黃龍一年　元帝初元五年　永光五年　建昭五年　竟寧一年　成帝建始四年　河平四年　陽朔四年　鴻嘉四年　永始四年　元延四年　綏和二年　哀帝建平四年　元壽二年

西歷第一世紀　起辛酉訖庚子

漢平帝元始元年至五年　孺子嬰二年　新莽初始一年　始建國五年　天鳳六年　地皇三年　淮陽王更始二年　東漢世祖建武三十一年　中元二年　明帝永平十八年　章帝建初八年　元和三年　章和二年　和帝永元元年至十二年

西歷第二世紀　起辛丑訖庚辰

漢和帝永元十三年至十六年　元興一年　殤帝延平一年　安帝永初七年　元初六年　永寧一年　建光一年　延光四年　順帝永建六年　陽嘉四年　永和六年　漢安二年　建康一年　沖帝永嘉一年　質帝本初一年　桓帝建和三年　和平一年　元嘉二年　永興二年　永壽三年　延熹九年　永康一年　建寧四年　熹平六年　光和六年　中平六年　獻帝初平四年　興平二年　建安元年至五年

西歷第三世紀　起辛巳訖庚申

漢獻帝建安六年至二十五年　後漢昭烈帝章武二年　後主建興十五年　延熙二十年　景耀五年　炎興一年　魏咸熙元年　晉武帝泰始十年　咸寧五年　太康十年　惠帝永熙一年　元康九年　永康一年

西歷第四世紀　起辛酉訖庚子

晉惠帝永寧元年　太安二年　永興二年　光熙一年　懷帝永嘉六年　愍帝建興四年　東晉元帝建武一年　太興四年　永昌一年　明帝太寧三年　成帝咸和九年　咸康八年　康帝建元二年　穆帝永和十二年　升平五年　哀帝隆和一年　興寧三年　帝弈太和五年　簡文帝咸安二年　孝武帝寧康三年　太元二十一年　安帝隆安元年至四年

西歷第五世紀　起辛丑訖庚辰

晉安帝隆安五年　元興三年　義熙十四年　恭帝元熙二年　宋高祖永初二年至三年　少帝景平一年　文帝元嘉三十年　武帝孝建三年　大明八年　廢帝景和一年　明帝泰始二年至七年　泰豫一年　蒼梧王元徽四年　順帝昇明二年　齊高帝建元四年　武帝永明十一年　明帝建武四年　永泰一年　東昏侯永元二年

西歷第六世紀　起辛巳訖庚申

齊和帝中興一年　梁武帝天監十八年　普通七年　大通二年　中大通六年　大同十一年　中大同一年　太清三年　簡文大寶二年　元帝承聖三年　敬帝紹泰一年　太平一年　陳高祖永定三年　文帝天嘉六年　天康一年　廢帝光大二年　宣帝大建十四年　後主至德四年　禎明二年　隋高祖開皇九年至二十年

西歷第七世紀　起辛酉訖庚子

隋高祖仁壽元年至四年　煬帝大業十二年　恭帝侑義寧一年　恭帝侗皇泰二年　唐高祖武德三年至九年　太宗貞觀二十三年　高宗永徽六年　顯慶五年　龍朔三年　麟德二年　乾封二年　總章二年　咸亨四年　上元二年　儀鳳三年　調露一年　永隆一年　開耀一年　永淳一年　弘道一年　中宗嗣聖元年至十七年

西歷第八世紀　起辛丑訖庚辰

唐中宗嗣聖十八年至二十一年　神龍二年　景龍三年　睿宗景雲二年　太極一年　玄宗開元二十九年　天寶十四年　肅宗至德二年　乾元二年　上元二年　寶應一年　代宗廣德二年　永泰一年　大歷十四年　德宗建中四年　興元一年　貞元元年至十六年

西歷第九世紀　起辛巳訖庚申

唐德宗貞元十七年至二十年　順宗永貞一年　憲宗元和十五年　穆宗長慶四年　敬宗寶歷二年　文宗太和九年　開成五年　武宗會昌六年　宣宗大中十三年　懿宗咸通十四年　僖宗乾符六年　廣明一年　中和四年　光啟三年　文德一年　昭宗龍德一年　大順二年　景福二年　乾寧四年　光化三年

西歷第十世紀　起辛酉訖庚子

唐昭宗天復元年至三年　昭宣帝天祐三年　後梁太祖開中四年　乾化二年　梁主瑱乾化三年至四年　貞明六年　龍德二年　後唐莊宗同光三年　明宗天成四年　長興四年　閔帝應順一年　廢帝清泰二年至三年　後晉高祖天福二年至八年　出帝開運三年　後漢高祖元年（稱天福十二年）次年（稱乾祐元年）隱帝乾祐二年至三年　後周太祖廣順三年　世宗顯德六年　宋太祖建隆三年　乾德五年　開寶八年　太宗太平興國八年　雍熙四年　端拱二年　淳化五年　至道三年　真宗咸平元年至三年

西歷第十一世紀　起辛丑訖庚辰

宋真宗咸平四年至六年　景德四年　大中祥符九年　天禧四年　乾興二年　仁宗天聖九年　明道二年　景祐四年　寶元二年　康定一年　慶歷八年　皇祐五年　至和二年　嘉祐八年　英宗治平四年　神宗熙寧十年

元豐八年　哲宗元祐八年　紹聖四年　元符三年

西歷第十二世紀　起辛巳訖庚申

宋徽宗建中靖國一年　崇寧五年　大觀四年　政和七年　重和一年　宣和七年　欽宗靖康一年　高宗建炎四年　紹興三十二年　孝宗隆興二年　乾道九年　淳熙十六年　光宗紹熙五年　寧宗慶元六年

西歷第十三世紀　起辛酉訖庚子

宋寧宗嘉泰元年至四年　開禧三年　嘉定十七年　理宗寶慶三年　紹定六年　端平三年　嘉熙四年　淳祐十二年　寶祐六年　開慶一年　景定五年　度宗咸淳十年　恭宗德祐一年　端宗景炎二年　帝昺祥興二年

元世祖至元十七年至三十一年　成宗元貞二年　大德元年至四年

西歷第十四世紀　起辛丑訖庚辰

元成宗大德五年至十一年　武宗至大四年　仁宗皇慶二年　延祐七年　英宗至治三年　泰定帝泰定四年　文宗天歷二年　至順三年　順帝元統二年　至元六年　至正二十七年　明太祖洪武三十一年　惠帝建文元年至二年

西歷第十五世紀　起辛巳訖庚申

明惠帝建文三年至四年　成祖永樂二十二年　仁宗洪熙一年　宣宗宣德

十年　英宗正統十四年　景帝景泰七年　英宗天順八年　憲宗成化二十
三年　孝宗弘治元年至十三年
西歷第十六世紀　起辛酉訖庚子
明孝宗弘治十四年至十八年　武宗至德十六年　世宗嘉靖四十五年　穆
宗隆慶六年　神宗萬歷元年至二十八年
西歷第十七世紀　起辛丑訖庚辰
明神宗萬歷二十九年至四十八年　熹宗天啟七年　懷宗崇禎十六年　大
清順治十八年　康熙元年至三十九年
西歷第十八世紀　起辛巳訖庚申
康熙四十年至六十一年　雍正十三年　乾隆六十年　嘉慶元年至五年
西歷第十九世紀　起辛酉訖庚子
嘉慶六年至二十五年　道光三十年　咸豐十一年　同治十三年　光緒元
年至二十六年

發凡

凡一群生事之所需。皆於其民力是出。是故國之歲費。與其歲殖。有相待之率焉。殖過費則為盈。盈則其民舒。費過殖則為朒。朒則其民蹙。其所視以為盈朒者。常在四事。一曰致力之巧拙。二曰出貨之疾徐。三曰生者之眾寡。四曰執業之損益。無論其國天時地利之何如。率之盈朒。恆視此四者。均是田也。甲十鍾而乙五。則巧拙之分也。均是民也。此日一而彼日百。則疾徐之異也。至於遊民眾多。作為無益。國以之貧。其故尤易知耳。

雖然。四者孰重乎。曰。巧拙疾徐重。而眾寡損益方之輕也。凡屬初民。多為漁獵。稍進乃耕稼。夫漁獵之眾。莫不操網罟。執弓矢矣。而耕稼之民。亦無一夫之不田。一女之不織。彼其生未嘗不眾也。其為未始無益也。顧今如是之民。往往赤貧羸苦。時憂乏絕。而游牧之國。乃常以生事弗供。如溺幼孩。播棄黎老。以食烏鳶狼虎而不憐。獨至文物聲明之國。其民生而不勞力者至多。而奉養之優。轉什佰於勞力者。一國之內。百產充盈。衣食饒衍。其中最下小民。苟勤謹治生。則口體之養。有絕非草昧之民所能得者。然則即已事而觀之。四者重輕。大可見矣。

吾之為書。將以考國富之實。與夫所以富之由。以前說之故。首論力作生財之功所以益疾益巧之理。與夫生財之後殊等之眾食報所以不同之由。是為卷一。

夫力作生財之功。惟其巧拙疾徐既等。而後其所生之財與生者之眾寡有比例也。而生者之眾寡。又視積貯之盈虛。與夫發貯興事者之得夫以為差。故吾次及母財。明其為物之情。講其積畜之理。與夫母財異施而國中力作亦以不同之故。是為卷二。

巧疾交臻之後。則本末之趨。其勢常分。富國之效。因之亦異。重本者則厲力田樹畜之民。要末者則講通商惠工之政。此其趣民力作均也。而有在野在邑之異。野邑之間。道國者意恆有所偏重。今夫亞洲（亞細亞即古安息轉音。蓋西人分大地為五洲。其三皆命於希臘。始皆一壤之名。其後乃舉以被其全洲。希人謂其國之西地為歐羅巴。埃及與加達幾諸部。則曰阿非利加。其始僅全洲之北地濱海者。猶東國之稱亞細亞。乃分亞洲之西極。今則別之曰小亞細亞。小亞細亞者。漢所云安息。安、亞、息、細。音近。而收音之亞。則猶波斯俄羅斯各名之收音例也）震旦。亙古重農。而歐洲則自羅馬不綱以來。國以製造懋遷相尚。此其所以致然之故。

皆有至理定勢為之。非微考而深論之。不可見也。是為卷三。

本末異重者。其始或由私利之牴牾。或由黨類之偏見。初非於其流極利害有前識也。然由此而計學之家（理財明富。名曰計學）宗旨大異焉。或以謂國之大命在農。或以謂利俗裕民莫若工賈。此其說始則見於著述議論之間。繼則異於發政施令之際。吾欲取諸家之說。審其異同。窮其事驗。用以見古今諸國生理之所以不齊。是為卷四。

前四卷之言財也。考租庸。論本末。皆合通國之盈虛息耗而言之。於國家之賦稅度支。則未嘗專及也。此論賦稅。總為三章。首言國無論君主民主。皆有不容已之度支。自設官詰戎以至宮寢之御。何者為國之正費。而此正費何者宜無區別。以賦諸通國之民。何者宜有區別。而於彼民宜蠲。於此民宜賦。次言征斂之事。術各不同。遵何術則賦廣而民便之。失何道則賦糜而民以怨。末言近代諸邦。以何因緣。皆有國債。而國債之事。其與民生國計。利病云何。蓋是三者明。則成賦經國之理備矣。是為卷五。

卷一

第一章　論分功之效

天下之常言曰。民生在勤。然則力作者。將斯人所定於天之分而無可逃者歟。雖然。均力作矣。其得效則此多而彼少。其致力則此益疾益巧。而彼常拙常遲。其故果安在也。曰。其事首判於功之分不分。

功以分而收效益多。此民生日用之中。所在在可見者也。顧其效於小工作易見。於大製造難知。小工作所居之地狹。所用之人寡。所作之事不繁。可一覽而盡也。至於大製造則不然。其所仰給者。非一廛之肆能所辦也。往往取輪於甲。求輿於乙。衡軫蓋橑。各異其地。攟而聚之。而後成車。其功之分。難以見也。故欲明分功之有益力作。則莫若明以小工作之業。

案。斯密氏成書於乾隆四十年。去今百餘歲矣。故其所言多與西國今日之情形異。今日大製造。多萃於一廠一肆之中。蓋鐵軌既通。會合綦易。而一以省中儈之費。二以交相保險。而收利不畸重輕。此雖大製造所以不散處也。

不見夫業鍼者乎。使不習者一人而為之。窮日之力。幸成一鍼。欲為二十鍼焉。必不得也。今試分鍼之功。而使工各專其一事。拉者。截者。

挫者。銳者。或磋其芒。或鑽其鼻。或淬之使之犀。或藥之使有耀。或選純焉。或匣納焉。凡為鍼之事十七八。或以手。或以機。皆析而為之。而未嘗有兼者。則計一日之功。可得八萬六千鍼。而或且過此數。此見諸實事者也。使以十八人為此。是人日四千八百鍼也。往者不分其功。則一人之力。雖至勤極敏。日不能二十鍼。今也分其功而為之。則四千鍼而裕如。然則以分功之故。而益人力二百倍有餘也。治鍼如是。他製造可類推矣。吾故曰益力之事。首在分功。

分功之為事。大抵分之愈簡。則其益力愈多而民生日優。則分功之事日細。蓋二者皆有相資之用焉。今夫野蠻之國。其一民之業。在文明之國。皆數人分治而不足者也。彼之耕稼陶漁。弓矢韝幕。不異人而任之。而此則一尋常服食器用之微。其分功之多。有不可勝數者。夫如是。則即分功之繁簡。又可以覘人國治化之淺深矣。雖然。事有殊形。不能皆分之至極簡易如治鍼也。譬如田功。則分之不能若工賈之細矣。蓋田功因時。春耕夏耘。秋收冬積。不能一時勤而三時逸也。其功之不可分以此。而農術之進不若他業之多者亦以此。富國與貧國較。其農與工固皆勝也。而勝之於農者。終不若勝之於工者之無窮。民力優。母財足。其播穫也以時。其得稼也恆有以盡其地力。計其所勝。如是而已。然而其所出之糧。與其所費之財與力。常為比例。不能遠過也。是故富國與貧國之粟。美惡同則價相若。富者之粟。不能比貧者廉也。波蘭之與法國。其貧富相懸遠矣。法之與英。則又異也。其田疇之荒治則殊。而三國之穀價相若。此不僅穀之一事然也。地之所產。皆如此矣。此所謂生貨者也。波蘭所出太半生貨。至於熟貨。則舍犓陋常物之外。往往而絕。欲與英法比隆。夐乎遠矣。

功分則人力之收效益多。收效益多。則生財之能事愈大。此其所以然之故有三。事簡而人習。一也。業專而玩愒不生。二也。用意精而機巧出。三也。

所由於事簡而人習者。此最易見也。蓋用志不紛。雖事有至難。及其久之。皆若行其所無事。故欲事之習。必功之分。分之益簡。習之益至。又嘗觀鐵匠之為釘矣。其非專業者。窮日之力。僅二三百枚。而多不純善。苟其專為。則日能八九百枚而善。吾見日成二千三百枚。而枚枚皆善者。問之。則童而習此。未嘗他騖者也。專之為效。不其見歟。雖然。人為全釘。尚非極簡之業也。鼓鑪聚炭冶鐵奮錘。皆一人之事。而一釘之中。髯其頭。鑿其尾。其用器致功。皆不同也。故僅若此。使由是而益分之若治鍼之為者。則人之成釘。不啻倍蓰此數又可知也。

所由於業專而玩愒不生者。民之能勤。在無棄時而已。棄時無異於棄財也。業不專而屢易。其棄時必多。民之治一業也。飭其材。庀其器。而後從事焉。使不易業。無待更求也。易之必飭他材。必庀他器。而前飭前庀者。皆無用矣。此其棄時一也。常人之情。於易事之頃。不能無趑趄。當其始為之時。心未能即專也。力未能即奮也。必有頃焉。乃臻服習。已服習而心專力奮矣。又使之轉治他業。彼必遼緩徘徊。以為休息之頃。使如是日數易焉。何怪其功之鹽而所需時日之多乎。此其棄時二也。此於一業固不覺也。使合一國通數十年計之。則為之不疾而財之所以不生。皆坐此矣。且民既以業專而習。亦以業紛而惰也。鄉僻之傭工所操之業。食頃輒易。每易之際。必延竚容與而後即功。初為之時。其於事亦多不精審。如是習之既久。遂成潦倒惰傭。蓋比比也。

所由於用意精而機巧出者。西國益事省力之機。半由分功而出。蓋用意既精。巧捷之術。恍若來告。吾觀於工廠而遇極巧之機。叩其所由。多由工傭前以手足專司此事。後得巧法。創成此機。如汽機初創時。凡百運轉。皆機自為。獨汽鞲之囪。開闔須由人力。以其事輕。司以童子。後此童子思欲趁閒遊戲。因接桿繫繩。使其隨機開闔。此乃汽機中第一妙製。然其作者由於專業之童。舉此一端。則機由習創。非虛語也。

夫以機代工。則為之者疾。夫人而知之矣。然機之所以成。不必由執其工者，製造之師。以造機為專業。一機成。家以之富。故竭其耳目心力為之。格致家者。不奮手足之烈。專以仰觀俯察學問思索為功。故於物力陰陽。獨具先覺之智。文明之國。格致之學。與百工同。人專一途。而易事通功。有相得之用。故民智愈高。學之分功愈細。業亦益精。此專家之學所以眾也。方其聚精會神。人守一學。若甚睽孤也者。逮合以成之。則一群之民智大進。此其有益人國。不僅富之一言所可盡也。而富為尤著。蓋功分而為之者疾。為之者疾而百工之生物蕃。一人之所出。皆仟佰其所自需。人人有餘。而交易之事起矣。農以粟易械器。陶冶以械器易布帛。轉相為易。至於各養其欲各給其求而後止。然此猶是為未有圜法泉幣者言也。泉幣興則其為易益神而財益進。故分功之國。民勤而生物蕃。生物蕃而交易起。交易起而財用足。

民有相資之用。邦乃大和。今夫生於文明之國。而身為賃工之傭。亦貧且賤矣。顧觀其一身一室之所有。為計其所仰給之人。則百千萬億。猶未盡也。聞者疑吾言乎。則先即其一罽而論之。出毛布者首羊。羊有牧者。毛有翦者。既翦而湅而梳而染而紡而織而碾而縫。而後成罽。是獨指至切者言之。其所待者固已眾矣。然所待者又有所待也。羊之毛。不必其地之所有也。於是乎有轉運之事。以舟以車。舟必有造舟者。車必有造車者。編其帆。綯其索。均其輪。字其馬。至於槳柂轡銜之細。皆必有工。缺焉則其事不舉。翦。鐵器也。於是乎有丱人。有鑪匠。有陶。有冶。有樵。有立宮室者。有鼓爐鞴者。有奮錘者。磨者礱者。少焉則此翦與凡鐵之事皆不生。轉而計之。豈有盡哉。然則是傭一身一室之所有。其至粗極陋固也。顧其牀榻臥具。刀几鼎鐺。與夫飲食餅酒之事。其所待之人功。雖巧歷不能計也。是知人之在群。雖至貧賤。皆必有無窮之人。與為通功易事之事而後濟。微論富貴者矣。雖然惟文明之國乃有是也。非洲野蠻之王。其壤地萬里。億兆之眾。殺生隨心。求如吾傭一日之奉。必不能也。吾故曰無化之王。不若有化之傭。

案。斯密氏之論分功也。可謂辨晰矣。雖然。自後之計學家觀之。猶有未盡者。斯密之所言者。通功易事也。異事而相資也。然其事必自通力合作始。通力合作者。同事而相助也。十手而牽一罍。十足而舉一碓。使不如是。事之不舉者眾矣。烏致有餘而為易乎。且斯密所指分功之益。亦未賅也。所指之外。尚有四焉。一曰不異人而事辦。今馳傳之人。其持一緘。與持百緘千緘。勞力均也。牧者之飼一牛。與飼十牛。為事相若也。功分則無贅人。二曰不異事而效收。事固有飭材庀工之後。惟恐求者之不多。印書其一事也。功之未分。則人而鈔書也。功分則無贅事。三曰人得各審其才之所當。夫人各有能有不能。使不分功。則或強於其才所不當。而力縻事苦。惟分功而後各出其所長也。四曰地得各出其產之所宜。夫粵鑄宋削。產各有宜。不分功則遷地而不能良。既分功則地各收其所美。四者既合。人之能事益宏。而財乃大出也。

第二章　論分功交易相因為用

功分而生財之能事益宏。其事非俟聖人起而後為之施設也。非前知其能生財而後分之若此也。蓋起於不得已焉。夫人生而有群。天與之以有欲。其所以養此欲者。求之一人之身。不能備也。則其勢必取於相資。是故交易之事。國而有之。其利鈍繁簡。各視其進化之深淺為差。獨至禽獸。則雖最靈者不能。兩狗之逐兔也。一角之。一犄之。有相資之用焉。顧其事起於適然。各逐其欲而偶有合。非相為約而各任其一事也。鳥不相易蟲。猿不相易果。蓋易者必先有此彼之分。此彼之分。禽獸未嘗有也。故交易之事。惟人為能。且禽獸之得食也。於其類則以爭。強者得之。不問其誰屬也。其於人則以媚。搖尾𦧇舌。伏身帖耳。幸主人之已悅。分其餕以果腹焉。人之有求於其類也。嫭阿卑伏。曲體順旨。與禽獸同術者。固有之矣。然而不可常用也。生夫群之中。蓋無時焉不待無數人之我供而後足。使必俟悅我者。則竭畢生之精力。所結而相驩者。能幾人哉。雖欲用禽獸之術自給。勢有不能。夫吾既常有求於群。而他人之惠養。又不足恃。吾將何所恃以奉吾生乎。曰。恃天下之各恤其私而已矣。人。自營之蟲也。與自營之蟲謀其所奉我者。是非有以成乎其私。固不可也。市於屠。酤於肆。糴乎高廩者之家。以資吾一飧之奉。非曰屠肆高廩者之仁有足恃也。恃是三者之各恤其私而已。入日中之市。而與蚩蚩者為易也。意皆曰與我彼。吾與若是。是之於若。方彼之於若為有贏也。則市之人皆歆之矣。此吾所以奉吾生者也。今夫無所易而受人之惠養者。蓋有之矣。行匄是也。然而無所易者其一。而有所易者多也。受財物於仁人。而是財物者。不能適如其所求也。方舉是以與市人為易。飢所食。寒所衣。風雨所庇覆。皆必易焉而後得之。則固與不匄者同也。然則交易者。固人道所不能外也。

有質劑（謂相易以約者。）有交易（謂相易以物者。）有買賣（謂以財為易者。）而生事以供。亦有是三者而分功以著。射獵游牧之民。其中有善為弓者。善為矢者。以其弓矢。易他人之禽獲牛馬。如是而得。方之自獵自牧之得為多。則彼將終於弓矢之業。而為弓人矢人矣。又有善為屋廬韝幕者。為他人之屋廬韝幕。而他人與之牛羊脯鮮。如是而得。方之自獵自牧之得為多。則彼將終於屋廬韝幕之業。而為梓人幕工矣。又如是而有攻金之工。為之刀斤劍削。又如是而有攻皮之工。為之衣裳冠履。是故治化既開。易事乃始。易事既有。乃各審其耳目手足之所最宜。各操一術焉以前其群之用。勞一人之心與力。而各有所出。自享不盡。斥其餘以為易。以給他人之求。而己亦得其所欲。始也以材力地勢異其業。異之既久，乃為習者之門。獨擅能事。眾莫能與之爭。

雖然。天之生才。其為異也始微。彼之各以其能鳴而相望若不及者。非用異以為分。實因分而致異。苟自後而觀之。則聖人之與遊手。度量相越。豈有涯哉。雖然。非生而異也。服習遊處被教砥礪之不同。由斯異耳。乳齒未毀。性情智慮。不相絕踰。當此之時。雖父母比鄰。不能指其異也。洎丁壯而操業不同。鷹爵之分。稍稍見矣。其究也。一則乃聖乃智。一則為奴為隸。聖智奴隸。固有殊矣。而孰謂其始之未嘗殊哉。今使民生而不易事。不易事則不分功。不分功則人之生事大致相若。事相若則習同。習同則民品一。草昧之民。其智若一丘之貉者。正坐此耳。故知民才相懸。待心力分勞而後有也。

案。才異始微。初民如是。至進化既久之後。則有種業積累之異。不盡同也。

由此觀之。以人情之樂相為用。而有交易。而有分功。分功久而人品殊。然數者相為首尾。亦以樂相為用。而後收殊品之利也。禽獸類同而品殊者眾矣。不待教。不由習。生而可見者也。人之生。聖智奴隸之為異。

不若獒之與盧盧之與駹駹與牧狗之為異也。獒以絕有力著。盧以善走著。駹以警牧狗以馴著。其能品各殊而不相為用。此何故也。不易則不通。不通則雖有殊能而皆立於獨。爪牙目鼻。各用其所受於天者以自為養。而於同類則無利也。至於人則不然。或勞心焉。或勞力焉。而皆有相益之用。民生而能操一技。則皆有以食於其群。自聖智為一世之耳目。至於轉移執事者之賤且勞。皆為其群所不能廢。故分功交易而人道尊。

第三章　論分功交易相為廣狹

分功交易。相為用則相為廣狹。山城小市之民。貿易所通。其地甚狹。無取於專產一貨。（洪範八政。一曰食。二曰貨。食謂農殖嘉穀可食之物。貨謂布帛可衣及金刀龜貝。所以分財布利通有無者如此。則名貨者。獨財帛其名。不但不能賅食。且不能賅餘物矣。今是書中凡有交易之量者皆以貨稱。與古義異。學者詳之。）專攻一業。何則。自用而外。多致餘饒。匪所與易故也。彼方舍其專而業其兼。輟其一業之有餘。以補他業之不足。夫而後生事得粗具也。天下固有至微賤之工。而非大邑通都莫能存者。轉移執事之傭是已。負戴提挈。其為技能淺矣。然不僅村墟屯集之中。靡所用之。即在中市。亦不能常得其雇直。邊鄙之民。聚而處者。多不過數十百家。其中農民。為屠者。為餅師。為釀者。凡一家之所需。大抵求之一身而備。如治如梓如攻石之工。約百里而一有。而鬅茅綯索。例皆家自為之。不能如都會之中。雇某作治某事也。即有分功。亦分其大要而已。攻木者總梓匠輪輿。攻金者總冶桃梟栗。事近則一工兼程焉。再析為細。勢不能也。今如蘇格蘭之山邑。歲用釘不過千數。而中巧者日製千釘。使其專之。則三百六旬中。一日食而餘日餓也。可乎哉。

地勢之於人事也。川所以為通。山所以為阻。故舟車皆以通貨。而車不及舟。地為水所通者。其市場必廣。而百工以興。此所以分功之所始。必在瀕海多江河之國。而內地去水遠者。常貧陋僿野而後時也。試為計之。以一大車運四噸之貨。自倫敦以往額丁白拉。將車者二人。輓車者八馬。需時七日者六。而後能達也。以水道言之。則操舟者七八人。為時亦四十二日。其由倫至額。可以運二百噸。此實與百人車五十馬四百者所致同也。夫此人百車五十馬四百者。將非徒用也。必有此四十二日人畜之糗芻。與夫車與馬之所磨損。其他煩費。固無論已。至於水道。不過六七人之所食。一舟之磨損。與風波之偶然。此其難易廉費。豈可同日語哉。設此二邑者。無水以為通。則其所行之貨。必其輕簡珍貴。價高而利厚者。乃足以致。其不能若今日之百貨莫不通。無疑也。故市場狹者其交易寡。交易寡者其功不分。則貨棄於地而利壅矣。由倫敦以至羯羅屈闍。其為遠幾何。使惟有陸可通。將行何貨焉。乃可以當其費。當其費矣。而途中所過凶悍野蠻之國無數。能卒達者幾何。然而是二邑者。今之交相為市者至眾也。互相為用而百工興。民各以富。夫非斯水之力也哉。

是故近水之土。民勤而業良。其為通愈遙。其為業彌奮。富厚文明。

由此而出。遠水之土。四境而外。與通者希。大海之濱。可漕之河。皆為四鄰之所隔。其為市也。僅視本土之富庶以為差。故富教之效。皆劣於近水者。北美之始墾也。來而集者。皆沿江海之壖。其深入內地者。往往而絕也。

考之於史。尤可知矣。歐洲治化始於地中海之四周。天下水入地深者。莫此海若。不通潮汐。舍風所鼓。別無巨浪。小大諸島。棋布星羅。故水恬而多可泊。初民舟製不堅。不識磁鐵之用。於此海最宜。去岸過遠。目不見山。則憚而不敢試。芝伯羅塔者。地中海出大西洋之門戶也。大秦之人謂曰巨靈之峽。過此以西。動色相戒。涉者獨非尼加加達幾尼亞二部之民。垂千餘年。餘國之民。莫有出者。

環地中海之濱十餘國。埃及最古。其民講於農工最先。埃及分上下國。溯尼祿以南為上埃及。皆並河為聚落。去岸不百里。則荒地矣。尼祿下流。播為十數支。為下埃及。网分脈結。在在可以通航。城邑林立。而其民皆婾佚富厚焉。北之荷蘭。葍爾國也。其土與財。以比例言。於他國無所讓。亦以瀕海而有鄂林摩斯二河之故。是故海國多港汊。內地多江河。不淤不濫而常可漕者。國之至寶。致富之資也。希臘義大利在古稱富強。而至今為建國者。職是故耳。

東攬夫亞細亞。則印度之孟加拉最富庶。而支那各省。財賦最盛稱三吳。一則瀕印度洋而承殑伽之衝。一則臨東海而扼揚子之吭。此皆與埃及之尼祿河同其利用者也。埃及印度支那三古國。皆有海禁。以內地市場已廣。不願有外交以致窺伺。然而是三國者。皆古盛而今衰。

五洲之地。阿非利加最混沌無竅。其民終古稱野蠻。而亞洲內地距水遠者。如斯吉地亞韃靼錫伯利亞。亦亙古未進化。由北溟沍涷。大河散處。不可漕通故耳。至如波羅特亞都里厄特黑海諸水之在歐。如亞拉伯灣波斯灣孟加拉灣暹羅灣渤澥諸水之在亞。皆斗入大地數百千里。使之批竅導窾。以成互通之利。而非洲則未嘗有也。且國有河而不播為小支。或踞其上游。而入海下流。為他族所割據。則其通商不盛。蓋無支流則不相匯通。失下游則出入多梗。此所以達牛河雖長大。而於上游諸國匪所利者。坐海口為土耳其所據也。此與有河之全由源達海者。利害相懸遠矣。

案。中國北之黑龍。南之瀾滄。皆坐此患。一失之於俄。一失之於法也。

第四章　論泉幣之始

分功局定。民之生事。取足於己者日以少。待給於人者日以多。專營一業。自享有餘。以與其群為易。懋遷有無。民皆待易而後足。如是之群。命曰商群。

為易之始。必有所窒。甲居一貨而有餘。乙於此貨有不足。則甲願以易。乙願易而得之。然使乙之所以易。非甲之所欲有。則易之事窮。屠者鼓刀而宰。全牛之肉。非一身一家之所能盡也。餅師釀者。皆樂分有之。餅師之易必以餅。釀者之易必以酒。設屠既有餅酒而不欲多。則易之事又窮。如是屠者苦於有餘。餅釀苦於不足。卒不能相為用焉。此大不便也。則生有智者起。別儲一物。使隨時隨地。出以為易。人皆樂之而不吾拒。則生事得常給矣。

如是之物。名曰易中。方古之時。易中亦多物矣。有以馬牛羊者。凡貿易之事。皆以馬牛羊也。由今觀之。甚拙可笑。然古之時。資產物價以馬牛羊計者。載之傳志。不知凡幾。鄂謨之詩。謂諦阿默德之甲直九牛。而格魯古之甲直百牛矣（考工記云牛戴牛。）亞伯斯尼亞之易以鹽。印度以象貝。紐方蘭以乾魚。威占尼亞以菸葉。支那以鹿皮以布以縑。衞藏以茶磚。而蘇格蘭之民。尚有攜釘以入酒肆者。皆易中也。

治化漸開。易中必舍他品而用諸金者。必至之勢也。諸金之為物也。不獨經久不蠹。為萬物尤。且析為至微。於值無損。而由散為合。又易易也。夫可析易合者。易中最要之能事也。而他品不能。如寶石如珠。大以豪釐。值相倍蓰。不得以輕重為比例也。既析不能復合。合之不能復原值也。此其為易中不便明矣。如牛如羊。未食則不可析也。已析則不可合也。今有以羊易鹽豉者。凡易必以全羊。不可少也。苟欲多則必倍之。必三之。此其為易中不便又明矣。至用諸金。則可析可合。而多少輕重。皆可相準。此其獨有之德也。故以為易中最宜。

案。漢貢禹於元帝時欲罷鑄錢諸官。而用布帛及穀。議者亦謂交易待錢。布帛不可尺寸分裂。而禹議以寢。

古今所用為易中者。貴賤諸金皆有之。希臘之斯巴丹以鐵。羅馬以銅。印度以銀。今歐洲各國則金銀並用。

案。中國古者皮幣。諸侯以聘享。金有三等。黃金為上。白金為中。赤金為下。是三品並用。與今英法諸國同也。至秦并天下。幣二等。黃金以溢為名。上幣。銅錢文曰半兩重如其文。下幣。而珠玉龜貝銀錫之屬。為器飾寶藏不為幣。是金銅並用也。漢興。以秦錢重難用。乃更鑄莢錢。降而為五銖。後代所用。大抵損益五銖漢錢。號為圜法。而齊布秦刀諸品微矣。黃白二金。亦無範以為圜法者。

古用金為幣。無圜法也。羅馬之有圜法。自司爾威始。初以銅版貿交易。其不便甚眾。出入必衡。一也。懼其雜無以驗。二也。賤金可忽。貴金銖黍之差。為值甚鉅。非審權微驗不可。則廢時失事之道也。小民挾零金易常物。必皆有事於衡。既已煩矣。而別其雜偽尤難。權金之器。驗金之藥。固不能以時具也。則相率為奸欺。奸欺日眾。其群乃疑。而利用厚生之道。寖微寖滅。故欲富其國而圜法不謹。猶欲肥之人而日飲痟藥也。知計之主。於一錢之入市。重幾何。精幾分。皆為著文明白。範而鎔之。是曰制幣。此實與置監市司價之官同意。皆主杜絕奸欺。使民相任而已。

驗精雜難於審重輕。而所繫亦重。故制幣先有官印。官印者。課其精幾分也。印其一方。不漫全幕。猶今英國銀器有獅子頭印。西班牙金鋌有庫印。取以杜偽雜而已。古之用金。以重計不以枚計。傳載亞伯拉罕買麥克非拉田於伊佛狼。以白金四百希格為價。此猶支那之用銀兩矣。英國當撒遜種人為王時。收賦於民。任土作貢。不以泉幣。至威廉滅國造邦。乃以幣賦。然是時主藏所課入者。仍言重不言枚也。久之乃定制重幾何精幾分為制幣一。幣之面背。像王面紀年月通印之。時或為邊紋極緻。以絕雜偽摩鉛者。夫而後國幣齊一。價以枚稱。衡驗之煩。舉無事焉。

泉幣之等。其始皆即重以為名也。羅馬之幣名亞斯。亦曰滂圖。滂圖者。磅也。重如其名。蓋精銅一磅也。英國之幣名鎊。鎊即磅也。當義都活第一時。重如其名。得白金一臺磅。至顯理第八之十八載。始定制。造幣用杜雷磅。杜雷者。法國邑名。當時歐洲懋遷。法國最盛。而杜雷為諸市輻湊處。故其權量各國通行之。法國之幣名利佛。利佛亦磅也。當察理第一時。重如其名。得白金一杜雷磅。蘇格蘭與英吉利分治之世。自亞烈山大第一至魯勃德布魯斯。鎊制與英同。英法蘇三國。皆有便士。始亦權名也。二十便士為一翁斯。故一便士者。二百四十分磅之一也。鎊便士之間。有先令。亦權名。然其重時升時降。無定程。不若鎊便士之可準。法古所謂穌。即先令。易五便士。有時十二。或二十。或四十。不齊如此。英當撒遜時。每先令作五便士。然亦時變。與法互市。不能不隨法為遷移矣。法自察理第一以來。英自威廉第一以來。鎊先令便士三幣相受之率。無大變改者。變者獨其值耳。吾嘗謂各國君王多貪無信。務欺其民。故制幣以重名。而其重日削。所可考者。羅馬末年。亞斯之重。不過二十四初制之一。雖名滂圖。半翁斯耳。法國最甚。後之方前。僅六十六之一。蘇格蘭次之。三十六之一。英最善。今鎊方古。猶餘三之一焉。蓋其君操制幣之權。則用仍名變實之術。以與其國人相遁。此其所以為聚斂之事也。顧一時所造之輕幣。其君不能獨用也。將必與其民共之。民亦操是以轉相給。償逋納賦。莫不以此。其負彌多。贏得彌厚。至使編戶齊民。貧富易位。雖國經干戈水火之禍變。不如是之甚也。皆居上無厭階之厲已。

案。合觀斯密氏之論。則泉幣之為用可知已。泉幣之為用二。一曰懋遷易中。二曰物值通量。此不必定金品也。而金品之泉幣有四德焉。一曰易挾。二曰不腐。三曰可析。四曰值不驟變。然自通商日廣。而天下之礦產日多。此第四德。亦難言矣。國家制幣之要道二。一曰銖兩數均。二曰精雜齊等。由是而生三善。一曰便事。二曰止奸。三曰美俗。夫泉幣所以名財而非真財也。使其所名與所與易者亡。則彼三品者。無異土苴而已。

第五章　論物有真值與市價異

言物之貴。有二義焉。有以利用言者。有以交易言者。物每有利用甚宏。生事所不可無。而不可以相易。空氣水土是已。亦有易權甚大。而利用蓋微。珠璣寶石是已。夫欲明交易。先辨三理。一物以何者為真值。真值以何者為差率。二凡物之值。不僅一事之所為也。必有數事焉叢而為之。三物自為言。則有真值。以之入市。則有定價。（物與物相易為值。與泉幣相易為價。後仿此。）價時高時下。非無故而然也。明其故而後物價之情可得見矣。以下三章。即言三理。其理既賾。其詞自繁。理賾則有待於讀者之專精。詞繁則有待於讀者之無厭。能專而不厭。而後斯理得共明也。在不佞亦勉為其難而已。請先論物之真值。

案。空氣水土三者。有時亦可相易。正文云云。特言其大凡而已。又物值無自言之理。斯密此說頗為後人所攻。

民之生也。皆有其所需利訢悅者。而貧富之等。即以享此之權力為差。故化進而分功繁。民之所享。待於人者日益繁多。產於己者日益專一。其貧其富。一視其馭功致物多寡之率而已矣。己之物甲。出以功力者也。以易他人之物乙。則彼出乙之功力。宜與我出甲者相當。是名為值。然則功力者。物相為易之真值也。而百產之值。皆可以功力第高下矣。

人情狃於習。則昧其本然。故獨視金銀銅三品為財。而萬物皆以此計貴賤。一若非泉幣莫可貴者。不知始也百產之登。非力不辦。其不由三品以市諸富媼明矣。即至今日一室之中。粗者械器。珍者珠玉。溯其元始。非力曷來。始也以力致物。今也積力於物。及其未毀。斥以與人。或易物焉。或得錢焉。自我觀之。其所得者。必讎於是力者也。然則今之所為。不過假前積之力。以節吾今用之力已耳。何則。假使無物可斥。而吾欲有其錢物。其必奮吾今有之力。勞而後能得之。無疑也。

郝伯斯曰。財者乃權。雖然。權亦多物矣。有使眾之權。相之坐廟堂以進退百執事是已。有威眾之權。將之主兵柄以戰勝攻取是已。斯之為權。不必有財者之所能得也。然則有財者之權為何如權乎。曰。能致物而已。其致物云何。曰。致他人之功力與其功力之所成就而已。入五都之市。其列肆而待沽者。皆功力之積也。故其致物彌廣者。其稱財彌雄。其積力彌多也。其為貨彌貴。

夫物既有真值矣。入市之頃。何不準此以相易。乃更云與市價異者。何也。曰。論物值之所由起。固當言功力。而人未嘗用此定市價者。則較物所積之功力難也。今使執功力以為準。則將以勞力之人數定乎。抑以用力之久暫殊乎。而無如二者可以較同事之人功。而不可以齊異曲之能事也。有勞逸焉。有巧拙焉。事固有一人之為難。瘁於十人之為易。又有一舉手奮舌之技。待十年數十年勤苦服習而後能者。是之差率。又烏從而課乎。是故物之相易也。其值其價。皆取定於兩家當市之評。甲仰而乙俯之。乙出而甲入之。商榷抑揚。至於各得分願而後止。夫如是者謂之市價。市價必不皆真值也。而交易常法。必待是而後行。

案。斯密氏以產物之功力。為物之真值。值之高下。視功力之難易多少為差。其言雖近理。然智者千慮之一失也。蓋物無定值。而純視供求二者相劑之間。供少求多。難得則貴。供多求少。易有則賤。方其難得。不必功力多。方其易有。不必功力少也。一畝之地。處僻邑邊鄙。價數金而莫售。及在都會之中。雖萬金而爭買。此豈有功力之異耶。一樹之果。向陽者以甘大而得善價。背日者以小酢而人棄之。此豈又有功力之異耶。故值者直也。兩相當之名而對待之數也。以功力言。則物物所獨具。而無隨時高下之殊矣。此所以後之計學家。皆不由斯密氏物有真值之說也。

且交易之事。以物易物者多。以物易力者少。多則習而易喻。少則微而難知。物。實物也。力。懸意也。故計物之值。以功力多寡言。不若以異物之多寡言。何則。取便常智。順而明也。

然此猶是圜法未立泉幣未行時也。至圜法既立。泉幣既行。則凡物入市。皆以易錢。罕以易物。屠者欲得餅酒。不復持其肉以與餅師釀者為易也。彼方售其肉以得錢。更持其錢以求餅酒。夫如是。則其所出以為易之肉。與其所易之餅與酒。皆習以錢計而便之。其名值也。曰吾肉每磅值三便士四便士。不曰若干枚餅。亦不曰若干斤酒也。是故泉幣既行。則凡物皆名錢。是為物價。不僅不以產物之功力言。且不以所當之他物言也。

夫天下既皆以錢名物矣。吾論物值。不以錢而以力。何也。蓋惟己不變者。乃可以較物。錢之為物。不能不變也。錢必以金銀銅三品為之。是三品者。其值之變化。與他物同。有時易得。有時難求。故有時而貴。有時而賤。總天下而課其盈虛。視其時礦產之多寡肥磽而已。往者美洲新通。金銀二礦。所在多有。采運致之。不甚費功力。故其時金銀之值。參昔之一。物產之費力少者。其馭力亦少。其馭力少者。其易物自不多。而俗不曰錢之賤。乃曰物之貴。此所謂囿習者也。三品之變如此。因而為泉幣之變又如此。設用之為物值之程。何異古者以肘量長短以撮量多寡哉。隨體為異。其不足整齊萬物較差等。明矣。至於功力則不然。功力幾何。

無論何地何時。自勞力以產物致貨者言之。一耳。精力肢體如平時。工巧便給相若。一功之程。其所服之勞苦。與其所不得自由之情。一也。其庸固時有高下之差。然此其庸變。非其所施之功力變也。大校而言。費力多者其物貴。費力少者其物廉。惟功力有恆。可以為物值之準。以功力言者。物之真值也。以三品泉幣言者。號為價者也。號為價者。市價也。市價不足定貴賤之實也

產一物。致一貨。使其功力從同。則勞力者視之如一。是固然矣。然自雇役者視之。則有時而多與值。有時而少與值。故力役與百貨等。亦若暫貴暫賤無定程者。不知此乃所與以為值者之變。而非力役之能變也。是故以常法論。則力役亦有真值市價之分。真值云何。為一日之工。而一日之飲食與凡生事所必不可少者是已。市價云何。一日所得之錢是已。勞力者之優絀貧富。與真值有比例。與市價無比例也。

夫言物力設為真值市價之分者。非虛為精審。無益事實也。蓋其異不可不知。知者於人事有大裨。譬如有人買田。而約歲收租若干石。使其約納禾稼地產。雖歷千載無大差。使其約折色為金銀。數十年可以絕異。何則。禾稼地產。與力役有比例。而三品泉幣。其貴賤可年月不同也。故約租稅以泉幣折色交納者。有二弊焉。圜法常變名同而實異。一也。三品之

饒儉有時。輕重雖等。而易物之權大殊。二也。

何言乎圜法常變名同實異也。制幣者國家之權。使為民上者。意謂吾存其名而制之輕。可以邀一切之利。則幣日窳。而民又不能視輕幣與重者同也。斯折扣之矣。故雖租常如約。而歲入遞微。何言乎三品饒儉有時而易權大殊也。前者美洲得礦多。而歐洲之金值減。地不愛寶。其減方長。然則租之以金論者。又日削矣。前者以枚言而少。後者以重言而亦少。

故租稅貢賦之事。制折色者便一時。而任土物者可久遠。往者英后額理查白十八年。著令云。國中學校田業。其三之二為若干金。其三之一納禾稼地產。或隨時准照最近市廛時價。折色完納。據柏來斯敦言。此三之一者之所折納。已倍其三之二之金數矣。然則今之金較古之金。為值不過四分得一而已。且此固由金值遞減。易權世微。而非由圜法之敝。何則。英國制幣。自馬理亞至今。尚無有變。如鎊如先令。其精其重。皆仍舊也。假其金之本值日賤。而國家制幣。又復世輕。則折色之受損。愈不可計矣。蘇格蘭國幣遞輕。方英為甚。而法則更甚於蘇。故法國折色之租。在古為重。而今幾與無租同焉。

物值之不變者。莫如功力。穀次之。金銀為下。民待食而後能出力役。故以若干穀易若干力。以廩課功。年代雖遠。其率略同。雖然。穀特較他貨為有恆而已。遽謂其值不變。又未可也。大抵民食豐約。視治理之進退隆污。進者優於中立。中立優於退者。故曰以廩課功。不能無變。功之廩食變。則穀之為值。又烏能無變乎。顧其事以數理言之。則二者相待為變之率。有雙單之異。穀值之變也。視其與功力相待之率。此單率之比例也。他貨物之值之變也。必先視其與穀相待之率。而後及其與功力相待之率。此雙率之比例也。單者變簡。雙者變繁。故租之舍穀而以他貨物言者。其變大也。

不折色之租。固較折色者為可久。然必自其既久而觀之。乃可見耳。大抵米麥之值。稘與稘較（百年為稘。）其變常少。年與年較。其異轉多。而力役庸錢。常法不隨當年糧食之貴賤為高下。而與通數年數十年穀食之平價為差。而穀之平價。視金銀銅三品之易權。三品之易權。視其物在市之盈不足。其物在市之盈不足。又視礦業之耗羨與運致之難易。此猶是以所費功力之多寡差之矣。夫三品之易權。稘與稘較。為變常大。年與年較。為變蓋微。有經數十百年無甚相絕者。故其時穀食之平價。歷久相若。而力役庸錢。亦歷久相若。而其國之有大變故者。非所論也。至於上下數稔之間。客歲斗五十而今茲斗百者。則恆有之。當其斗百。不折色者之所收。自倍於斗五十者。而力役之庸。則不必因之而為變。

吾之所求。在得一物焉以衡量萬物之真值。以審其貴賤之差。由前觀之。物之最公獨真。不以地殊。不以時異。可以為諸值之程準者。獨人力明矣。三品之不可用者。以其稘而異也。五穀之不可用者。以其稔而殊也。不以稔殊。不以稘異。或久或暫。程焉皆可得其真者。惟人力耳。舍人力而欲衡量物值。則定百年以外之物值。金不如穀。籲同者其馭力同也。較數年以內之物值。穀不如金。價均者其食功均也。三品者以世事為盈不足。五穀者以歲時為饑穰。二者均有所不通。故功力者。物值之程準也。

疇物貴賤。而設為真值市價之分。與夫以金以粟以力評之之互異。言計學者必窮其源。不得已耳。然知其義者。於國家任土作貢則壤成賦之道。或有補焉。至於民生日用治產積居。固無事此也。同地同時。物之市價。必與其真值相為比例也。物之不勞而出者。其價必廉。物之索價高者。其真值自大。通一廛之貨。其真值上下之差。視其價而第之。可也。雖然。此必同地同時而後可。或地異。或時異。或地與時俱異。徒以價疇萬物之貴賤者。未有不失其情者也。

地異則徒價固不足疇物之貴賤。然而通商行貨之家。其操奇計贏。所謹稽出入者。又常在市價之間。真值非所論也。今假有商焉。通貨於倫敦廣州之間。在廣之銀半翁斯。其易物與馭力之權。或大於在倫之一翁斯。

夫如是以真價言之。則廣人之有半翁斯者。實富有倫人之有一翁斯者。而物之在倫價一翁斯者。實賤於在廣之價半翁斯者。然而彼通貨之商。固不如是以疇物論盈絀也。彼但知貨之能以半翁斯得於廣。而繼以一翁斯售於倫。則彼於此一入一出之間。夫已業百贏百。一若倫與廣二地之銀易權相等也者。贏與折之分。純視乎市價之多寡。曷嘗計真值哉。是故懋遷之巧拙。恆以市價之高低為斷。而常人之治生。自旦明而至嚮晦。所言與聞。又無時焉不在物之市價。習之既久。視為固然。斯天下攘攘熙熙。無一人焉能語物之真值者矣。

今所欲講而明者。既在富財之原。則物求真值。事不可廢。顧真值必以人力言。而力役之庸。古及今貴賤之不齊。傳記不少概見。末由考得其真。獨五穀之價。雖不盡載。間猶有一二存者。故欲定一物以為群值之程準。又不得不降求其次。舍功力而取五穀矣。此亦為其稍近真者。非曰其物果不變也。是書疇物真值。多取其時穀價而言。職此故也。

易事通功。交利俱贍矣。而獨用一品之泉幣。必不便也。則造為多品相權行之。夷考各國所用。大抵金銀銅三品。大者以黃金。次者以銀。又次以銅。若下品如鐵如錫如鏈。顧雖殊品並行。民常顯立其一。以為餘品之程。名曰本位法錢。本位法錢立。餘品之幣之貴賤重輕。皆權本位而用之。此不必最貴最重者也。惟其群所前用者。是故圜法之事。改本位法錢難。往往利用之情既遷。而民猶樂守其舊也。

案。歐美本位。先皆用銀。至近數十年。始改用金。而英吉利獨早。至於中國。則至今猶用銅也。

當布匿戰事之先。（考羅馬布匿之戰。前後二役。前役起耶穌生前二百六十四年。是時羅馬民主正盛。與非洲北部之加達幾爭昔昔利島也。）羅馬用銅錢而無金銀之幣。先耶穌生二百五十九年。始造銀幣。名塞西特爾希。（此即史記大宛傳所謂以銀為錢。錢如王面者也。）而銅者尚沿守以為本位法錢。貲產貨物。皆以銅論。名亞斯。其銀幣塞西。枚以二亞斯有半為率。故羅馬以多銅稱富。其負債者。曰家藏他人之銅。

羅馬解紐。歐洲北部代興。考諸傳記。皆原本用銀。而黃赤二金圜法。乃晚出之制。（歐洲北部日耳曼峨特諸種。皆由安息絕黑海溯達牛河而入普、法、瑞典、不列顛諸境。意者亞洲西域古行銀幣。其民雖散之歐洲。而猶沿守舊制也。）英國自撒遜種人為王時。已行銀幣。而金幣自義都活第三始。銅幣自雅各第一始。國中貲產貨物。皆以銀計。其占貲稱若干鎊。不曰若干幾尼。蓋幾尼金幣。造於義都活朝。而鎊者猶羅馬之滂圖。本銀貨之名。今之金錢當二十先令者。自本位法錢由銀而金時乃有者也。餘國以銀計貲者。所由來同此。

歐洲諸邦。其泉幣多品者。其交易貣貸納賦償負。必以本位為計。如是者謂之法償。法償云者。如是之償乃應法也。英古法償皆銀幣。後義都活第三。以黃金造幾尼矣。然不得用為法償者蓋久。金銀相受之率。旦暮有異。官不為定價也。盈縮折納。當市者自為之。民償逋以金不以銀。主者勿受。可也。評價相準而受焉。可也。銅幣雖通行。獨取與貴幣子母相權。了畸零之數。從未用為法償也。故本位法錢立。而殊品之用異。三品之別。不僅區區名字間也。

案。以他書考之。斯密氏此言。頗失實矣。英始造金幣。在宋理宗寶祐五年。自此時已令民用為法償。而與銀折兌之率。則國主時時頒令定之。直至康熙三年。猶用此法。則其云不得用作法償久。而官不強定價者。誤矣。當時所造金幣。皆幾尼。無名鎊者。康熙五十六年。始定幾尼枚當二十一先令。與先令並用為法償。然每幾尼真值。不足二十一先令之銀。故民間納賦償負。其款大者。皆趨用金。而先令則朝發夕毀。或輸外國。其獲留國中以資流轉者。皆年久磨漫。銖兩不及者耳。迨乾隆三十九年。即斯密氏原富成書之前一歲。議院著令。凡民間納賦償負。欲計枚論還者。不得逾五百先令。即二十五鎊之數。其過此款目。

即當以重論還。而定五先令二便士為銀一翁斯。數多則以重論不以枚論。用磨漫者無所利。蓋欲救前弊也。嘉慶二十一年。令製幣官造銀幣先令時。於前之每鎊造六十二枚者。今造六十六枚以輕之。而二十一當一幾尼如故。即以所餘之四先令。充匠器笵冶之費而國賦亦陰行其中。蓋值百而征六五矣。此令既行。而金銀二品。仍均法償。則民用之。其勢必反前弊。匿金用銀。而金幣將無由立。於是著令納賦償負。款逾四十先令者。銀幣不為法償。其為無限法償者。獨金而已。又令官造先令不得逾若干數。以救過多趨賤之弊。至銅貨二品。便士可為法償者。不得過十二。當一先令之數。法丁不得過二十四。當半先令之數。蓋自是而英之本位法錢立。而圜法之美。遂為諸國最也。其私造私銷之弊所以絕者。非其擿姦行法獨嚴也。英律凡官鑄金幣。由鋌而枚。毫不增損。而爐炭一切之費。皆取之先令便士之中。又為精其笵冶。邊幕藻刻。齊一巧密。使奸民私造者。非大舉則不能。大舉則旋敗露。竊謂中國泉貨之制。頹弊已甚。苟圖富強。則五均三府。當其所首事者。故詳著於章。俾覽者有鏡焉。

獨至歷時既久。泉貨之制。百姓習知。而相受之率。不虞瞶亂。乃為立其定程。小大相準。如英往者。定每幾尼金。直二十一先令銀。同作法償。相權行用是已。夫如是則二品法錢。同稱本位。異名同實。多寡攸殊。民之用之。匪所擇也。

本位之關繫。獨見於二品相受之率有更張時。試為論之。今設前指幾尼先令二幣。其相受之率。有時降為二十。有時升為二十有二者。而國中一切會計。民之張簿契徹。皆以銀幣言之。則凡交易往來逋負相償之際。需銀幾許。無異平時。獨至以金計之。則二者絕異。於後率則幾尼數少。於前率則幾尼數多。如是則常覺銀值無變而金值時低時昂。是之謂以銀為準。以銀為準者。貲產貨物。皆以銀稱。而金雖經為幣。實則等諸百貨之一而已。又設金為本位。譬如某甲家藏鈔商楮幣。上載存幾尼金幣五十。即無論何時可取幾尼。同於此數。獨至持易先令。則二率大異。於前率為千。於後率為一千一百也。如是則若金有定程。而銀無常值。是之謂以金為準。以金為準者。一切會計。皆以金稱。而銀雖經為幣。實則等諸百貨之一而已。故或為本位。或不為本位。名實兩殊。民之用之。有所擇也。

多品泉貨行。相受之率定。則諸品之值。常制於最貴者。今如銅幣。英之圜法。便士十二枚。重半磅。當未為幣。此半磅銅。值十二分先令之七而已。及其為幣。則此半磅者。當一先令。持此入市。隨時可易。且錢之摩損。上幣本較下幣為輕。故圜法未修之前。幾尼之重。大致相若。而先令則摩損輕薄者大半。使徒以重言。則實不副名遠矣。而此輕薄先令每二十一枚易一幾尼。尚如其朔。持此入市。隨時可易。近者圜法既修。嚴鐫鑱取鉛之禁。且約徵收巨款。以重為程。故幾尼金幣。民愈珍襲。而漫者用希。獨銀幣先令。則摩損如故。取易金幣。與新出於冶者同科。然則圜法之修。於金幣無所出入。而銀銅二品。則所當者皆過真值矣。

案。斯密氏謂多品貨行。相受率定。則諸品之值視最貴者。此說未然。往者計學家馬格樂常駁之。云國之諸金。以事勢不同。各自為值。金不能制銀之貴賤。猶銀不能制金之貴賤也。此在未成幣者固然。在既成幣者亦然。而闇夫淺人。不悟此理。常欲以法貴賤之。此圜法之所以亂而民生之所以被其毒也。考各國法償。其用金用銀。皆出於必然之勢。自其國先者之著令。有以致之。蓋當金銀二幣並用之初。大抵皆為法償。匪所畸重。自相受之率以令定之。斯二者時羨時耗。幾不能一曙而恆。於是用是幣者。亦時利時不利。及真率與所定之率所差綦多。則納賦償負之家。必用其過實之幣。而不及實者。則或聚而鎔之。或攟而輸之外國。雖用峻典。末由禁也。今夫用金為準。英國獨先。終受其益。顧考其始。非在上者豫慮而為然也。此因康熙五十六年所定二十一先令作一幾尼之率。當時金幣。緣此以銀為計名過實者。每幾尼約四便士有奇。

如是凡用金者。值百贏一分六釐三毫強。更遇雍乾之間。歐洲金饒銀儉。贏者愈多。二品既均為法償。交易之事。遂無往而不用金矣。而後之人從而定之為本位。因勢乘便。順民所欲者也。至法德奧義諸邦之用銀。其勢正與英相反。法國於乾隆五十年其金幣名盧夷者。值銀幣名利佛者二十四枚。而每盧夷真值乃二十五利佛又十穌。如是則納賦償負。用金者遇每盧夷折一利佛十穌。交易之事。遂無往而不用銀矣。既為通行。斯為本位。又立制者所無可如何者也。至於近世。始易銀為金。故一國財賦之事。惟其理有固然。斯其勢有必至。決非在上者所得強物從我。倒行逆施也。

英國製幣官定制。每磅法金。（英制造幣法。金約十二分之中精者十一。而其一為銅。若他品其不用純金者。以金純則柔。摩損愈易。故舍純取雜。）造金幣名幾尼者四十四枚有半。枚值二十一先令。而二十先令為幣一磅。是每磅法金。造幣四十六鎊十四先令六便士也。英權析一磅為十二翁斯。則金幣合重一翁斯者。當三鎊十七先令十便士半也。造金幣者。無鑪鞴冶炭一切費。民持金鋌抵局。受成幣與原金等。權色無抑減者。故號三鎊十七先令十便士半為每翁斯法金之局價。法金法銀者。謂精雜應圜法者也。

圜法未修前。每翁斯法金。或鋌或塊。市價常過三鎊十八先令。間至三鎊十九先令或四鎊者。然以舊幣多摩損。總其重或不及一翁斯。圜法既改。每翁斯法金。市價常不及三鎊十七先令七便士。前則常浮於局價。後則常減於局價。以金易以銀易皆如是。故圜法改而金幣所范之金。過於前時。由是而與金幣子母相權之先令。亦與之俱貴。及他貨物價同前者所易實金。亦緣此而多。第貨物市價之低昂。所由來者多且遠。其差數微而難見耳。

又製幣官定制。每磅法銀。造銀幣名先令者六十二枚。枚值銅幣十二便士。故每翁斯五先令二便士為局價。圜法未修前。法銀市價。時低時昂。自五先令四便士至五先令八便士不等。而五先令七便士為常率。圜法既改。其價不逾五先令五便士。賤或至五先令三便士。蓋圜法改而銀鋌價跌。然未嘗如局價之微也。

觀國幣三品相受之率。知銅幣所當。遠逾本值。而銀幣所當。則較本值為不足。歐洲中原。如法如荷蘭之國。大較金銀相受。其率十四。而英則十五之。則以銀為計。金之在此。貴於中原也。顧英之銅幣。所當雖過。而銅之市價。不因以貴。銀幣所當。雖遜本值。而銀之市價。不因以廉。銀鋌之易金。銅塊之易銀。皆守其通行常價也。

考威廉第三朝修改銀幣圜法。而市中銀價。仍較局價為昂。名理家洛克以謂此緣國家徒禁銀幣外輸。而不禁銀鋌外輸之故。國中銀鋌少而銀幣不乏。此市價所以昂於局價也。然洛說亦有不盡然者。蓋民之日用。銀幣自較銀鋌為急。法宜使既成幣之銀貴。而未成幣之銀廉。且今日之律。亦許金鋌出口而禁金幣外流矣。市之金價。不聞坐此而貴。大率皆在局價之下。何耶。銀成幣後。其所當之值。以金計之。實在本值以下。而三品之值。又皆取衡於金。前之修改銀幣圜法。既不能使銀價因之而跌。與局價平。則知金銀市價。皆非法之所能軒輊者矣。

案。銀成幣後。所當之值。以金計之。在本值下。特當斯密時如此。今大相反矣。又英自嘉慶二十四年。金銀幣出國之禁皆弛。

夫銀幣所名。既劣本值。設英製幣官收回摩損之銀幣。而悉易以足重新造者。將見一幾尼所易之二十一先令。是中所有之銀。方之在市所買之銀鋌為優。民之趨利。猶水就下。則將收聚先令。鎔凝成鋌。由鋌易金。由金更易先令。數番之後。獲利孔多。雖嚴禁防。姦必不止。是故欲救厥弊。非於二幣相受之率。詳審更張。必不可也。

詳審更張奈何。曰莫若更造銀幣。為之制輕。制輕云者。謂以金計之。先令所名。浮於實值。而定幣銀法償。不得過二十一先令當一幾尼之數。以杜民之取巧用輕。譬如今之銅幣便士。所名大過其實。而姦巧不滋者。亦以法償立限。不得過十二枚故也。誠如是。則幣銀雖輕而民不病。有子母相權之便。而無趨利不平之憂。制之精詳。莫如此者。計以此為不便者。獨民間鈔店而已。彼之為業。造鈔售財。貸財取息。最患挾鈔者持據蝟集。立索見錢。則常用巧術以展宕時刻。陰資轉輸。其術常以最小銀幣名半先令者。徐徐給支。前令誠行。則為法償所限。須支幾尼。轉注無時。勢必多儲金幣。則所貸以取子錢者隘矣。故不便之也。然而主計者安能以一業之私不便。而廢一國之公便乎。

案。今英與各國用金本位者。皆用此議。先令法償。以四十為限。不僅二十一也。

一翁斯法金。易三鎊十七先令十便士半者。局價也。當圜法修明。精權畫一。則在鋌在幣。銖兩齊均。五雀六燕。匪所棄擇矣。雖然。金既成幣。方未成者便給為多。且轉鋌為幣。即無角尖之費。而民之持金抵局。須數七日始得領幣。當官局工殷。則閱數月者有之。停金在冶。子錢不收。此之延宕。不殊抽賦。故金之在幣貴於在鋌也。前議欲救鎔毀外輸之弊。法宜銀幣制輕而立償限。乃今觀之。不必制輕。但使一如本值。則一時銀鋌市價。自比局價宜低。而前弊已絕。況今市中行用舊造先令銀幣。

強半摩漫削薄。而相易之時。與新出於冶者。乃無別擇耶。

進而論之。設造金銀二幣時。益以制幣之費。則在幣之金。彌貴於未成幣者。此如笵金為器。價逾其坯。不徒銷毀姦絕。國幣亦不至外流。即有時闌出邊關。轉眴之間。勢必自返。蓋其制雖精。異國用之。計重估色。與未成幣者等。故其易權常遜。而齎以返者。常有所贏也。往日法國造幣。官鑄之費。值百取八。其外流者皆自歸也。

黃金之價。有低有昂。與百貨無以異也。其所以低昂之理。亦與百貨無以異也。海陸之所湛沒。塗飾緣繡之所消糜。在幣在器之所摩損。散之難以見。聚之則甚多。是故國不產金。歲必有輸入者以彌所耗。而金商之運籌逐時。與他商又無以異。大抵計求為供而已矣。彼竭其智慮而為之。而有時過不及者。供與求之間。相劑不易故也。假一時所供者過於所求。彼不能運以復去也。於是寧減於經價而售之。又假一時所供者不及所求。則彼將翹之過於經價用以獲利。此不遁之驗也。故設國中金銀市價。連歲相若。或較局價常盈。或較局價常不足。則知此盈不足而恆之故。必在其國制幣之中。其名之所當。有常強常弱於其實者。而後有此效。凡事之理。因恆而後果恆。

泉幣者。百貨之權度也。必泉幣審而後百貨之貴賤可論。猶尺寸定而後萬物之長短可差。如英四十四幾尼有半之幣。常當一磅之法金。如是則此金幣。無論何地何時。皆可為物價之權度。設經摩取鉛。抑日久薄削。不惟成輕。且所輕不一。則難為權度。而操奇計贏之眾。其計利也。常不以名而以實。故常視所與賈之國泉幣精雜良楛之何如。以制為其價。王者徒標其名而陰蝕其實。固奚益哉。如在義都活第一之世。其六先令八便士。與今之一磅等。名異而實同也。是書所言物價。皆以實不以名。

案。前章因論真值市價之殊。而及泉幣之制。其於世輕世重之由。與夫推行盡利之效。可謂詳晰矣。顧其中多舉英制。又與其國今日圜法。微有異同。散見錯出。讀者或病其紛。故今檃括於此。以便講斯學者之考論焉。今案英法二國泉幣。古皆用銀。而以一磅為單位。此猶古黃金之稱斤。今紋銀之稱兩。皆以重行也。未嘗以一磅為造幣者。造幣初制。乃取銀一磅。析之造二百四十枚。號便士。而總十二便士名先令。由是而二十先令為一鎊。曰先令。曰鎊。皆總便士之數。以重為名。無專幣也。洎元大德四年。義都活第一析一磅為二百四十三便士。以征其民。自茲以降。代有所增。至額理查白當有明嘉隆間。析為七百四十四枚。仍名便士。則愈無藝矣。蓋以一磅之銀。作三鎊二先令用也。循是而計之。故每翁斯銀得五先令二便士。此所謂法銀局價者也。而二百四十便士。猶號為鎊。實則七百四十四分磅之二百四十而已。弱於三分之一也。鎊與磅之分自此始。有明之季。察理第二為王。當時其民往非洲西部開墾者日眾。多挾金歸。乃造幾尼金幣。幾尼者。以得金之地名名其幣也。幾尼初制。以當二十先令。猶今之金鎊。然名不及實。如章中指。而格物碩士奈端適主鼓鑄。建言幾尼真值。過所名者八便士強。於是議院定其率為二十一先令。而三鎊十七先令十便士半者。為法金之局價。局價之定自此始。然金銀相受。時朓時朒。不可強定也。既定二十一先令為一幾尼矣。而二品同為法償。不立程限。又其時銀貴。以是率計。每幾尼金幣。過其真值者四便士有奇。故其民爭用金幣以納賦償負。其銀幣先令。多經藏棄。或輸外國。此一時之事勢。而其流極至使通國用金。此英用金為準獨先諸國所由然也。然法償定制。至一千八百一十六年始立。蓋采斯密是書所言。與名理碩士洛克國幣不二準之議。其資群策歷久成憲乃如此。至於純雜之分。則後之金鎊。枚重一百二十三黍又六百二十三分黍之一百七十一（四百八十黍為一翁斯。）其中含精金一百一十三黍又六百二十三分黍之一。其十黍又六百二十三分之一百七十則銅也。粗而言之。十二分之十一為淨金耳。此所謂法金者也。民間行用。摩損至不及一百二十二黍又四分黍之三者。不得為法償。宜受者拒之勿受可也。至於銀幣先令。則以一磅造六十六枚。如前所指。此與銅幣便士皆取便小費。以與鎊先令子母相權。故所名故過其實。今者銀值大賤。與金相衡。道咸間率十五。今乃三十有六。則其過實愈遠。而國家取此為造幣一切之費。而賦稅亦陰行其中。然其制民便之而遵用不廢者。則以有償限故耳。

第六章　論物價之析分

民始合群。無占田亦無積聚。交易之事。舍功力則差率無由見。譬諸游獵之部。其殺一鼴鼠。方之殺一鹿者。其難倍之。則一鼴鼠應易兩鹿。事之資二日作苦而後成者。其值倍於一日作苦之所成者。自然之勢也。又設彼事之作苦。其費精力過於此事。當其為易。以是費力。是以可貴。故有一時之功。可以當他人之兩時者。又自然之勢也。又設彼事之成。所資巧習。過於此事。以是巧習。相易以多。蓋巧習非人而能也。或以天分之獨優。或以學久而後至。則其相易之所多。適以償其前勞而已。故事以巧力兼至而交易優者。又自然之勢也。群治既進。事之以巧力至而交易優者。於其廩餼庸錢而見之。此文明之世然。而草昧之世。分功雖簡。勢亦不得不然也。

蓋生民之始。百產登成。皆資人力。是以酬庸享實。皆歸肆力之家。物既以功力之多寡第其貴賤矣。則其相易之率。亦以功力為差。舍此而外。無可論者。浸假乃有積聚矣。而生民之業。自耕稼陶漁以往。皆力作居先。食報居後。二者不能同時。方其力作。非先有以贍其口體。固不可也。則必仰於積聚者之家。積聚者斥其財實。以飭材庀工。是之謂母財。力作者被其巧力於材。以成器而為天下利。轉而售之。所得溢於前費者。是之謂贏利。方其斥以相易也。或以泉貨焉。或以材物焉。或以力役焉。蔑不可也。顧一轉之餘。其所收者必有以當原材之值。與夫力作者之餼廩。二者既得。又必有贏焉。乃為前斥母財者之息利。夫而後積聚之家。利其業而勸為之也。是故天生品物。得人力以成熟貨。由生轉熟。其值乃贏。其所贏者。當分為二。一資力庸。一為本息而原材之值。與夫力役之庸。皆斥積聚者所前給者矣。故使發貯興業之家。為其事而無贏利。則工賈之業皆不行。使所贏與前斥者之多寡無比例。彼將常為其少而不為其多。

駮者曰。發貯治生者之贏利。非贏利也。特庸之異其名而已。蓋其人權責交重而顧慮者多。有督閱之勤焉。有指麾之略然。故其得利也。惟其功力。功力所得。則固庸也。謂之贏利。異名而已。應之曰不然。贏之與庸。其物絕異。制其消長。不關人力。夫督閱之勤惰。指麾之巧拙。固有攸殊。而制贏利之消長者。則別有物。不關二者。夫贏利者。視母財為高下者也。今設有市。其中常贏。歲百得十。治生之眾。以此為期。甲乙二廠。甲產粗功。乙造細貨。廠各雇工二十人。其庸率歲十五鎊。如是則年各出庸錢三百鎊也。又甲之粗貨。出者年值七百鎊。乙之細貨。年值七千。故甲廠歲需母財一千。而乙需者七千三百。以什一贏率計之。甲之所贏。歲可望百。而乙則七百三十。二廠贏利不齊如此。而問其所為督閱指麾之事。甲與乙不相懸也。此與運籌之煩。往往任之以一司計而已足。夫司計者之食則固庸耳。彼固以督閱指麾會計之勤而得之。即主人不僅酬其功力。以付託之重。或別有加。然是所加者。從未嘗視所斥母財之多寡而與為高下也。且斥財為母者。既與人以庸矣。其所期之贏利。固計母以責子。是故物價之中。有一分然。當為母財之贏利。母財之贏利。非庸而異名。而贏利之所待為消長。與庸所待為消長者。亦絕非同物也。

是故章首所云交易以功力為差率者。必如合群之初。無占田亦無積聚之世。洎乎合群稍久。物產登成。非勞力者所得全而有之。彼既藉積聚之家以受材受庸矣。則施功成貨。肆今享實。必有起而與之分利者焉。否則發貯食功之事莫之肯為。發貯食功之事莫之肯為。則物產之登微而隘矣。故於此而課物之值。不得獨以功力為差。謂酬是則已足也。其中必有一分焉。為出母財者之所應得。施力成貨者之所應得。是謂庸錢。出母財者之所應得。是謂息利。

案。贏利可以兼庸而言。息利不能兼庸而言也。

然而末已也。合群之先。地無所專屬也。草昧建侯。分民分土。而天下之地皆私財矣。如是者謂之地主。地主不必用地也。而常分用地者所收之實。山麓之材木。牧場之芻茭。藪澤原隰之動植。凡其地之所自生者。當其未私。其有待於勞力者。不外采之擷之畋之漁之而已。及其既私。則采擷畋漁者。不得勞其力而全有之也。將必有一分焉獻之私是地者。而後可采可擷可畋可漁也。如是者謂之租賦。萬物皆出於地。故物價亦常有一分焉。析之則租賦也。租賦者因地之私而有。猶庸錢之因於功力。息利之起於母財。

今夫計學之於物價。猶化學之於物質也。必析之至盡而後其物之情可知。而公例可以立。租庸息者。物價之原行也。即一物之價而論之。將見或此或彼。或僅一焉。或兼三焉。而皆統於是三物者。方民群之初合。物價一有所甚。一有所亡。至質散文滋。則物產或兼三而成價。其大較也。顧租庸息雖不同物。而其始則皆功力之所出。故皆可以功力為權度。

合三成價。觀於穀價最明。其中必有田畝之租賦。必有長年佃者之庸錢。與牛馬田畜之所食。凡皆庸也。二者之餘。則有農人所斥母財之息利。總是三者。而後穀價成焉。或將謂牛馬田器。積歲用之。必稍稍耗。不有以彌。勢不可久。當其評價。是在其中。則三者之外尚有物也。三烏足以盡之乎。不知此牛馬田器之價。亦乃合三而成。如畜養之場。必有場租。攻牧之夫。必資饔食。而農家先斥其財以贍是二。歲終會計。亦望贏息。是則穀價之內。雖有小分以為買生備器之需。顧确而言之。仍歸三物。於吾前說。何能撼耶。

麥轉為麵。則價增乎前。以磨者之庸與坊主之息利故。麵轉為餌。則價增乎前。以餅師之庸與號主之息利故。且麥不能自行也。由庾而坊。由坊而號。皆必有轉運者之庸。與夫畜是轉運者之利息。故前二之外。又且有增焉而後可也。食既如此。衣亦有然。麻之為物。合三成價。與麥等也。而麻布之價。則必增漚者湅者紡者織者之庸。與夫各養其工者之利息。是故其貨彌熟。其積功彌多。以積功之多也。故其價之中。庸與息累焉而常居其大分。所謂租者。相形渺矣。且方其積製造之功也。不僅斥本求息之家眾也。後之所息。必鉅於其前。何以知其然也。蓋息之微鉅視母。後母大於前母故也。譬諸麻業。畜織者之母財。必大於畜紡者之母財。畜織者之斥本也。必有以酬畜紡者之本息矣。又有以食其業之織工。夫而後能取其既紡之麻而織之。故曰其母財大也。母大者子亦大。故曰後之所息。鉅乎前也。

案。前說必分功既細。其理乃明。假如群治未恢。分功不細。則斯密氏所指以磨工餅師與夫漚湅紡織之業。皆一家事耳。母子層纍遞增之微。

雖其事具存。難以見矣。

前謂質散文滋。則價兼三物固然。即在文物極優之國。必有價焉不能兼三。或得二而無租。或去二而得庸。此質國文國之所同也。譬諸海魚。其價之中。獨函二物。蓋漁者之庸。與夫庀船網養漁者之息利。海無租也。至於梁谿洿池。水常有主。則賦稅興焉。如歐洲各國漁魴之業是已。蘇格蘭小民。於潮落時。爭循海壖拾怪石。其石有文章。任刻鏤。美而難覯者。往往得善價。此則獨以庸言矣。

案。今日海亦有有租者。

雖然。是不足以黜吾合三成價之說也。恆業之民。斥所產者以與人為易。私其土者則得租。生者為者轉者則得庸。二者既償。必有人焉得其餘為贏利。分而論之。凡物之值。終歸是三。合而言之。通一國之所產。亦舍是三者無餘物。裒其國財。最其歲入。而區其民之所分。或得一焉。或兼二三焉。不異乎此。此其所以為養也。是租庸息三者。國富之源也。民生之本也。而凡邦用財賄莫不資者也。

民之能以三物自養者。謂之自立之民。國之楨幹也。奮手足耳目心思之烈。食其報者。貴賤異而皆庸也。其次則發貯鬻財。以殖其貨。則贏利矣。治生者徒財不足以為贏也。將必有其經營之勤。與夫得失不齊之慮。

贏利之中。所以報其勤慮者為庸。所以報其廢居者乃為息耳。民之獨以息利自養者。則子錢家是已。借財於人謂之貣。以財借人謂之貸。貸者擁貲而不自殖其貨。貣者受之。以為殖貨之資。而酬貸者以息。故息者。所以市用財之權者也。而業之成敗利鈍。貣者當之。於貸者無與也。獨以租自養者。古有采地之君。與今之以田宅僦人者是已。南畝之民。田不己屬。所得贏利。兼息與庸。其受田也。猶貰者之貣財。而報之以租。租者。所以市用地之權者也。而歲之豐歉。受田者當之。於名田者無與也。凡國之俸祿餼廩餉糈。自君公將相。以至抱關之隸。執戟之士。貴賤有異等。所受於國。於吾計學。皆名庸錢。小民固勞其肢體。而聖人亦竭其心思。以功力食於其群。一而已矣。是故一國之度支。所以為俸祿餼廩餉糈。以至振貧之粟。養老之糧。工程之所費。國債之息財。或遠或近。亦皆於前三物者是取。外是無所於取也。

案。國之分三物以賦於其民者。唐之租庸調是已。漢舟車之算。則豫征於贏利者。而楊可告緡。則兼三物而取之。他如孔僅之鹽鐵。桑羊之均輸。則以天子為工商。如王莽所稱周官之賖貸。宋王安石之青苗。又以天子為子錢家。非食租衣稅之事矣。

三物各有專屬。則顯而易別。三物同歸一業。則微而難分。故其所稱。往往相亂。今如新占地畝。自墾自耕。如是而收。稟食之餘。皆其所有。此租與贏合也。而人悉曰贏利。忘其中之有租。北美古巴墾荒之人。斥母財。庀田器。飼其僮奴馬牛。以耕已所分地。於其歲入。皆計贏而止。常農之於田事也。督耕矣。而扶犁播耔耘穫之事。皆與庸者共力作。如是而收。納租雇佃之餘。息與庸合。而彼悉曰息利。忘其中之挾庸。故前事租與贏混。後事庸與息混。此之相亂。不獨農也。雖工亦有之。斥其母財。以具其業之材與器。方其力作。資前儲之財以供日食。如是成貨。寘於市以售之。其所得者息與庸合。而俗通曰贏利。是息與庸無辨也。種果者治隙地以藝樹焉。一人之身。為園丁。為藝者。為果主人。是其產兼三物也。然其得利。通謂之曰吾之庸錢。是三者混也。

治化既進。則物價全出於功力者少。而兼之以租與息利者多。故通國之所歲登。較之原用之功力。所贏倍蓰。繼乃更以所贏。食工役。墾荒地。轉滯財。交相資以殖其貨。則歲歲之出。皆進乎前。數稔之間。法宜大富。而民生大舒。然而不能者。則害富之事眾也。國有無名之費。而積畜者不盡為母財。有呰惰遊手之民。而食積畜者不盡有所出。而奇衺虛耗。一切無所贏之為作。又無論已。此天下之所以富國少而貧國多也。大抵勤惰愚智之民相待之比例率。國財之盈不足與物產之廉貴恆視之。

第七章　論經價時價之不同

都市民業不齊。而各業之中。功力之庸。與母財之息利。皆有常率。此其多寡饒儉之殊。由其群之有貧有富。其治之有進境有中立有退行。與其所治生業情形之互異。庸息如此。惟租亦然。係於民群之貧富與治化之進退矣。而其地勢之遠近夷險。與地方之豐瘠又主之。是故一時一地。庸租息常率者。生於理勢之自然。非人意所能輕重者也。設有貨物。其名價也。計本量委。以與是三者之常率相準。如是之價。謂之經價。亦曰平價。

案。古之均輸平準常平諸法。所欲求而一之者。皆此所謂平價者也。如漢書食貨志。載莽令諸司市。常以四時中月實定所掌。為物上中下之賈。各自用為其市平。毋拘它所。眾民賣買物周民用而不讎者。均官有以考撿其實。以本賈取之。毋令折錢。物卬貴過平一錢。以平賈賣與民。氐賤減平。聽自相市。以防貴庾者。其求平價之術。不知通三月之市價而取其平乎。抑會三物常率而為之也。惟其所謂本賈。則合三而成者耳。

物以經價交易。則售者之所得。適如其貨之真值。真值非他。所以致是貨入市之全費也。惟是市中常法。售貨稱及本者。多不賅售者之贏利而言。然使貨售僅得本價。無常率通行之贏利。則其人固已折錢。所得者非經價矣。設彼移此業之母財以貸人。則必有應得之息利也。且此贏利。若人所有為而治生者。當其治辦一貨之時。諸工之餼廩。宂作之餔食。駝馬之豆芻。不斥畜藏。無以事事。即其身家奉養之豐儉。亦逆計所應入之常利以為差。使貨出祇如所謂本價者售之。是種種費。烏從出乎。故其交易為折錢。而不可以俗之所謂及本者為經價也。

故經價者。貨物可售最廉之價。夫當市所售。劣於經價者有之。顧其事可暫為而不可久處。使其久處。則必有所牽率不得去者。否則不崇朝其業徙矣。故曰經價者。貨物可售最廉之價也。

當市所售者曰時價。時價與經價異。或等或過或不及。視供與求相劑之間。物求售者謂之供。人欲得者謂之求。雖然。欲得虛願。不可謂求也。襤褸之夫。每懷狐白。貧寒之匄。亦望肥甘。此曰虛願。不足致物。不足致物。則於物價無驗。故有驗之求。必願力相副。能具經價。以分酬貨之租庸若息利者。夫而後與供者之物有相劑之效。計學之事。不計無驗之求也。

使供之數不及乎求之數。則將有力勝者。寧出過經之價。不使願虛。

供少求多。則求者競。競而時價優於經價矣。價如是者。謂之騰。騰之數。視供者所少之幾何。與競者願力之大小。願力等矣。則視其情之緩急。圍城之內。饑饉之年。生事所資。仟佰往日。以供者有限而求者至多故也。

使供之數過乎求之數。以經價求者無多。而急售者眾。求少供多。則供者競。競而時價劣於經價矣。價如是者。謂之跌。跌之數。視供者所過之幾何。與競者渴財之甚否。所儲之堅脃。易腐敗否。易失時否。設其兼之。跌尤無算。逐利折閱。或至破產蕩然。大抵坐供過所求已耳。

使供之數適如乎求之數。則時價與經價平。求者以貨之足供。無待過經之價而後能得。供者以銷之甚易。亦無待於劣經之價而後可售。蓋有供之競。則勢不能騰。有求之競。則勢不至跌。此懋遷之最為平善者也。然其境為都市所絕無。近似則有之矣。無少出入者。未嘗見也。

案。漢書食貨志。國師公劉歆言。周有泉府之官。收不讐。與欲得。所謂不讐。即供過求者。所謂欲得。即供不及求者。贊曰。易稱裒多益寡。稱物平施書云懋遷有無。周有泉府之官。而孟子亦非狗彘食人之食不知斂。野有餓莩而弗知發。故管氏之輕重。李悝之平糴。宏羊均輸。壽昌常平。亦有從徠云云。皆供求相劑之事。古人所為。皆欲使二競相平而已。顧其事出於自然。設官斡之。強物情。就己意。執不平以為平。則大亂之道也。用此知理財正辭。為禮家一大事。觀古所設。則知其學所素講者。漢氏以後。俗儒以其言利。動色相戒。不復知其為何學矣。

曰供求相劑者。謂任物自已。則二者常趨於平也。夫供求相等。有實事所絕無。而勢之所趨。又常以相等為的。今夫供者之家。或以其地。或以其力。或以其財。而致資生之一物。利在使供之數。常勿過求。求者之家。所利反此。今使供之數過求。則時價劣經價。而嚮者三物之中。必有一焉受其敝者矣。受其敝云者。其所得不能如其時其地通可得之常率也。使其在租。則有地者將改而他藝。使其在庸。則力作者將徙而他治。使其在息利。則斥母者將變而他事。是故時價劣經。而三物之一受敝。受敝則遷。遷則供者絀。供者絀而後與求者之不及相劑。供求相劑。則時價與經價趨平。自然之勢也。又設反此。使供之數不及求。則時價優經價。而嚮者三物之中。必有一焉享其休者矣。享其休云者。其所得不止如其時其地通可得之常率也。使其在租。則地將更闢。使其在庸。則工將更集。使其在息利。則財將更出。是故時價優經。而三物之一享休。享休則徠。徠則供者眾。供者眾而後與求者之過相劑。供求相劑。則時價與經價趨平。又自然之勢也。是故通而論之。物價如懸擺然。而經價者擺之中點。擺之搖也。時前時卻。而地心之吸力。常使之終趨於中點而成靜。物價之騰跌也。時低時昂。而供求之相劑。常使之終趨於經價以為平。觀於懸擺。而物價之情可見矣。故曰任物自已。則供求自趨於平也。

惟供求之相劑。故力作懋遷之事。常準求以為供。通數歲而佔之。視所銷之多寡。以逆定一年之所出。毋使過求。致病其業。此發貯運籌者之常道也。物產之登成也。有事恆而所登之物產亦恆者。有事恆而所登之多寡至無恆者。譬諸農功。一國之中。數稔之際。扶犁把鐮緣。畝之手指相若。而禾稼酒漿油蒸果蓏之所出歲殊。織紝之業則不然。苟手籰足機之民數不變。將麻枲絲罽之勳。準去歲而可知。故農民之酌求為供也。最數歲之所出。稽平數而為之。顧當歲所收之實。往往有甚過甚不及者。故其供之於求也。亦或過焉。或不及焉。此時價之所為常變也。織者之業。事同則效同。其率求劑供易也。故其時價有微歧而無逕庭。此夫人而知者矣。蓋織業之變。視求者之數。而農業之變。視求者之數。又視天時之不齊。

時價之於經價。或優或劣。則成價三物。將必有享休受敝之家。此必至之驗也。然而有輕重焉。以常法論。則在庸在息者常重。而在租者則輕也。使所納之租。不任土物而為泉幣。則任產物時價之騰跌何如。於彼無所出入也。獨至任土作貢。則物之入市轉售。自亦隨時價為貴賤。故田主以田授農。其名租也。必最數稔十數稔之所出。稽其平數而為之。未嘗以當歲之時價而名之也。

價有低昂。其損益於庸與息者。甚於租矣。而二者之中。又時有所畸重。有時而專在息。有時而專在庸。供求不齊。在貨者則歸息。在工者則歸庸。此易見者也。今如忽逢國卹。而黑呢大昂。（西俗以緇元為喪服。）黑呢常法在市者少。賈之前待此貨多者。得息自厚。而於織呢之工則無與也。市所欲得者。已成之貨。非成貨之工也。而縫紝之工。其庸乃貴。製為喪服。求之過供。又在工也。雜采縑繒。價皆大跌。業此之賈。坐以耗虧。供過乎求。此又在貨。喪期六月。或至一年。織染諸工。庸以之薄。工之與貨。皆不讐也。此以見價之低昂。變在庸息。或此或彼。視供求之不齊在工抑在貨也。

前謂任物自已。則供求二者自劑於平。而物價常趨於經價。此猶水之歸海。曲折赴此而後為平。公例大法。固如是也。然有時以人事偶爾之不齊。地勢自然之有異。抑或政令約束之所為。每能使一時物價。大過乎經。歷數十百年而不變者。此又不可不知也。吾得次第言之。

貨物入市。使有力而欲得者日多。則時價或大逾經價。彼斥財而殖此貨者。必謹祕之。蓋使舉國而知其然。則措本與角逐者將眾。始則供與求平而贏利薄。繼且供過乎求而價減輕矣。此所以必祕其情也。使其市場距出貨之鄉甚遠。則其情歷年不泄者有之。用長享其厚實。然而往往甚難。而所得之厚實。亦不易久享也。

上之所言。商之祕也。商之祕。不若工之祕。工之祕。方之商之祕為難泄而易私。假有染工。得一新訣。設色佳而用料廉。因享厚利。使其謹之。則其利可資其終身。且可傳之後葉。此其利而優者。乃其庸也。然以其斥本飭材。而後術有所附而施也。則往往謂之贏利矣。前之二事。皆起於人事之偶然。然方其用事。則物價不得趨平。有至於數年十數年之久者。

地。有其土壤之性。其方所之居。而最宜於一產者。一國之地。情勢與埒者無多。則供常劣於求。其利為所獨擅。蓋求之者競。則其產之價過經。而地偏產狹。專之可數百年而未已。第其因既起於地。故此過經之利。其果必歸於租。此如法蘭西之葡萄田。往往一鄉一邑之中。肥磽正同。荒闢亦等。其租乃大異焉。而作治之庸錢。母財之息利。又與其地之常率。無大異也。此其物價過經之故。則起於地利之自然。使其因不變。則其果與之俱不變矣。

案。自斯密成書以來。法國葡萄田地。價大騰躍。每畝克至千磅以上矣。

國家許工商以辜榷之權。其效與商祕市情。工私方訣等。蓋辜榷之家所以得利。在常使供不副求。供不副求。價乃逾經。而其業之庸息並進。故辜榷專市。其效與任物之競者正反。任物之競。是謂自由生業。生業自由。則供求相劑。物價不期自平。而定於最廉之經價。辜榷壅其所產。極於至昂之價而後售。自由生業。能竭供者之廉。辜榷懋遷。必盡求者之力。過前則供者不繼。過後則求者莫徠。

他如工商各業之業聯徒限。與凡立章程使相競之家有數而不得踰者。其事驗皆與辜榷相若。蓋皆欲業者無多。塞平均為競之門。然後視求為供。常無使過。則價之逾經。歷時可久。而其中之出力得庸。斥財得息者。皆可較常率而優也。是皆緣政令約束之不均。故其得利亦與政令約束之行廢為終始也。

案。供求相劑之理。非必古人所不知。其發之精鑿如此。則斯密氏所獨到。此所謂曠古之慮也。蓋當時格物之學。如夜方旦。斯密氏以所得於水學者通之理財。知物價趨經。猶水趨平。道在任其自已而已。顧任物為競。則如縱眾流以歸大墟。非得其平不止。而辜榷之事。如水方在山。立之隄鄣。暫而得止。即以為平。去真遠矣。考字書。辜者鄣也。

榷者獨木之梁。故壟利獨享者。謂之辜榷。而孟子則譬之壟斷。大抵皆沮抑不通義也。又斯密氏謂辜榷之事。能使求貨者出最貴不可復加之價。而自由相競。則物價最廉。以常法論之。其大例自不可易。然懋遷理賾。其效亦有不盡然者。今如荷蘭之香業。則以辜榷而價逾經。中國之官鹽。亦以辜榷而貴數倍。然如郵政一事。則歐洲諸國。轉賴辜榷而郵費大廉。國家歲賦。此為鉅款。假使用民間信局。有必不能者矣。即自由為競。物價轉不能廉者。亦有之。如其業需母甚鉅。則所貴逾多。英人最憎辜榷。故國中鐵軌。亦聽分行。然行者之儎。未聞因此而約。倫敦都市。候雇之馬車。幾百萬輛。然以車眾而雇分。雇分而儎重。此又盡人之所知也。故近世計學家察圖翼。設為市場內外競之分。外競者。爭得市場也。內競者。同場而競也。謂外競可。內競不可。姑舉之以備異聞。非定論也。

時價之於經價。時過時不及。然過經者。其勢可久。不及經者。其勢不可久也。蓋虧折之事。人所不能。方其價不及經。三物之中。必有受敝之家。受敝折閱勢必遷業。遷之多寡。亦與所不及之數有比例。必待求足勸供。其遷始止。而求足勸供。則時價必過經價明矣。

逐利之工賈。常欲供不副求。以擅其利。則為之業聯徒限焉。業聯云者。不使同業而賈者過定數也。徒限云者。不使同業而工者多新進也。此其利皆成於一時之私。故不能無後害。當其業之盛晧。勤力者固以此而多得庸。及其既衰。力得者亦坐是而大失利。蓋其術既行。業皆有約。始也已不受人。終也人不已納。因衰徙業。乃成至難。則作法自敝而已矣。雖然。利之事可久。害之事不可久。故受業聯徒限之益而價常過經者。可數十數百年。至於其敝極之不過盡業者之餘年而已。其子孫固可改也。改則各適時勢。視求為供。以擇其業矣。夫至子孫而猶受其業之敝者。必其國之政俗。如埃及如印度之非理而苛而後爾。二國之俗。凡民之業。皆世守之。無論學業居位鬬土殖穀。作巧成器。通財鬻貨之所為。皆子循父。不得覩異物而遷。遷則為犯教律之大者。夫如是雖世異時殊。數世被其毒焉可也。

案。斯密氏所譏埃印二國之事。正中國所稱三代之美俗。今中國以時會不同。幸而自變。彼高麗以區區國猶用之。然而其效可覩矣。夫因循守舊之風。固有其善。而自昧者用之。則治化坐以日偷。不徒不進而已。斯密氏之所發明。猶其小小者也。

此章所論者。物有經價。而入市隨時價之或低或昂。或久或暫。皆有可指之由。供求相劑。其大較也。顧經之價成。本於三物。故經之價變。

又視三者而為差。而三者之差則如章首所云視其群之有貧有富。其治化之有進境有中立有退行。故繼此四章。皆就吾思力之所及。以推明諸變相待之理。一辨力役之庸錢。視何因為消長。而此因之視本群貧富。與治化之進境中立退行者。其理何如。二辨母財之贏利。視何因為消長。而此因之視本群貧富。與治化之進境中立退行者。其理何如。三用力不同則受庸異。用母不同。則贏利異。然而合全群之庸與贏而計之。則二者對觀。常有一定之比例。而此比例之率。既視用財用力者情事之不同。又視其群制法行政之善否。獨於前所為本群貧富治化之進境中立退行。則若無所相待為變者。故吾又取此比例率所待為變之事。究切而言之。四辨租稅所待以為變。與地產真值所待以為高下者。其事維何。

第八章　釋庸

力不可以終勞。故受之以成貨。成貨者。所以報勞力者之庸錢。而使之可繼也。民之初群。無私土亦無積畜。則成貨之實。皆勞力者之所得。未嘗有斥地具母者與為分也。使天下至今。常如是而無變。則如分功諸事。將使民力日益。為之加疾。而成貨世多。庸之為進。豈有量哉。夫如是則百貨將皆日賤。蓋其所需以成之力。日減而相易之量。又以所需以成之力為差率故也。

雖然物實賤矣。而當此之時必有物焉。民見其日貴而不見廉。今設有無數事焉。為之加疾。十倍於古。而獨有一二事焉。今之成貨。其疾僅倍乎前。設二貨為易。而純以所需之人力為差。則前之一以易一者。今乃十以易二。明矣彼操前貨者。覺曩之以一易而足者。乃今以五而後得之。方存乎見貴。何存乎見廉。而不知質以言之。則古者之一。一日之業。今者之五。半日之功。是無間其貨之已成人成。皆古之勤六時而獲者。今則勞三時而有也。其享物之利用同。而勞苦減半。夫寧非進歟。

案。斯密此言。往往見諸實事。講食貨者不察。則於物價古今消長之際。殽亂失真。如在明初。英國可考者。鐵每噸價六鎊。鉛每噸價五鎊。今則前約五鎊。後乃二十鎊。然此僅以泉幣言。不得實也。欲得其實。則須知五百年以來。英之穀麥工庸。以民生日優金銀日溢之故。其價增者九倍。以此而較。則鐵雖僅減一鎊。其值今之方古。祇什一耳。而鉛值以金論。雖四倍乎前。而實則廉至四分之一也。故徇名忘實者。不足與言國計。

且此為初民之局。浸假而國有私土。家有積畜。則其局變矣。是故勞力享全之事。勢不可久。且不待分功甚密。生財之能事大進而後然。前之所指。姑以見事理之本然雖勿窮其流變可也。

土私則有租賦。租賦行而勞力者之入減矣。自扶犁破塊。以至納稼登場。中間數閱月。勞力者未必食其所已有也。則必有人焉為之主。發其所積畜者以食之。彼不能無所利而為是也。故勞力者之所登。必有以復所前發者。而益之以贏利。贏利取而勞力者之所得又減矣。

贏利之所減。不徒農食之事然也。凡施力成貨者莫不如此。將必有斥所積畜。以庀物材。贍餼廩。迨材被人巧。因以成器。而值增乎前。則廢居殖貨者之贏利也。即有時施力成貨之工。能自庀其材。自具其食。而無待於外。迨其成器。輸市得價。全而有之。顧此不外庸贏合一而已。彼既以一人之身。同時而兼二體。則其所得。亦同時而函二物。不得以一人受之。遂有其一而亡其一也。且此所謂無待之工。事不多有。見諸歐洲者。二十而一。即身為兼。其自計庸。亦以常法。市然身然。餘則贏利。不因兼而得庸輒多也。

案。斯密氏所謂無待之工。乃自行具本者。自指鐵木諸作而言。必非佃作之農傭也。而原文之語稍混。遂來威克非諸家之駮。蓋田事以地主農家田工三家分營者。惟英與荷蘭為然。至於餘國及南北美。則地廣者耕以田奴。地狹則占者自耕。而雇佃以耕者絕少。法國自耕其田者。四農得三。北美前以新闢。地廣人希。工庸極貴。非用黑奴。勢無從雇。故亦多自占自耕者。蓋田地母財力役。皆一家之所出。租庸贏三物。匪所分矣。即所指製造之工。今之英德製造公司。多用東夥通力之法。其法。歲終計利。庸息二物。先按市中常率分付。有餘。則斥母與出力二家之所得。皆比例而增。不及。則比例而減。主傭休戚。益復相關。不待督察而勤。事辦而兩家之利皆進。其事與斯密氏之日。亦有不同也。

庸之高下。定於勞力與斥母者兩家之約。然受庸而勞力。與出庸以雇工。二者之利。常相妨也。受者惟恐其少。出者惟恐其多。是故傭者常合群挾主以求其增。主者亦連約抑傭以為其減。二者之爭。孰與勝負。此不難見者也。主者之人數。少則易為合。一矣。國家之法。不禁主者之為合以抑制。而禁傭者之為合以把持。二矣。禁糾合眾傭。求增工價。議院有專條。主者公議。減給工資。議院無專條。三矣。且相持之頃。主與傭固皆失業。然主之持久勢易。傭之持久勢難。田主農頭廠東鉅商。例有積畜。歇業雖一二年。不必病也。至於勞力之傭工。仰手足之勤動。以贍其身家。其能數日不事事者。固已少矣。能終月者益希。至於期年。則餓莩矣。是故究極為論。主者之不可無傭。猶傭者之不可無主。爭而不下。誠兼敗而俱傷而主固不若傭之勢急也。

案。傭工索增工食之禁。英議院於道光四年議罷。而恃強凌弱率牽抑勒之禁。則如故也。

或有謂主合抑傭。事不多有。傭合挾主。乃所常聞。為此說者。不徒不察事情。其於世故。蓋亦淺矣。彼以謂主少為合者。蓋不知通都大邑之中。凡一業雇傭之主。雖不顯約。勢已陰合。務使眾工所受。不得過見定者毫釐。知此之為公利。則不待要約。固已守若詛盟矣。故其黨之中。設有一二寬大者。破例為優。則必為儕等所詬厲。其為合之堅很如是。而外人不少概聞者。彼行其所無事。而此習之為固然故也。但賃工之主。其於庸錢。不特不肯為增也。有時且欲為減。其為此也。恆不動聲色。潛合而私議之。意合條成。乃與布露。當此之時。彼傭固未嘗不甚苦甚怒之也。而無如諸主家之勢已合。他適無門。則俯首帖耳。蟬聯故業。若無事然。而業外之人。靡聞見也。至有時不得已約同業之傭。以相保持抗拒。亦有時未經抑損。糾合儕偶。先發求增。則必宣言糧食騰貴。抑云本業貿易繁興。主家贏利。於前已厚。傭工勞力成貨。法當優分云云。前事保其固有為守。後事為其益多為戰。為戰為守。事皆外聞。且其行事也。勢不能久懸。則讙譟喧豗。冀其早定。其智下。故其術左。其勢蹙。故其事暴。求不輒得。則凍餒之災隨之。事之常聞。亦由是耳。顧其時彼雇工之主人。亦未嘗不暴戾張皇。以與之相應也。引條約。陳禁令。憑官長之力以為己資。故其究也。傭者雖力竭聲嘶。於所欲得者無毫末之益。蓋一則以官吏之居間。大抵抑傭而扶主。二則以兩家愚智相懸。其行事有鹵莽審詳之異。三則以傭貧主富。待食勢逼。為合不堅。而終於折入。徒聞官取為首某人某人。加嚴罰以懲效尤而已。無餘事也。

主與傭爭。其勢固常勝矣。然而裁減工食之事。必有所底。減之而過。欲其可久。雖最下之傭不能。此所謂最低庸率者也。蓋民之勤勞。所以為食亦待食而後能勞。然則至微之庸。非有以贍其口體者。固不可也。不寧惟是。使勤劬者之所得。僅贍其一人之口體而無餘。則一傳之後。傭種將絕。其事之不可久又明。是故使其事相引而彌長。必贍其口體之外。兼有以畜其室家。俾娶妻而育子。夫而後勞力之眾。與有地有財者成相養之局而不廢也。往者計學家庚智侖嘗計之矣。使賃工之傭。一人而有二子。則受食必倍於養己者而後能。傭有一婦。婦固可自食其力也。然以有鞠子之事。故補短絕長。通一人所得。僅足以自給。常法貧家四乳而兩育。而一夫之食。可以濟四嬰。稍長則一壯之糧。可贍二少。故通而計之。贍兩身者。天下至轂之庸也。且勞力者以一人而兼兩食。苟自其所產者而言之。不為過也。夫功食相準。奴虜最劣。然課其所產之值。當身無疾病時。未嘗遜兩身之食者。而雇傭之功。或相倍蓰。終未嘗遜奴虜。故曰不為過也。庚智侖之說如此。自我觀之。則最下庸率。應以兩身為計與否。姑勿定論。特世欲匹夫匹婦。力作而長子孫。則雖至賤之工。至轂之庸。必有餘於二人之自養。夫固不待明者而後能知之矣。

庸之常率如此。然有時事會使然。不待糾合求增。而庸率大進者。但使國勢日恢。興作歲廣。則其需勞力受庸之眾皆以日急。今茲所雇。方之昔歲。潮長川增。功多手寡。相競求傭。而廩優者附。所謂主合抑傭之局。不攻自破。國中庸率。舉以優矣。

蓋力役為物。與百貨同體。庸者。力役之價也。庸之消長。視供求相劑之何如。而求之多寡。視興事母財之多寡。無積畜固不足以養人。而滯財雖眾。亦無益於勞力之民。故必飭材庀工。而後其財稱母。而母財之益斥。由二塗焉。一曰資生而有餘。二曰資事而有餘。資生有餘者。如田主債主與凡有財者之家。自隱其歲入。以贍一家之經費有餘。則或全或分。將斥此餘以益收僮指。其益之為事。與餘之為數。有相待者焉。自然之勢也。資事有餘者。無待之工。如織工如韡匠。自隱其歲入。以購材具食有餘。則將斥此餘以益雇傭夥。其益之為事。與餘之為數。有相待者焉。又自然之勢也。是故欲庸率之長。必俟求傭者多。欲求傭者多。必俟通國歲入積畜之益進。而歲入積畜進者。國財舉多也。然則庸率之進退。與國財之增減。猶影響之於形聲。國財不增。而求庸率之進者。猶卻行而求前也。

然有不可不辨者。庸之進退不關其群之貧富。而以國財增長之舒疾為差。故雖在至富之國。其力役之庸不必優獨勃興之國方富之群。其庸率為最大。如徒以富厚言。則居今之時（一千七百七十三年。）吾英自優於北美。顧在美之庸。乃遠過之。奴約郡中常庸日三先令六便士。在此為二先令也。船匠日十先令六便士。益酒一升。值六便士。在此為六先令六便士也。木作塼工。日八先令。在此為四先令六便士也。縫紝諸工。日五先令。在此為二先令十便士也。凡此之庸。皆大過於在英之同業者。聞其地他部。庸率皆不減奴約。且糧食諸物。在美者亦方英為廉。即有荒歉。不過出口者減耳。國中之奉。固恆足也。合二者而并觀之。則庸價既高。而泉幣之易權又大。其庸率之所優。不僅見諸其名而已。

故論北美既有之富厚。固不逮英。而其國方將之機。泉達火然。過英甚遠。庸之豐嗇。端視此耳。今夫覘國興耗。莫著明於戶口。不列顛三島之中。洎夫歐洲諸國。五百年以來。郡邑戶口。無自倍者。而北美諸部。則二十年或二十五年而已然。占墾之民。前者五十。轉瞬成百。不止此數。往往有之。勞力之民。食報最厚。生子過多。在他所或為孥累。在此則為富厚之資。一子長成。克膺析負。於其父母。與歲進百金同科。婦人少寡。挾四五兒者。在歐洲中戶之民。再醮不易。在此則為奇貨。爭欲得之。人樂昏嫁。為利添丁。故北美男女。什九早合。其孳乳寖多。既如是矣。然尚以丁單為憾。蓋戶口之增疾矣。而母財之增尤疾。待闢之地尚多。求傭者常過於供。庸率之優。尚未艾也。

案。北美人口。一千八百七十年。計三十八兆二十萬五千五百九十八。而自六十八至七十八。此十一年之中。民之由歐赴美者。歲約二十八萬三千七百六十人。當斯密時。每丁已值百鎊矣。計今之值。當不止此。則美洲新民之集。以財計之。乃不異歲進三千萬鎊也。即吾國閩粵之民。歲至其地者當以千計。彊力勤事。方之歐民蓋有加焉。以計學之道言之。固於北美為大利。乃當道者徇歐民娼嫉之私。時持驅逐華民之議。而彼族之來吾土者。乃日責徧地之通商。此所謂公理私利兩無所取者矣。

反是而觀。則知國雖甚富而治不進者。其小民力役之庸。不能厚矣。其積畜未嘗不多。其母財未嘗不廣。顧但使地產通商。歷數百千年而恆相若。則所需勞力之民。今昔無異。厮役扈養。供常過求。且歲以益蕃。終無劣求之日。如是則雇者不待競。而競者常在待雇之家。無善價徠工之主。而常有減庸匄事之工。即其初所受。一身之外。足贍其家。而事勢遷流。俄頃之間。必倮然僅足自養其軀而後已。此其事效。觀之支那可以見矣。夫支那五洲上腴。非所謂天府之國耶。民庶而非不勤。野廣而非未闢。特治不加進者幾數百千年。當蒙古為君時，義大利人馬可波羅。嘗遊其國。歸而以事下獄。著書紀其耕桑之業闐溢之形。其書見在。取以較今人遊記之所言。殆無少異。蓋其國之政法民風。遠在元代之前。富庶已極其量。而後則循常襲故。無所加前。且諸家紀述。踳駮多有。獨至指工庸之儉薄。閔生計之多艱。則如出一人之口。田事之傭。捽屮爬土。日出而作。晚歸得米。鼓腹酣歌。已為至足。至於雜作傭工。則方此猶劣。歐洲之傭。居肆待事。人有雇者。就而呼之。而支那之傭。則負戴作具。行唱於塗。匄人賃雇。蓋支那小民。其顛連窮厄。雖歐洲極貧之國所未嘗聞也。粵東附郭窮黎。牽舟作屋。不下數千萬家。名曰蜑戶。其生事至微。有西人船至。則環船而伺。幸其棄殘江中。爭相撈食。狗胔貓腊。半敗生蛆。苟得分沾。即同異味嫁娶無節。而好孕惡育。例不舉兒。都會棄孩。每夕多有。或以溺殺。如豚犬然。此天下至極殘忍之事。而其國有公操其業以為生者。

案。斯密氏之後數十年。英國計學家有馬羅達者。考戶口蕃息之理。著論謂衣食無虧。至緩之率。二十五年自倍。而地產養人者。其進率不能如是。大抵民物之進率。用遞乘級數。（如二、四、八、十六是。）地產之進率。用遞加級數。（如一二三四五是）且地產之進有限。而民物之蕃無窮。故地之養人。其勢必屈。而不有新地可以移民。則兵饑疾疫之禍。殆無可逃。其論初出。大為歐洲所驚歎。以為得未曾有。雖不喜其說者。亦無以窮之。至達爾文斯賓塞爾諸家興。其說始稍變。然而未盡廢也。今觀斯密氏此所云云。則已為馬羅達導其先路矣。

然而支那之治。雖不進尚未退也。何以知之。其中府州縣之民。尚無流亡他徙者。已耕之地。仍歲而耕。則力役之事。仍歲相若。而所斥以養此力役之財。亦仍歲相若。雖最賤之民。極貧之工。必有所資以嫁娶生子者。否則其種將盡。而不能如是之穰穰也。明矣。

假使其治退行。致所斥以養力役之財。日以見少。則傭工厮養之受雇者歲希。上工失業。降為中工。中工失業。降為下工。下工之為生既蹙矣。而上中者又降而奪其業。則競於得業。減庸為售。其事勢之流。不成至苦極薄之傭不止。如是而猶不可得。則弱者必為行匄。強者必為盜賊。闤闠行旅。始騷然矣。飢寒之所夭。刑罰之所加。暴君豪子之所侵奪。死喪疾疫之所耘鋤。始之下民。貤及中戶。草薙禽獮。轉徙流離。馴至孑遺之民。與孑遺之財相給。而後稍衰歇耳。此今印度之孟加拉與英屬之餘部。大較然也。彼皆沃壤。其地著戶口。亦前耗而非甚稠。夫以少民而居腴土。然而餓莩之數。歲告三四十萬人者。則母財之日絀。不足以振窮黎。瞻功役。灼然可知矣。今夫東印之與北美。二土皆英藩也。而民生之彫瘵驩虞。不同如是。無他。一則新民屯聚。公立法度以相保持。一則驵儈公司。朘遺利而陵轢土著。事驗顯然。難以掩諱者矣。

案。中土舊說。崇儉素。教止足。故下民飲食。雖極菲薄。其心甘之。而未嘗以為不足也。此誠古處。然計學家言。民食愈菲者。其國愈易饑。蓋藏雖裕。業作雖劇。無益也。歐洲諸國。如比利時。如蘇格蘭山邑。如愛爾蘭。其民皆極勤儉。不嫌菲食。以薯蕷為糧。然常被荒饑。法英之小民最奢。無遠慮。貧乏則家有之。而自宋元以來。其國未嘗患饑饉。印度民食資米。與中國同。他嘉穀不常食。酒肉待歲時而後具。故偏災歲告也。

是故察國財之進退。莫著於勞力者之庸。庸優者進。庸劣者不前。至於國有飢餓之傭。其國財斯日退矣。此誠必至之符。自然之驗也。

若即英之一國而言。則今者勞力之庸。其寬綽有餘。乃不僅贍其一身一家已也。前謂最下之庸。必倍其一身之養而後可。今欲明吾英通國之傭所得之不止如是。不必特籌算考物值。以求之於疑似之間也。即其顯然可見之數事而參伍之。夫已釐然可決已。英國常庸。冬夏殊。大抵夏貴而冬賤。而貧家冬日。以薪炭為大費。故生事所仰。冬逾於夏。乃勞力者之所得。當其用省而轉優。由是知庸之贍工。不僅如其所費為定率矣。或謂稟之雖如是。而彼小民。方將節夏日之所盈。以待冬日之不足。挹多注寡。通一年為計。或僅足而無餘。然而僮奴最觳之庸。其稟之不如是。僮奴之食。常視當日所需以為支放。以此知雇賃之庸。不止於僅贍兩身者一也。

英之常庸。不隨糧食為貴賤。糧食之價。年月而殊。而國中諸部庸率。多數十年無變者。使小民之身家。際其貴而不乏。則當平歲已舒。逢穰年稱饒衍矣。吾國已往十年。糧食皆貴。而諸部雇役。未聞數減。亦未聞價增。即或一二有之。乃緣興事需功。不為貴糧增率。此以知雇賃之庸。不止於僅贍兩身者。二也。

案。庸不隨糧食為貴賤。此乃要例。不僅在英為然。主護商者多疑之。以其不知凡物貴賤。全由供求相劑之所為耳。每聞人言中國工廉。由於食賤。其受病於主護商法正同也。

年與年言。則糧價之變多。而庸率之變寡。郡與郡較。則糧價之變寡。而庸率之變多。今以䴭麭（廣雅䴭麭謂之麴。方言凡以火乾五穀之類。關西隴冀以往謂之㷶。秦晉之間或謂之焣。焣與麴同。鄭注籩人云鮑者於楅室焣乾之。此與西人之作饅頭同事。且其名與西音甚近。今取以名之焉）及膎膳（說文膎脯也。南史孔靖飲宋高祖無膎取伏雞卵為肴。又說文腒膎肉也。周官膳夫鄭注膳牲肉也。今取以譯屠肆諸肉之字）之價。全國之中。不大相過。如此二物。與凡日用零售之倫。都邑之價方之鄉鄙。或等或賤。未嘗貴也。而賃傭之價。則通都之過郊野者。常四五分之一。倫敦庸率。日十八便士為常。而數十里以外。則日十四五便士而已。額丁白拉庸率日十便士為常。而數十里以外。則日八便士而已。夫以地而言。咫尺之間。價之不均如此。使在貨物。則雖千里萬里而遙。將有挹注轉輸之事。獨至傭工。乃不能移賤就貴於數十里之間。人之安土重遷。有如是者。然此不具論。論者見小民之力役。處賤所苟有以贍身家。則處貴所之窕爾有餘。不待辨矣。此以知雇賃之庸。不止於僅贍兩身者。三也。

案。斯密氏言此之時。英國之鐵軌未興也。即國中道涂亦不甚治。故物與傭之價皆參差如此。至鐵軌大興。通國人物皆如水矣。豈惟一國而已。全地之中。互相挹注。不然。則美非澳三洲之新壤。何以實焉。至小民之安土。不必其天性然也。墳墓親戚之愛。既有牽乎其心。而言語服習。風俗刑教。則尤為阻力之大者。是故悲故鄉願樂土二者相與戰於心。前勝則止。後勝則移。惟止與移。均非無故。碩鼠之害。猛虎之苛。所從來舊矣。

庸無論以地言以時言。皆不隨糧食為貴賤。既前證矣。顧其事不止此。乃常若與糧食相反為貴賤者。此又以地以時。皆可得而證者矣。以地言之。則不列顛之民食麥。麥之產也。蘇格蘭少而英倫多。蘇常仰給於英。故麥價在英賤而在蘇貴也。然既轉於蘇矣。使英產者與蘇產者美惡同。則在市之價相若。麥之美惡。視同量者作麪之多寡。而英麥之麪為多。故有時以量言英麥若貴者。而以重言則英麥實賤也。夫麥之為價。英賤蘇貴如此。及觀乎二地之庸。則反蘇賤而英貴。然則使勞力受庸之小民。居蘇而已給。其居英者之為優厚。明矣。蘇之小民。貧者多饜雀麥以為飯。其食轂於英之貧民。議者多以謂此蘇庸廉於英庸之故。以此言理。所謂倒果為因。犯名學（名學西名洛集克。又名代額勒迪克。乃明用思之理、立言之例、別嫌疑證、是非窮理之利器。而正名之要術也。明代李之芳嘗譯之。其書名名理探。今人稱曰辨學。然辨不足以盡名學之事也。）之厲禁者也。甲乘車而乙徒步者。以甲富而乙貧也。非甲以乘車而富。乙以徒步而貧也。

以時言之。則前去百年。糧食之價。無論在蘇在英。皆視今為稍貴。且百年來糧食降賤。不獨此島為然。歐洲諸國。大凡如此。其在法國。尤有明徵。夫糧食既古貴今賤如此。而功力之庸。則古少今多。亦無疑義。夫如是。則勞力之民。在昔既有以贍其身家。居今之日。乃為優厚。又以明矣。此則合前而觀。知吾國之傭。其勞力之所得。不僅以兩身為率者。此其四矣。

閒嘗考之。當前稘時（斯密生世為第十八稘。）蘇格蘭庸率。夏六便士而冬五便士。總七日之所得。約三先令。此在北方山部及西岸諸島中。至今尚有然者。迤南則漸多。今之庸率。日八便士矣。額丁白拉左近。日乃十便士。至一先令者。間亦有之。蓋由接壤交通人事旺盛之故。如格拉斯高。喀爾倫。愛耳哈爾諸邑是已。至英庸所以久優於蘇者。亦緣南國農功製造商務之維新。方蘇為早。事資人力。而工食遂以之日增。且自彼以還。庸率之遞增者甚大。特事繁地異。難以一切言也。其略可見者。則如當一千六百十四年。步兵口糧。日定八便士。兵餉如此。則常傭日廩。可推而知。兵固自常傭中來也。昔察理第二時。大執法海理著論常傭之家。六口為率。夫婦而外。男女四人。其中能事事者二。幼而不事事亦二。七日之食。須十先令而後給。通一年計。則二十六鎊也。且云此為至質之數。不及此者。非匄且盜。海鉅公名人。其言固審諦可信者。又一千六百八十八年。政治家金古烈哥里言。通國常傭之家。通而計之。經數戶不下三口半。歲須十五鎊。乃可自存。此其計數。若與海理異者。而其實則同。皆以二十便士。為小民每口七日之糧者也。金精會計。其能事為同時名人所推服者。合二者而觀之。則知自彼迄今。通國傭民。歲進歲費。二者皆遠過其初。雖多寡之數。地或不同。而概而論之。皆有所進。特不若今一二人言所進之多已耳。蓋小民之庸錢實率。本難精求。地同事同。其所得或此多而彼寡。不僅以傭人之巧拙為差。主者寬嗇亦以異也。故論庸之事。苟非定由國令。則後之考者。祇能取其經數而言。但庸之高下。有至理定勢行乎其中。而生其不齊之效。強以法令一切整齊之者。多見其逆理而敗也。

物有真值。勞力者之優絀貧富。與真值有比例。與市價無比例。然則徒以所受之庸錢多寡而言。於小民之生計尚未盡也。欲知小民生計之舒蹙。必合其庸率與時物之貴賤而言之。設如是言。則吾傭生計日舒。將愈可見。蓋生計之舒蹙。視日用資生之物得之者之易與難。方其易得。庸雖少無害。方其難得。庸雖多何利焉。吾英百年以來。不僅麥之價日賤也。實則凡貧民之所仰。皆比例而日廉。一餐之中。異品略備。如薯蕷。今之價半五十年前者也。蘆菔芥菘。前之種者用鍬。今之種者以耒矣。園林所出。價皆日低。百年以前。如蘋婆。如蒜薤。多由伏蘭德而來。今自饒衍。食既如此。衣被械器亦然。紡績之功。日以益疾。麻枲罽氈。價日賤而物日良。無衣之歎。斯以免矣。銅鉛鐵錫。地產日恢。宮中所資。小費輒辦。生事如此。不亦易歟。計今所貴於古者。特鹻鹽皮蠟與諸酒醲耳。其所以貴。賦稅為之。顧編戶齊民。需是有限。所貴者少。所廉者多。不足病也。每理士夫相聚談語。皆以民生日靡為憂。咸論往者惡衣菲食。狹處卑宮。而民知足。今則不然。此其說之當理與否。姑勿與議。愈以見小民生事之優。不僅存庸率少多之際。時物饒衍。所利尤多。然則吾國之傭。所得者不止於兩身為率。得此益明。是其五矣。

案。於此五者。見當斯密氏時英國民生之甚舒。雖至末年（斯密於一千七百九十年卒。）法國民變。拿破崙出。牽動歐洲全局。英民亦被具災。百貨騰踊。然而富彊之業。猶日進也。至弼德為相。其經國通商諸大政。皆遵用此書成算。自護商之法既除。英之國財。如川方至矣。此計學家公論也。又五證之中。所及公例。皆精要者。如庸率不以費為差。庸不隨糧食為貴賤。地異庸殊。而糧食不必異價。民亦不必從之而遷。庸之高下。常與糧食之價相反。庸率不可以法強齊云云。皆成計學中建言矣。

吾英勞力之民。其所得以為庸者。不特非最下之率。且日進而優。此合一群之利害論之。所謂庸率進。物價廉。使小民居養日以發舒者。固通國合群之利矣。乃或議以為不然。一群之中。自力田庀工。洎乎臧獲傭保。勞力之民。居其太半。凡事利太半者。不能為其全之害甚明。不然。必太半之民。困苦怨咨。焦然而生。而後為全群之利歟。必不然矣。耕者。績者。造室居者。皆出於此太半。是有此太半。而後群之中有飲食衣服燕處也。彼出食以食人。為衣以衣人。造室居以居人。而獨已於是三者。必逼餵單陋而後可。過斯已往。則或憂之。曰是侈靡過制。而將馴致貧乏衰亂也。使制而如是。亦可謂天下之至不平者矣。且議者烏知是貧富之效。固與其所憂者相反也耶。

昏嫁之事。因貧而難。然不因貧而絕也。至生子之量。則若因貧賤而轉大。嘗見蘇格蘭山部婦人。飢羸困苦。併日而食。連生二十餘乳為常。而高門之中。美衣豐食。反輒童然不生。即或有之。至於二三。生意盡矣。故嗣續艱難。在富貴為至常。在貧苦為罕覯。意者安肆優厚之中。其使人薰心縱樂有餘。而生生之機。轉由是而斲歟。

貧乏之生。雖無害於孕毓。然最不利於長成。人種初生。至為蓮肥。譬諸弱草柔萌。茁於氣寒壤瘠之區。其殗殜菸蕒。可立待也。前所連生二十餘乳。望存活者。不外兩雛。有軍官久於其地者。嘗為余言。舊法議以本隊孤兒。彌補缺額。乃常不能。但籍為笳鼓手。亦不能足。砦中兵生小兒至多。然未至十四五。殤過半矣。或不及四週而殞。或七齡而殞。而過十齡者。則尤少也。此以見窮簷鞠子之難。無他。坐不能如富者撫視之周耳。是以貧民牉合。其孳乳雖較富者為易而多。而茁壯長成。則較富者遠不逮。至於國家卹孤之局。教會育嬰之堂。其殤率視貧家自哺之兒。為尤大也。

案。天演家謂孳生易則長成難。長成多則孳生少。乃生物公例。不僅在人為然。至於動植。莫不如此。魚子之出也。大魚以為糧。長成最不易。故物之多子莫魚若。生品漸上。其多少相劑。大較如例。虎象生無不成。其孕毓方之他獸為寡矣。至於人類。智下者生多而成丁少。智上者其成彌信。其生彌珍。斯賓塞爾論民生。謂郅治之時無過庶之患者。以此。斯密不識天演學然其所論。與前例有相發明者矣。

生物之蕃。與資生之物為正比例。故生之量。以資生之量為界畛也。文物之群。苦資生之儉至生以不蕃者。下戶則如是耳。而所以狹隘其生者。即在此易孳生而難長成之事。

案。生之量以資生之量為界畛。然此界群有不同。僿野蠢愚之民。以度日不死最下之食為界。必至饑饉。其生始屈。文明之群。民習於豐給。則其界略高。不待饑饉。生機已狹。

功力之食報日優。斯小民孳生之界域日擴。蓋庸厚而家計充。所以撫育男女者周。而夭殤之數寡也。由此觀之則此界之廣狹。亦視乎力役供求相劑之間已耳。何以明之。今使求傭者多。而供傭者少。則庸率必進。庸率進而小民之生計舒。生計舒而畜家厚。畜家厚則子之長成者多。小民之長成者多。則力役之供數。有以與其求之數相副矣。相副而不止。則供乃過求。供苟過求。庸率又減。庸率減而小民孳生之界又狹。平陂往復。皆莫之為而自已者也。故勞力之眾。人也。而供求相劑之理。行乎其中。與百貨無以異。民生彫盛。胥視此已。天下之國。莫不然也。見於北美。見於歐洲。見於支那。於北美。則使之戶口年月自倍。於歐洲。則使之雖進而不驟。於支那。則使之凝然無所盈虛。皆此例之行也。

力役有僮奴賃傭之異。賃傭者。雇役也。計功受稟。自由者也。僮奴者。身屬主人。分同牛馬。不自由者也。以勞力者人品之不同。而功實亦異。或曰體力之虧耗。在僮奴則所損者主人當之。在賃傭則傭者自當之。故奴工費。不知徒以虧耗言。則在奴在傭。所損者均主人受之也。蓋自其究竟言之。則或進或退或中立惟其時。而勞力之受庸。必足贍其生與遺育其種類。以使供求相副。則主者當出庸之頃。固已合其所虧耗之體力而彌之矣。傭又安能無所出而獨當其損耶。故曰。損者均主人受之也。然則奴功傭功。廉費等乎。曰否。奴之功固費於傭也。所損者雖同出於主人。然在奴則飼者主而食者奴。二者不相關通。而必多糜濫。在傭則主稟而傭者自飼而自食之。利於贏得。故有節而不糜。均之彌體力所虧耗也。前則主者為之而虛。後則傭自為之而實。而利害則終歸於主人。故曰奴之功費於傭也。是以古今諸國。驗於終事。皆曉然於僮奴之功。比諸賃傭為費。直至今日。北美如保斯敦。奴約。非勒德爾非亞諸部。雇庸極貴。猶較奴功之所費為廉也。視已成事。愈以明矣。

案。此謂在奴在傭。損均主受。理最諦審。於後賢大力常住之理。幾所先獲。聰明精銳。先覺之亞也。然於奴功之費未盡。今為益之。奴功之所以費於賃傭者。蓋食不視功為升降。則其心無所顧藉。一也。習為潦倒。與之器則易毀。與之畜則易斃。二也。傭之多寡。主者得以市之盛衰節也。而畜僮指者不能。三也。功必不精。出貨多鹽。四也。無所取於巧捷。苟以度時。在奴則同。於主則費。五也。凡此皆其所以費之故。斯密豈以其易知而置弗論耶。然奴功亦有時而便。如在西印古巴諸所。地氣熕溽。雇傭極貴。而所產者乃粗品。如菸蔗諸物。而地又極腴。不患其傷地力。夫而後奴可用也。

然則勞力者食報之優。為國財日進之果。而即為戶口繁庶之因。因果相生。自然之效。彼以力庸饒厚。起風俗侈靡之憂者。所謂哀生悼福。不祥之人也。

雖然。民生之驩虞也。不在既衍既饒之後。而在將安將樂之時。故一群之盛。與進為期。既止斯憂。退則為病。此不僅小民所歷之境然也。自君公以訖庶人。心之為用。莫不如此。當其乍進。不必若已止者之多也。而以樂。及其既止。常比方進者過也。而以憂。知此者。可與擾民。可與覩國。

惟庸率進而後生齒蕃。亦惟庸率進而民生愈勤。既稟稱事。百工乃來。故庸厚所以獎勤。亦既獎而其勤益至。衣食饒裕。體力自完。民常有更上之一境。在其想望之中。冀晚節衰積。得優遊於霑足。斯筋力奮而樂事不疲矣。是故庸優之國。其民勗力。最捷給。最不倦。庸劣者不能也。觀英蘇二國之異。與都邑邊鄙之不同。則庸之勸功。可以見矣。夫謂呰窳之民。七日之糧。以四日勤之而可得。則餘三將不事事而坐食。此固國而有之。然不概見也。每見賃工之傭。其成貨以件論售而得善價。則早夜矻矻。力作不自休。如是數年。而體力大損。故倫敦及他都會。木作極力治業。常法八年而衰。他作價高而貨以件售者。其效同此。百工之事。過勞皆致專疾。往義大利名醫剌穆精尼嘗著書論之。名曰百工專證。小民逐利則忘勞。不其見歟。即如營卒額兵。著號隳懶。至為利陰敺。則亦不爾。嘗有工程。計物授值。則軍官於發工之時。須與領者為約。每日所獲。至多不得過若干。否則務得貪多。相競趨工。過勞成損。然則利之所在。本無惰民。又可見已。前指惰工。四日作勞。餘三不事。詳究所以。亦多由前四之中。努力而過遂使餘日。不得不休。蓋業無論勞力勞心。假其勤苦連日。以常人體力當之。例非將息不可。其不能者。坐牽率抑勒故耳。否則無不暫息以遊。勞而思息。生理自然。乃不自由。不關欲否。甚且徒息不足。須與自恣酣嬉。以蘇既困。使精神既憊。尚然自勉。或為人所牽。

輕則生疾。重且致死。此逐利忘身之民。數稔之間。竟成痿廢。不僅一二業然也。故使雇傭之主為仁智之人。則不惟束縛馳驟所不為也。將且以寬舒不偪為程。不知者以為損利失計。而知計之士。則悟優遊和緩。使從事者精力充裕。無作輟之虞。往往工堅事良。其得利方之操蹙者。常日計不足而歲校有餘也。

案。自斯密氏此言出。而英國議院著律。名廠令。傭者操作。每禮拜不得過五十二小時。而傭主交利。自是以來。各國大抵著廠令矣。英民業時最少。而光緒二十三年業機器者尚求減功作時刻。不得。則罷工爭之。其民之惜力如此。小民耐勞之量。國有等差。炎方諸國最下。而溫帶諸民。歐不及亞。中國操工小民。夜以繼日。幾無休時。西國七日一輟業。中國並此無有。其勤可謂至極。使待西民而然。不終日譁矣。然英民常自謂其功。能以少時勝人多時。其英法諸國之差。經計學家為之參較。見謂所稱不誣。至歐洲支那功力之差。未經較驗。未知何如。是在後之留心國計民莫者。

又案。民之所以為仁若登。為不仁若崩。而治化之所難進者。分義利為二者害之也。孟子曰。亦有仁義而已矣。何必曰利。董生曰正誼不謀利。明道不計功。泰東西之舊教。莫不分義利為二塗。此其用意至美。

然而於化於道皆淺。幾率天下禍仁義矣。自天演學興。而後非誼不利非道無功之理。洞若觀火。而計學之論。為之先聲焉。斯密之言。其一事耳。嘗謂天下有淺夫。有昏子。而無真小人。何則。小人之見。不出乎利。然使其規長久真實之利。則不與君子同術焉。固不可矣。人品之下。至於穿窬極矣。朝攫金而夕敗露。取後此凡所可得應享之利而易之。此而為利。則何者為害耶。故天演之道。不以淺夫昏子之利為利矣。亦不以谿刻自敦濫施妄與者之義為義。以其無所利也。庶幾義利合。民樂從善。而治化之進不遠歟。嗚呼。此計學家最偉之功也。

或曰富歲多賴。則傭民好逸。儉歲艱食。則傭民差勤。故富足者惰之媒。而荒歉者勤之厲也。此似是實非之說也。夫曰幸遇豐穰。而勞力者或思自逸。此其說誠有然者。然不可以一概論也。且若謂顑頷之民。耐勞過於飽食。虞憂之子。趨事勇於懽忻。疾病羸弱者之操作。比諸茁壯豐碩者為殷也。則其言什八九謬矣。饑饉連年。癘疫流亡。相因而起。國財以耗。物產以衰。史不絕書。大地歲有。此誠斷然可知者也。

然而彼之所以云然者。亦自有故。蓋豐稔之年。穀食廉平。傭者皆欲舍傭而為主。自致其力。以為益多。而又以豐稔之故。養工之母財日充。興事者眾。出穀之農。欲多出以敵其賤。如是則雇傭之主彌多。而為傭民數。則與往年相若。求者過供。此豐稔之年。庸率之所以進而傭驕也。至凶歉之歲。其事反此。生事既艱立肆坐列。利入難而不可必。故前之欲舍傭為主者。乃今思舍主而為傭。而穀價翔騰。養工母財。曩也見多。今也見少。雇傭之業。或輟或減。如是則傭荒。自食之工。蓋藏漸盡。則降而為受廩之工。求不及供。此凶歉之歲。庸率之所以退而傭馴也。斥財之主。見後之傭索食微而易於約束。前之傭責償奢而不帖帖也。則曰富歲之傭好逸。而凶歲之傭差勤矣。然此何異即蹄涔之盈虛。而論大海之注洩乎。且養傭多者。大抵農頭田主之家。農頭之贏。田主之租。皆土物也。其利視糧食之騰跌為進退。年饑穀貴。於傭為病者。於彼則為利也。其樂歉歲固然。而以是律傭之勤惰。則幾與事實相反者矣。蓋凶年多受雇之傭。而富歲多自業之工。謂彼在凶年則勤。在富歲則惰者。無異謂常人之情。為己不力而為人過也。夫豈然哉。大抵自食之工。較之雇傭。其勤倍蓰。蓋一則獨享其所出之實。一則有主者為之分。且廩食之工。群傭雜處。一傭惰窳。眾乃效尤。自食之工。則此無患。受雇者以年月為論。時同廩均。勤惰之勳。無以為異。此以比自食之業。尺寸利害皆所身受者。怠奮相懸。豈待論哉。惟富歲則自食之工多。而凶年則受雇之傭眾。故以通國之財為論。富歲。民之出力成貨宏。凶年。民之出力成貨狹也。

曩法國作家梅山斯。學博而詞辨。因受森得田歲計。著論小民出力成貨。富歲多於凶年之理。（梅山斯書名倭維恩理安鄂盧恩三部戶口考。成於乾隆三十一年。）以近部三廠簿張。每年所產之多寡盈不足為據。三廠者。額爾白弗氈業。與鄂盧恩之麻絲二業也。三廠為其地生計大宗。歲之所登。官有簿錄。於此見小民出力成貨。數與值皆以豐歲為優。歉歲為絀。愈豐稔愈多。最歉耗最少。而積年為計。則豐歲所盈。正與歉歲所不足者相劑。補短絕長。其業為無進退也。

至英國工業。則與此異。如蘇格蘭之麻業。約克沙之氈業。雖歲有出入。而都凡為言。皆為方進滋大之基。至稽其簿張。則若與年時穰歉。有不相關然者。當一千七百四十年。北地歲大歉收。二業所出。誠皆不晆。而一千七百五十六年。歲亦大損。乃蘇之麻業。出貨甚多。約克沙氈罽。自一千七百五十五年至一千七百六十六年。所出者皆不晆而歲減。至北美印花稅罷徵。而後其業大振。蓋自是以來。其出貨歲有進境也。

由此觀之。則知凡懋遷廣遠之國。其中製造諸工之衰晆。視所與通之國之事勢為多。而視本土之年時饑穰者為少。戰爭之起滅。同業為競者之廢興。與夫銷產之民之所欣厭。胥視此矣。且欲定一地物產之盛衰。即官私簿張。亦不足盡之也。蓋其所漏者多矣。今如力作之民。或去其主者而自立。紡績女紅。歸其父母。業焉以衣被其家。自食之傭。其成貨不必皆斥之於市也。或以資其身。或為里鄙之所雇畜。凡此之倫。皆簿錄所不能盡也。而言計學者往往據之以定物產之數。考天下之盈虛。則其去真遠矣。

前謂庸不隨糧食為貴賤。且常與其價相反以為率者。既云爾矣。然以是之故。輒謂食糧之價。與庸率絕不相關。則大不可。蓋傭功之市價。自以二者為轉移。求傭者之多寡。一也。糧食之貴賤。二也。求傭者之數。或進或退或中立。則傭者之數。亦或進或退或中立以與之相劑。夫如是則傭者之所以為養定矣。所以為養定。故傭之市價定。何則。彼固得此以市夫糧食者也。故有時糧食甚賤。而庸率猶昂。則知使求傭之急無變乎前。而糧食乃不賤而貴者。則庸率之昂。益無藝矣。

歲驟穰。求傭多。歲驟歉。求傭減。由是而庸進庸退焉。蓋歲驟穰。積貯盈。足以食多傭過常數。而傭之數不能驟進也。則斥財之主。相與出厚庸以徠之。所以進也。歲驟歉者反是。蓋藏罄。小民失業多。急受雇。而母財見減。不足以盡食之也。則勞力之民。相與減庸以求之。所以退也。英國當一千七百四十年。歲洊饑。傭者求食而已。不望餘也。其翌年歲大有。不僅庸貴。且難得焉。是故最而論之。庸之高下。其所以經緯之者。有二因焉。歲歉求少。庸之勢退矣。而穀食之貴。又使之務增。穰歲求多。庸之勢進矣。而穀食之賤。又使之可減。故常時一國之中。功力庸率。經久無變。意者歲穰歲歉。一進一退之間。是二因者。常隱然相劑以折其中云爾。

案。二因並用。而視前因為多。庸率久無變。其因不止於二者之相劑也。

物合三而成價。故庸長則價不能不騰。然供者之價騰。則求者之數損。其損之程。視騰之度。此相因必至之效也。雖然。庸之所以能長者。為斥以養力役者之母財多也。而母財既多。又將使出母者常欲大生財之能事。用之益巧。為之益疾。其所資之功力彌少。其收成之物產彌多。斥母既宏。雇傭既眾。主者得以部勒署置。或分功。或合力。用力等而得效多。且又將制為機巧。資以善事而節力。此不僅一家一業然也。風會所趨。通國之中。莫不如此。惟手足眾故功以易分。亦心智會而機易以創。古之需人十者。而今則一之。古之以年時成者而今乃日之。庸固長也。而成貨之需力微。二者相抵。所贏實多。故庸日長而物價日廉。其能日偉。故不害奉生之優。其事日闢。故無有失業之嗟。化國之民。所以食豐用閎而力不屈者。胥由此耳。

案。大生財能事者。計學最要之旨。故功力之廉費。必不可於庸率貴賤中求之。有時庸率雖大。其工實廉。有時雖少實費。亦其生財能事異耳。能事大者。庸率雖大何傷乎。由來一貨之成。其中必有最費之功。制作之家。所欲代以機器者。亦於此為最急。此機成則物價之減者常無算。化國之民。其所以能操天下利權。而非旦暮所可奪者。亦在此耳。

第九章　釋贏

案。前論合三成價。出地者之所得為租。出力者之所得為庸。出財者之所得為息。然不曰租庸息。而常曰租庸贏者。蓋息者無所兼。而贏有所兼也。所兼者何。本財應得之息利。一也。出財經營。事資督率。督率之庸。二也。懋遷之事。得失相半。取得償失。成保險費。三也。合是三者。通名曰贏。以一家之所獲。故計學專論之而不分也。

贏之厚薄。庸之高下。皆消息於國財之盛衰。顧二者之所因同。而其所以因者大異。約而言之。則一正一反也。何言乎一正一反也。蓋功力之酬。多乃有養。必國財盛而後庸率高。而母本之斥。少則渴之。故國財衰而後贏得厚也。鉅商駔賈。覩一業之利則爭發貯經營。以殖其貨。相競之餘。自然利減。此在一業之事然也。使國財盛而凡業皆有競者。則通國之贏率皆微矣。故曰斥母者之利害。其視國財與庸反也。

夫欲求功力庸錢之通率難。此不必廣遠也。就一時一地而計之。夫已難得其實矣。故前所謂庸率者。皆取其最多。都凡撫略以定之而已。獨至贏率。則並此不能。蓋贏得之事。變動不居。即叩之本業之主。彼之贏進。歲率幾何。往往不能答也。其所待為變。不僅價之高下而止。同業之盛衰。受貨者之舒急。水陸之險夷。囤藏之隱露。凡此之倫。旁午萬端。皆能為異。故其變不獨以年。且以月日。且以晷刻者也。大都廣國之中。欲取一時工商之贏利。通而估之。得其經數已難。至欲居今考古。跡變動之由。求進退之實。則其勢有斷斷不能者矣。

贏率之難知。固然。然即貣貸者之息利而求之。反可以常得其大較也。第六章之釋三物也。曰息者。所以市用財之權者也。然則使用之者之利優。其所以市之者自厚。用之者之利遜。其所以市之者自薄。是故觀息之變。可以知贏之變。二者相為消長者也。故曰即息利以權贏率。可常得其大較也。

顯理第八三十七年。禁貣貸取息者歲百不得過十。（西人言息。皆以歲。不以月。後仿此。）過者有刑。此以見先之不止此矣。義都活第六立。教會以通財取息為不義。則悉取子錢之事而禁之。顧其令卒不行。而民賚貣子錢愈益重。額理查白十三年復申顯理之禁。於是什一為通行制息矣。洎雅各第一二十一年。更令歲百息八。察理第二復辟。更令歲百息六。后安十二年。更令歲百息五。至今國家雖有制息之令。然息非操枋者所能高下也。前令大抵息率先行於時。而後從而制之。中產勤業然諾不侵之民。其出貸財。率不過制。而自后安以來。都市通率。多不及歲百息五者。懋遷往還。以三零五或四或四零五為常。而當美洲自立戰事。英國民債。則歲百息三也。

由此觀之。則知吾英自顯理第八以來。歲賦國財。如川方進。且載騤騤。降而彌疾。故其見於事驗者。功力之庸率則世增。而發貯鬻財工商諸業之所收。則日以趨薄。

案。民之日富。其驗如此。庸則日升。贏則日降。皆母財日多。政理公平之效也。財退之群反是。

又案。斯密氏謂贏率之少。以鉅商駔賈。覩一業之利。則爭出財為之。競者既多。其利自減。此說未盡。贏率之日少。正坐國財日富。而斥以為母者多也。蓋亦供求相劑之一事。故使國財富矣。而可興之業猶多。則庸贏二者。同時可以並大（說見本章下。）如有時賦稅雖重。贏利仍多。理亦同此。至息率高下。則尤以供貸之財多寡為差。息者贏中之一分耳。其餘則為商庸。為保險。既為商庸。其盈朒自與前章所持之理合。因競而減。斯為確耳。

又案。以令制息。斯密氏不以為非。然既云息者。所以市用財之權。則息者乃價。凡價皆供求相劑之例之所為。操枋者又烏能強定之耶。使國家設為司市。取百貨之市價而悉平之。如新莽之所為。此其為謬。雖愚夫知之。制息之令。何以異此。且制為息令者。禁并兼者之朘利也。而不知必制之令。而後朘乃益深。蓋未令之先。重利不為犯法。既令乃然。而利之所以重。坐貧者急也。貧者既急。不恤利之輕重。以得財為愉快。貸者息輕則不肯為。息重則犯刑憲。既犯之矣。則子錢之外。須益之以冒禁之保險而後為之。故其息愈重。而朘民益深也。主計者不知此皆出於自然。故使理財。靡靡大亂也。斯密之後。英國有賓德門嘗深論之。恉意同此。故咸同之間。制息之令皆廢。

廢居殖貨。在都會則需母多。在鄉鄙則需母少。需母既多。而多財者相與競於其業。故贏得之厚。都會不及鄉鄙也。顧力役之庸。則都會過於鄉鄙。處輻湊之區。積畜饒衍。治生者求力作之傭若弗及。則厚其餼廩以徠之。庸之厚者。贏之薄也。至於鄙遠之區。其勢反是。見財無多。而傭作者充斥。求雇若不及。則劣其價以爭之。庸之劣者。贏之優也。

凡此皆驗諸各國而可知者也。蘇格蘭制息。與英國同。而民所用以貸貸者。其率方英為大。雖信義素著之家。其貸息歲百不下五也。額丁白拉版克（版克此云銀號。又曰票號。曰兌局。曰錢店。其實皆版克也。所不當云銀號者。以其業不僅銀。所不當云鈔局者。以其事之異古。而票號諸名又嫌不典。不若直譯其音之為當也。鈔則當云紙幣此書所譯間用雜出。取讀者易明而已。歐洲版克之業。中古創於義大利國。蓋其民寄存積畜之所。其字義與隄岸通。蓋其業掊聚而周防。有類江湖之堧堰。故異物同名耳）受人囤財。剖券以與主者。約隨時取。計日起息。猶百而四。此在倫敦名長流囤無所息也。諸坐列販貨。在蘇需母。皆劣於英。則蘇之贏率。過英明矣。至於二地庸率高下。已前及之。蓋蘇之於英不僅貧富迴殊。即向富之機。亦英般而蘇緩。故見諸諸贏庸者不同如此。

案。英蘇二島（海汊中斷。綴以蜂腰。故可名二島）以其土沃瘠之不齊。貧富初懸若此。而至今日。乃幾相埒。此其民之勤奮善計實為之。斯密亞當及他計學家如穆勒父（雅各）子（約翰）如馬格樂數十百家。皆蘇人也。可以見矣。然亦有術。康雍之間。蘇格蘭始設版克。造賒貸法。民大便之。國以日富。一千八百年以前。蘇之賦稅皆不充度支。自一千七百年來。歲有進步。今與英法諸國侔矣。故論者謂蘇格蘭處荒寒絕外之地。土瘠而民悍。幾於野蠻。一二百年之間。所進如是之無限者。學校版克二者制善。使之然也。案賒貸法者。版克出財以貸民。使民勤而貧者。貸以為母。民欲貸則聯數家有力者為之公保。至少無下二人。名保誠。保誠定所賒之數。常法自百鎊至千鎊為率。議定。乃恣出入歲終計息納之。而保誠有禁予縱縮之權。若貧者見不能。若惰佚。則止勿賒貸。如是。故其民之力有所資。而爭自奮於業。為勤良。蓋富而有教之效矣。其法與新莽之賒貸北宋之青苗錢無稍異。異者。彼民自為之。而莽與宋。則以官筦其收發而已。目論之士。至今言青苗。無不疾首痛絕之者。而不知其行法非。而法之良。意之美。則無可議也。

法蘭西之制息也。與英異。上以意為升降。不從市息之後而制之也。一千七百二十年。減五分為二分。一千七百二十四年。復加為三分五釐。其明年。更加為五分。至一千七百六十六年。相剌維第當國。則減為四分。神甫德黎繼枋。復舊率為五分。或謂其息率驟減之故。乃為國債還息道地。考法史記誠有然者。其制息或減於英。其市息則往往而過。蓋以國財論。法富固不及英。而貸貸之際。民與法相遁。故市息常過制。老於行賈者。嘗為余言。斥母逐利。在法勝於英甚遠。故雖法俗以懋遷為汙處。英人以久賈相矜。而英賈樂居法。有由然矣。至於力役之庸。法之遜英。猶鬻財畸贏。英之遜法。常言遊者由蘇而英。親見兩國之民容飾居養雍容纖嗇之不同。則閭閻豐儉之異。皦然可識。今使其由法而復英。則相去之度滋遠矣。夫法之物博地大。固容幾蘇。而民生不優者。蘇進而法不進故也。豈惟不進。退者殆十八九焉。此其言未必皆有據依。而致此之云。詎無故耶。今使有客寓蘇二三十年。必不曰蘇格蘭退也。

荷蘭國財。若取土地之廣袤。戶口之數。合而疇之則方英為富。故其國家貸借民債。常率二分。民間交質。信義足倚者。三分而已。比歐諸國皆微。獨至力役庸率。則方英甚優。以其贏得微薄之故。或遂謂荷蘭商務。降而愈衰。此即一二業云然。則尚可信。若謂通國商業皆然。則恐正違事實耳。以計學公例言之。庸厚贏薄之效。必非國財日退之國所能有也。大抵當贏率歲減之時。發貯殖貨之家。易言生計衰歇。不知贏率告薄。正國財日溢之明徵。又以見業廣同前斥母日恢之實也。輓近英法紛爭。法之懋遷。幾盡歸荷。後雖事平。其大分荷猶主之。英法國債出自荷人者至多。其在英者云四十兆。(自注云。此數恐大過實。)民私齎貣。數復不貲。大抵諸國息率高者。荷財皆往出貸。統此數端。足見荷蘭國財之充溢。國中業隘母閎。贏率致薄。不然。其財不出國也。譬諸私家之富。用一業興。財日以周。過其所需之母。增益從事。贏率遂微。自用有餘。乃以出貸。然其商業則方盛未艾也。大國母財日充。正如此耳。

案。今之英美諸國。皆庸優贏劣。而中國反此。彼之通我。最為得利。此所以海禁既開自西徂東。日盛月熾。雖鐵牡湯池。不能距也。而我出力求庸之眾。亦航海適彼。如新舊金山者。勢亦日多。美人恐吾傭奪其小民之生。乃造天下至不公之律。以拒華傭。故至今在美者不過十餘萬衆使不為此。一任事勢之自然。則益充斥無疑也。凡此皆計學公例之行而不可遏者也。

若夫美洲中北部之英屬。其力庸財息。皆優於英。息優則贏亦優矣。其息率或制息或市息。皆自六分至八分。無更下者。夫力庸與財息並優。乃人間至不數覯之事。覯者獨新墾之地耳。蓋新墾之地。土廣民稀。積畜始有。故其母財不足以副事。其力役又不足以副其母財。必多歷年。始能免此。故其初占之田。必擇壤埴最腴轉輸最便之地。或遵海濱。或緣江介。以利漕轉。兼資溉田。又新墾之地。其值必廉。聽人自占。價不抵殖。且處女之壤。產力至優。略施治闢。所收億秭。母財贏率。自然過當。雖出重息貸之。不虧折也。其收利之疾且優如此。故其積畜。轉瞬豐稠。乃欲增雇傭作。而傭者之來。或不能如是之速也。町畦多而手指少。則其酬之也不厚不得。此庸率之所以日進也。至於拓地稍廣。移者降多。主者之贏。稍稍遜矣。蓋自壤埴最腴轉輸最便之地以次占闢。更占之所。稍不及前。贏率坐減。息率亦日趨平矣。故吾英屬土之中。百年以來。息率之差。相去數倍。大抵國財日進。生齒日蕃。而分功日密。則稱貸之息日微。獨至勞力之庸。則不隨贏利為減。何則。求傭之數。純以母財之多寡為差。而與贏率之厚薄無涉也。且母財之進退。亦不以贏率之厚薄而殊。有時贏率甚薄。而全贏轉多。蓋贏薄而母多。方之贏厚而母少者。所收常過。此在戮力治產之家然。而在勤奮率作之國。亦莫不然者也。若其國忽辟新疆。或所與通商者益廣。則雖國財日溢。贏率可以不減而反增。贏率既進。則息率從之矣。人情逐利。必擇最優。當其疆土乍闢而所通忽廣之秋。事業驟多。國財如故。財不周事。勢將棄劣而從優謀新而舍舊。而舊者之母既收。則其業之為競者少。其產入市。亦以無多。供少求同。價值自起。價值既起。贏利乃多。贏利多者。息率大也。故曰不減而反增也。輓近英倫。戰事既平。私家貣貸。即信矼（慤實貌）業厚者。不在五分以下。而前此則四分五釐足矣。此反增之驗也。當此時英於西印度美利堅拓土極大。民間新業繁興。息率不減而增。殆必由此。而非國財之損使之然也。蓋即使國財如故。而戰勝之後。開通國土。如是之多。民之移故就新。正符前論。至於戰事所費。雖誠不貲。而英之富厚。不因而減。此其徵驗。吾得於後章及之。

母財所以養工。故母財消則庸率減。雖然。庸率減矣。而贏率則以增也。贏增則息亦增矣。蓋自庸率減而工價廉。故成貨之本不鉅。亦自母財消而供者少。故入市之價以騰。本輕價騰。兼贏兩利。雖以重息貣母。不折閱也。故息率大焉。印度孟加拉部之公司。與他泰東新步之懋遷。其贏得之至優。可以證此。東方多彫敝之國。故其地皆贏利無藝。而庸率至微。息乃比例。與之俱大。孟加拉農民之舉債也歲百息四十至六十者有之。且皆以秋成為質。夫能舉如是之債為母而猶有贏。則其贏之大可想見矣。樹藝之業贏大則蔑租。息大則所餘以為督耕之庸者少。此其事不僅印度然也。羅馬未解紐時。吏汙而并兼之家眾。郡省息率之大。大都如此。布魯達。有仁人之號者。然甄克祿文紀其治塞布剌斯島時。放債於民。歲百息四十八。則他可知已。

國富以其天時地利人事三者為量。使其量既充而中立。則庸與贏可以並薄。蓋其於庸也。則極其幅員之廣狹。積畜之盈虛。而戶口之眾寡。與之相稱。既極其量。不可復加。而後民競於工。工競則庸之率終趨於至薄。其於贏也。則極其物產之耗穰。交通之廣狹。而母財之滯斥。與之相謀。安於守成。不為維新而後富者競於業。業競則贏之率終趨於至微。

問天下有如是之國乎。無有也。泰東之建國曰支那。支那。富國也。既充其量矣乎。曰未也。何以知其未耶。曰支那之富。充其人事之量云爾。所不加進者。民智與其政法教俗囿之也。支那國處溫帶。西北背山陸。而東南襟海。有長江大河。為之釃通。形勝之國也。然其進於今治。

而無所增長者。不知其幾何世矣。徒以其天時地利之量言之。支邦之富厚。詎止是而已哉。嘗試論之。其俗以商賈為汙處。立海禁。醜與外國往來。西國之賈。舶交海中。一二口外。舉不得入。夫如是則懋遷不廣。而貨棄地者多矣。故曰未充其量也。且其政不均。豪彊倚勢力以為并兼。中賈以下。為貪吏之所睥睨信義隳。其契約不足恃。赴愬於理。則所失益多。夫如是則國多滯財。所斥為母者不副其懋遷之量。然而其國大商賈之贏利。尚為不薄者。則何也。有力者侵牟小民。立辜榷而罔市利故也。觀其國之息率。齎貣子錢者。歲百息十二為常。其贏之尚厚。可推求爾。顧其小民功力之庸。則最下之率矣。故曰支那之不加富。政治教俗囿之也。

夫政法不均。則其國之息率寡不重者。不必國財之豐嗇為之也。蓋息率之所以廉平。以假者之無不歸也。使政法不均。而上不為其民責約。則富者以財貸人。常有不收之慮。以其約之不足深恃也。故其稱息也。必重信者之所酬。以償無信者之所不酬。須平息之外。益之保險之費而後為之。此政窳之群所以無輕息也。羅馬末葉。日耳曼拂箖峨特之族。蹂躪其西諸部。當此之時。契徵質劑之事。聽民自為。渝者無罰。其子錢之重。皆今所不概見者。職是故耳。

法禁子錢。則無益而反損。蓋民既需財。而已無有。非貣則不得財。

非息則不得貣。而貸者之為此也。既有亡財之慮。復懷犯憲之憂。非有所償。固不貸也。償則務平息之餘。益以二者之保險費。而息愈不貲矣。歐東回民。子錢至重。法國政治家孟德斯鳩謂其弊由法禁子錢。而契徹不信。不盡由其國之貧也。

廢居治生。有得不能無失。使九得而一失。則於其九者通之。必有以償此一失者。為保險費。而猶有奇餘焉。夫而後其業可為也。此之奇餘。是謂實贏。除之以十。而與母相權。百得幾分。斯為贏率。其一役之所贏。或多或少。皆為總贏。總贏者。兼所失而言之。不分析也。然使舉債斥母以治生。其子錢息率。則當與實贏作比例。不當與總贏作比例也。

故最下贏率。必以有償虧折之失而有餘。贏既如此。息亦有然。必有以補不歸之逋而猶有獲。夫而後曰贏曰息也。使其不然。友朋推解之情。緩急相周之雅。而非國人貣貸之事矣。

案。由此推之。將不獨如前所言。官不為民責約。則稱貸之息率大也。每見官宰鶻突。其理貿易倒荒之案。輒袒逋家。而不察其有欺詐之情。株連之累。此之流極必至民不相任。商賈不行。勤愿者失依。巧偽者得計。物大騰貴。息利不倫而後已。故曰婦孺之仁。所惠者小近。而所禍者大遠。豈不然哉。

國之所病。在多惰遊。而惰遊之所以多。坐食租衣稅仰子錢之家眾也。今且無論租稅。第言子錢之家。則使國富充其量而不可加。工商諸業之用母。皆至足而不可復多。如是則其贏率必至薄。而子錢之率從之。且子錢之率既微。則仰此以贍其身家者。非至富饒。固不足也。夫如是則仰息之民寡。而中產以降。必舉其積畜而自經營之。冀以收兼庸之贏。如此則風俗成。而通國之民皆農工商賈矣。礱磨世變。增益不能。而無逸居之飽食。此其群之所以日蒸也。今荷蘭之於諸邦。最為近此者矣。逼於生事。束於國俗。其民皆以無所經營而坐食為恥。譬諸衣然。不能人皆短小距地。而我獨大袑褒衣也。又如習尚然。居營砦之中。則不武而契需者為笑。惰民之於勤國。致亦猶此。夫有迫而使奮者矣。

物既合三以成價。則必其二皆微。而後其一獨鉅。故贏利過厚則蔑租。而製作與運致之庸亦薄。然而庸雖薄。尚不能盡無也。暴君之發卒征傜。必有粟焉。以食其徒而後舉。不然廢矣。至於地主人之租。則事勢不同。有時可以無有。羯羅屈闍大東公司。其貿易贏得之厚。為租庸皆至薄耳。

息率與實贏為比例。而此比例之率。又與贏之厚薄為消長。英賈常法。以倍息之贏為平贏。假如齎貣為母。實贏之率。歲百得十。中去息利五分。其他五分。即為經營者之所得。以酬其服賈之勤。與其役財之冒險。顧此之為率。亦視其地通行贏率或過或不及之何如。使甚不及。則息家不必得半。抑或甚過。則所以酬息者固可從而多也。

國日富則贏減而庸增。庸增則貨價宜日騰。然以贏減之故。而貨價尚可以無騰。而以與他所庸賤者之所出。競為售也。從來商賈製造之家。皆謂物產之所以騰踊難銷。由於庸長母多之故。此有見於人無見於己之說也。平情而論。則物之貴也。由於斥母之家責贏過厚者多。而由於傭工小民責庸之優者少也。何以明之。蓋因庸為加。一加而已。至於責贏之厚。則貨經數手。視母為子。遞而求贏。後母大於前母。後贏過於前贏。子母並增。故為大也。因庸為加。加以加法者也。因贏為加。加以乘法者也。以代數術言之。前用加減級數者也。故其長微。後用乘除級數者也。故其積鉅。今試以竹布一貨言之。假其中漚湅紡織諸工。每日之庸。如增一便士。如是成貨。每匹之價。所長者不過計功作加。工幾人。作幾日。成若干疋。每若干價。如是止耳。至於贏率之大則不然。設以值百贏五為率。今增三分。使之值百贏八。則出麻之農。計其成本。每百贏八。而售於漚工。彼亦計其成本。值百贏八。而售於湅工。如是而紡。如是而績。始之贏者。計母為率。繼之贏者。併子入母。逐事遞增。以視彼庸。孰為重乎。譬諸稱息。前者簡息。後者繁息。（繁息者。至於息期。合息入母。

謂為新母。以起息也。）故曰物值之貴。起於增庸者微。起於增贏者鉅。而商賈製造之家不以云者。利與人則分明。利歸己則芒昧也。

案。自斯密氏成書以來。計學家後起者有二大例焉。其關於民生治亂之源甚鉅。今譯以附於此章之末。一曰馬羅達之戶口蕃息例。二曰理嘉圖之田租升降例。二家皆英人。自其論出。而計學之理益精密矣。馬羅達曰。戶口常法。二十年自倍。然而有不然者。食限之也。食限若何。可耕之田易盡也。夫曰可耕盡者。非田盡也。民日益庶。則必耕下則之田。其勞力費財同。而所收日寡。即田之肥磽無盡。亦必多費財力。而所收不能比例而增。且以益庶之故。壤之可耕者靡不耕。母之可益者靡不益。至於得不償勞而止。此所謂食之限也。而生齒之寖多。往往欲過此限。過則貧且亂焉。不及則安且治焉。蕃息之例如此。理嘉圖曰。當蕃息之日趨於其限也。庸贏二率。亦以日薄。獨地之租率。則以日增。租之所以增者。以腴地耕盡。漸及瘠土故也。國中之民數加多。而母財日益。雖贏率稍薄。富者亦願斥而為之。前也費千金而收百石。今也費二千金而收百五十石。則後之千金。所取償者不外五十石已耳。且此既以千金五十石而可為。則受田者以千金五十石為率。過此之穫。貢以為租。以與前人為競。如是則往者費千金而收百石。今乃倍費而收百五十石。而其中五十石。乃租稅也。使彼不為。則他人為之。是通以千金收五十石也。而租率以之大進焉。凡國生齒愈繁。闢田愈下殖。量既差。名租遂異。故腴田之租日增也。（田之殖量。視其壤之沃瘠一也。視其處所之轉輸便否二也。合之為田之殖量。）田租升降之例如此。生事之難易。民物之盛衰。大抵此二例之行而已。顧此之專以田為說者。蓋食者生事之大。舉大則例其餘。斯密氏生財三物。曰地。曰力。曰母財。地或曰業場。斯密氏此章。斟酌於庸贏消長之間。其言民生所以因之為舒戚者。可謂備矣。顧不兼業場而言。則猶未盡也。蓋不兼業場之廣狹而言之。則物產之所分。役財與出力二者。若常有相軋之勢。庸厚則贏薄。贏巨則庸微。不能兩利而俱存也。而有用力同用財同。在此則庸贏並劣。在彼則庸贏俱優者。無他。業場之廣狹異也。今若取母財力役業場三者優絀之間較而論之。則民生不同。可分為四境焉。一使其國母財富於力役。而業場甚廣。母財尚不足以盡之。如是者其庸贏並優。此美利堅之事然也。二使其國母財富於力役。而業場狹。則其庸率大而贏率微。此凡國兵燹饑凶之餘。每如此者。然以蕃息之例之行。此境不能久也。三使其國母財不足養其力役。而亦不副其業場。則庸率至微。而贏率至大。中國今日之事正如此。其在往日。印度已然。故英人得之。國以鉅富。四使其國母財不足養其力役。而業場又狹。不足盡其母財。如此者則庸贏並微。五十年以前。荷蘭義大利皆如此矣。此地力母三物不同相互為變之略也。又斯密氏之論世變也。分三際焉。曰進。曰退。曰中立。進者。庸贏皆大。民生日蕃。中立則業場已盡。而庸贏皆微。其民蹎困。至於退。則不獨贏庸皆薄。且其民之受贏者。將降而受庸。而受庸者之數。亦日以寡。其民流亡。此為最下者矣。然三者之外。尚有一境焉。業場固廣也。而戶口母財之進。適與之齊。則庸贏不進。葢業場雖日廣。而母財亦日增。國固日富也。而贏率不加大。次則業場母財並多。而戶口歲增。與之相稱。如是者國亦日富也。而庸率亦進。葢庸贏之變。必三者有過不及而後形。且民情悅豫。必遇進境而然。中立則憂。退益顛沛。故使其三者俱大俱小。而無過不及之差。則所居之國。雖誠日富。而其民殖財者可以幽憂。勞力者可以困殆。此又論世變者所不可不知者也。抑更有進者。以一國之計而論之。則過庶患也。而過富亦憂。人但知過庶之為患。不識過富之為憂者。此不知計學者也。計學家以謂母財之與力役二物之判。在於過去即今之間。民前施筋力而積其收成之實。斯為積畜。斥此以養後來之力役。則號母財。母財者。前積之力役也。故不僅現在之力役可以至於盈溢。即前積之力役。亦可過於饒衍也。現在之盈溢為過庶。前積之饒衍為過富。過庶者母財不足以養工。而庸率日減。過富者業場不足以周財。而贏率日微。庸率日減。則小民彫弊。戶口蕭條。贏率日微。則中產耗虧。閭閻愁歎。前之效病國民。後之效損國力。而其為窮蹙之象則均也。如今日西國之患。恆坐過富。母財歲進。而業場不增。故其謀國者之推廣業場為第一要義。德意志并力於山左。法蘭西注意於南陲。而吳楚之間。則為英人之禁臠。凡皆為此一事而已。此其所以為爭之情。與戰國諸雄與前代苦中國之戎虜大有異處。今之日。謀人國家者。所以不可不知計學也。

第十章　論業異而庸贏不同之故

夫苟聽民之自已。而不加擢塞驅縶於其間。則一國之中。民生諸業。凡所以致其力而役其財者。將苦樂利不利相若。都邑錯處。風氣棣通。使一業之獨腴。則民將自趨。使一業之獨瘠。則民將自抑。趨之者多。則轉而不腴矣。抑之者眾。則俄而不瘠矣。民將各審其內外之分。而自為其最宜。以與其所居之群相得。不必為其上者為之焦勸也。惟為其上者為之焦勸。而後民失其自由。而業之不齊以著。故曰民如水。自趨平。又曰國助不如民自助。

夫歐羅巴者。天下之業場也。或役財焉。或勞力焉。孜孜攈攈。其贏與庸莫有同者。此其異烏由起乎。本業殊致。喜嗜不倫。或利微而所甘。或利優而所苦。起於其業而異者。一也。國異政。鄉殊俗。附離約束。不平以生。起於政令規約而異者。二也。是故吾論庸贏之異也。亦可別而二之焉。一曰業品之殊。次曰政約之異。

以下論業品之殊。

業之優絀不同。其所抑揚損益。使之平均若一者五。一曰本業之可欣可厭汙潔休劇榮辱。二曰學操之甘苦廉費。三曰售業之恆不恆。四曰執業者責任之重輕。五曰所業期成之可恃不可恃。

所謂異生於本業之可欣可厭汙潔休劇榮辱者。如當都會之地。凡縫紝之工。通一年之所得。劣於織紡之工。縫紝休而織紡劇也。織紡之工。劣於冶鑄之工。織紡休而潔。冶鑄劇而垢也。冶鑄之工六時之所得。不及采煤者之四時。冶鑄者之於采煤。事潔而不殆也。夫榮辱之分。生於人意。而其業之酬。乃以大異。榮業所得。大抵常微。鼓刀而屠。溽處也。而其業之取庸以厚。刑人之隸。通國之所憎。使非厚廩。則莫有為之者矣。

畋漁之事。居狉榛之世。則生事所必資。進而文明。則為好樂遊戲之娛。而倚此為業者皆窮詹矣。漁之業微。自希臘上古而已然。而英國今日之獵戶例貧子。以其事之根性而易操。是故為之者眾。數獲入市所得者常不足以贖其勤。而其業遂至絀矣。

此不僅使庸之數異也。贏率不均。有由此者。市酤酒肆之主人。與傭保雜作。往往為醉人所捶罵。業之煩溽者也。然而斥母少而贏得多者。一闤之市。酒壚往往稱最焉。

所謂異生於學操之甘苦廉費者。其事得以機器明之。製造之廠。設一機器。為費甚奢。故其責償於此機也。及其未毀。最此機之所出。必與機價相敵而尚有贏焉。夫而後其機用也。人之學為一業也。其技巧習給。必勞力需時而後能。故責償於其業也。猶製造者之於機。課其所獲。必常庸而外。更有以酬前者之勞費。計母為子。尚有餘焉。夫而後其業可學也。且以人比機。則機之長短可豫知。而人之壽夭至難測。人生一世之中。能治生者率三十餘年止耳。故其取償又以重也。是故業有專常之別。專業受庸。與常工異者。致由此耳。歐洲常法。以梓匠金玉諸作。與凡製造之家。為巧工為專業。而田野山澤之事。則為常傭。故各國律令。操前業者必自從師為學徒始。徒有徒限。寬苛之制。隨業不同。徒限之中。徒之力役。皆其主若師之所全有。徒之衣食。取具於所親。或如學子然。行束脩而後授業也。設其家貧不辦此。則書券展徒限。為之傭以讎之。其所為於徒則多損。而於其師亦未必利也。蓋展限之中。多慵徒。至於農丱山林之事。則人以為不學可能。乃無為徒從師之事。今如田傭。當其受雇之時。即其學操之日。計力受庸。稍足自養。以是不同。故歐洲專業之工。餼廩皆較常傭為厚。而在編民之伍。流品亦緣是而稍高。以日庸而計之。如麻臬。如木棉。所受者以比常傭。為優蓋微。而通一年為計。則以受雇之較恆。其積則比常傭多也。第其所多。每不敵其學為是業之所前費者。至於精詣之業。事資學問。尤遲久而難成。則售技之楷。彌厚不倫焉。此如繪塑之工如律師如醫士是已。

案。農丱之業不需為徒從師。特當斯密時如此。今大異矣。

至於斥母立業。其贏得之上下。則未嘗以學成之難易廉費論也。若專以役財治生之事而言。則諸業之難易相若。或土著之貿易。抑四國之通商。任舉一塗。皆不能此繁而彼簡。其為業既相似。其贏得宜略同也。故課母責贏。而優絀不由斯而起。

所謂異生於售業之恆不恆者。如製造廠局之工。都會賃工之傭。當一身無疾病。皆得勞其力以受食。獨至築垣疊石之工。嚴霜淫雨。皆可輟業。又必俟雇者之呼於其門。而後能奏其勳也。是故一年之內。坐以待雇者半之。則其受庸也。不僅資當日之養。必有以均其作輟。且務償其望工之苦。與其不或必得之虞。此所以常傭之日廩。石工圬者常加半。抑倍之矣。使其地常傭。七日之廩為四五先令。則斯二工必七或八。前者六七。則後者九十。前者九十。則後者十五或十八焉。此皆驗之於吾英倫敦與各部之庸率者也。且此庸獨大。非以他故而然也。天下易能之事。莫築垣疊石若。倫敦凳几之匠。夏則為石工圬者以取優。冬則執椅凳之業以補闕。知其事夫人能為也。此以知其庸之獨異。起於售業之無恆。而非由他故也。

且徒以技巧而言。則梓人之業。固比之石工圬者勝矣。然而都市之中。梓人之受庸。往往比石工圬者為遜。蓋其業不以寒燠雨暘為殊。其有待於雇者之招邀。亦不若石工圬者之已甚。此其庸所以反遜也歟。

又如有操業者。在他所則常得僦。而獨於一所不然。則其庸亦比例而大。今如倫敦之俗。凡手藝之工。主家雇之。隨時可令之去。與他所之短工同。是以在倫。其庸獨大常傭日十八便士者。彼則三十之。如倫敦縫紝之工。休業者常以旬計。夏日尤甚。故其事如此。此在他所。往往所得以比常庸尚微劣也。

假其售業無恆。與其業之煩溽勞苦合。則可使極麤之工。售庸過於精業也。蘇格蘭之紐喀所及他諸部。其中煤工業短雇者。所稟常倍或三於常傭之率。此起於煩溽勞苦者為多。而由於無恆者少。蓋彼自苦之而不願長勤也。獨至達眉河滸卸煤之傭。其煩溽勞苦。誠無以異於入山采煤者。然以煤船到步之不常。是以其業多作輟。而取庸獨優。常倍或三於常傭之率。平情論之。雖至四五。不為奢也。數歲之前。吾嘗親考其事。知此種傭民。其所受者。常日六先令至十先令不等。但以六先令言。則於常庸已四倍矣。常庸日十八便士者也。此其庸雖驟視為甚優。究則傭市供求相劑之自為。而非人之所能設也。使此率為優。不止償其煩苦與無恆。將來者日多。其庸自然減矣。烏得壅以為厚利耶。

至於母財贏率之進退。未嘗以售業之恆否為差。蓋母財之行滯在人。而於業固無與也。

所謂異生於執業者責任之重輕者。如冶鑄黃金之匠。琢磨玉石之工。雖精巧不必過他工。且有時而遜之。顧其計日受庸。常比他巧匠過者。無他。為付託之重而已。

故醫療之工。病者性命精力之所託也。律例之師。訟者身名財產之所託也。其所託之重如此。此不可以付諸卑賤人甚明。故其得糈責酬之厚。必使若人有以自尊其流品。流品尊而後廉節重。節廉重而後有以受重託而不驚。必然之理也。況之二者為業。事資學問學。操綦難。二因既合。而醫士律師之庸。其非常工所敢望者矣。

至於贏利之不同。又未嘗有待於此矣。人役己財以治生。則無所謂付託者。而其人為市廛所信否。又不在業也。視其人之財產聲譽才具。於時人意中為何如。是故業異而贏率不同。勢不能起於付託之重輕也。

所謂異生於所業期成之可恃不可恃者。一群之中。民各有業。皆童而習之。然而成否之數。業之為異至多。大抵勞力粗下之業。幾夫人可成。而勞心名貴之業。則成否至無定也。生子而使之業為履。其長而食於是業也。若操劵焉。生子而使之業為律師。則其長而食於是業也。二十得一而已。故其事如占鬮焉。二十人共為鬮。十九失而一得。則此一得者。收十九之所失者而獨享之。至公之道也。夫人業為律。稽古而諏今。年幾四十矣。而後收其報。世但知其稱厚也。而不知勤一世而不得稱者。外有十九人焉。且合而計之。彼一人之所收。終不敵此十九人之所費。今使取一邑勞力之業。如為屨者織罽者。總其同業之所費。與其同業之所收。則所收之財。常逾其所費者。至於業律之家。則最館署諸公之所得。常不敵其同業所歲耗者。斷可識矣故其事不能如占鬮之公。得與失常相敵也。律之為業固然矣。而他勞心之業仿此。食於其群。雖若甚優。而其責則得不償失也。

其業之得不償勞如此。然而一國之秀民。尚爭趨而勸為之者。有二故焉。天下惟名可以勝利。業精則名品貴。舉為名高。一也。人之自詭常過其實。僥倖情勝。以為必成。二也。

夫與眾共脩一業。不企其中平而不能。而我乃能為其至者。此所謂豪傑穎異者矣。故樂為勞心名貴之業者。其所收不僅在厚利也。其半亦為名高。而名之上下。亦與其能之上下相副。名即為其所取償者矣。此在醫業已然。律業或過。至於學為文詞名理格致之學者。幾於皆名而無所利矣。

度越曹偶。魁倫冠能。人情之所歆羨者也。獨至用此以弋利干祿。則人情或以為汙。惟人情以為汙。故其所得不僅取償其前學之勞費。必且有以酬其業處之汙。今夫俳優歌舞。當不求利。皆為名流。及其自售。風斯下矣。其索賴也。常若邱山。何則。能獨而處汙故也。不知者疑其流品之下。而索賴之優。不悟其索賴之所以優。乃即在流品之下之故。今使人情忽變。而不以衒技自鬻為汙。則其業之流品升。而樂為其事者將眾。眾斯競。競斯微。其利入不能如是之厚矣。且俳優歌舞者。固有待於天資。然不必如是之罕遇。世固有獨具精能而恥以牟利者。使其業不為世所鄙夷。則所謂度越曹偶者。固不必如是之寥寥也。

至自詭過實。而每懷儌幸。尤為人情之至常。其求事自試。常過於其才之所克肩者。古之知人情者。言之詳且盡矣。獨至幸成諱敗之心。則尚未深發其覆也。世之傾覆顛沛。坐此者至多。蓋常人方血氣之未衰。其計事也。往往於成得之數。自與則甚多。於敗亡之數。自仞則甚少。此其心之用事。觀於闔博（俗呼彩票）保險二事而可知。今夫闔博者。天下姦利之一也。而售此者所在致富。蓋人所爭趨。彼之所收必大溢於其所與。此其所以利也。使為公道。而收於與平。其事將廢。故每闔之真值。十常賦其二三。以至於四者有之。其事之不公不廉如是。然而人方爭購之者。儌倖之心勝。常自詭於可得也。執數金之貲。而規萬億之獲。雖有智者。未嘗以為誕也。且也其標愈大。其得之數愈微。而人愈樂趨之。使其標小而得之數多。則相顧而不屑。甚則以求得之殷而多購之。不知數學之理。購鬮彌多。其去得彌遠。設其盡購。則百失無一得者矣。其自與於成得者過。未嘗考之以數。而求其實也。若夫人情之諱敗而過。則保險者。其事與鬮博相反。其得利亦與之背馳者也。保險亦數術之一事。今使其業能存。而斯民之室家舟車。免夫水火之戹。則通所收保險之費。不僅有以償禍敗之常率。將必有餘饒。以為治其事者之俸養。與夫一切之經費。夫而後事可久也。故使保險者之所收。無過乎此數。則人之所出。與其所保者。正相抵而無贏。天下至公之業也。乃今觀之。則業此者雖有微贏。未嘗以富。即此為論。知其業之不盛。而其業之所以不盛。以人樂鋌走。而預為善敗之計者希也。今者合一國而言之。則以屋廬保火險者。百不過一二焉。至於舟行之險。以禍災之可畏。保者較多。然即至戰爭之頃。風颶之時。空行不保之舟。尚至眾也。或謂鉅商之家。連檣接舳。多者數十百艘。勢已自相為保。節其保費。足救禍災。故其不為。尚非失計。獨船少之商。不保者乃為愚耳。然其所為。未必生於計數。大抵事不經心。而以天幸為可常已耳。

案。此言自斯密氏時如此耳。至今日。則保險之業大𡋯。而鬮博稍稍衰。獨吾中國通商諸步。其民情乃與此合。呂宋鬮票。售於吾國者最多。較而論之。足以覘民智之高下進退矣。

人之擇術。多在弱冠之年。而輕藐險巇自詭必濟之情。此時為甚。其擇術多疏而終受其敝者。固其所矣。常人慮難之情。常不敵其幸成之意。觀於從軍少年。與行海新賈。尤可見也。鋒銳奮發。義不留撓。不屑恆靜寬閑之業。而憙儻來難冀之功名。編伍從軍。英制用召募不由徵賦。月糧微薄。殆劣常傭。而艱險勞勩。不翅倍之。乃每當戰事新起之秋。梟藻騖趨。爭求入伍。雖其人材力。了不異人。皆盛氣高步。若時事方殷。封侯食肉。俯拾地芥也者。雖以此橫尸疆場。不暇計也。至於浮海之業。以此從軍。固不若是之失多而得少。故少年浮海。多稟其父命以來。至於從軍。未嘗如是。然而少年人尤樂從軍。從陸軍又過於從海軍。蓋海之提督。其為俗所歆羨。不及陸之將軍。海戰而勝。其所收之名利。亦不若勝於陸者之優隆。海之甲必丹。雖例得與陸之喀納樂比肩。而世俗之情。終輕彼而軒此。此其事如鬮博然。大標少則小標多。陸軍多大標。故所欲甚難得。海軍多小標。故其願稍易償。若由此而論之。彼擇業於斯二者之間。當亦知所從事矣。雖然。浮海之優於從軍亦僅耳。海軍之兵。其技擊趫捷。悉優於城市之傭作。且畢生所為。皆勤劬危殆之烈。課所為酬。羌無所獲。不過逞其賈勇喜事之雄心。與履險如夷之可樂耳。其月所廩給。與近地之常傭。無以遠過。舟所出入地多。故不如地著之傭。勢常以地為隔。而畸有重輕。大抵常以聚船最多之步之庸率為之。倫敦常傭。月之所獲。倍於額丁白拉。而英之水手。比之於蘇之水手。多者不外月三四先令止耳。平時倫敦商船水手。月二十一先令至二十七先令不等。而常庸之率。乃四十至四十五先令。其不同而劣如此。雖水手月廩之外。尚有膳食。然所廩者不足以敵其差。即或過之。猶無益耳。舟中之餼賜。固不能與妻孥共享之也。

故危殆艱險者。非豪壯少年之所懼。往往緣其如是。喜功好名之子。轉勸為之。是故貧母之慈子也。遣兒學書計。避海濱之學館。恐其濡染歆羨而樂遠遊也。夫血氣方剛之人。樂蹈危機如此。故海船雖有風波之險。不足以優水手之庸也。擇事而欲庸優。必辛苦而其事煩溽。不利養生。或損神而常致疾。而後如此。此既已前論之矣。

案。不憚艱險而樂從軍走海上者。歐洲之民。大抵如此。而圖敦日耳曼之種尤然。此其風氣。與中國所甚異而絕不同者也。歐羅巴能雄視五洲以此。支那常恐為其所逼齰而終不足自存者。其端亦在此。觀於斯密之論。斥為鹵莽之愚。可以知其根於性習者至深。而非由樂道而誇大之者矣。嗚呼。用詩書禮樂之教。獎柔良謹畏之民。期於長治久安也。而末流之弊。乃幾不能自存。此豈立治擾民者之所前知者耶。

至於贏率。亦以所業成濟之難易為差。內賈收利。可必之數過於外商。且同外商也。利之必收與否。又以地而異。北美之商業。責事課贏。比其南島雅墨嘉之經營為穩固矣。是故贏得之厚薄。與其業之危否。若正比例。事愈無定。則偶贏之為數愈多。第通而計之。則得也常不如其失。此旦作夕僨倒荒商業之所以滋也。貪得情熾。諱敗幸成。而計失之數不精。且人俱慕羶。鶩之者多。故其利遂減。偷漏征稅。闌出闌入邊關者。姦利而至難恃者也。使天幸可常。則朝暮可以致巨富。然而仆者何多也。無他得失之數。既不相彌。通而覈之。反比他業之常贏為絀。雖間有厚利。其業終不足以久長矣。

業品互殊。庸之參差者五。而所以致贏率之異。僅有二焉。曰本業之可厭可欣。曰期成之有難有易。然自其前而論。則其例之行甚狹。贏以之異者少。贏之從同者多。自其後而言。則暫得雖饒。通而課之。其得終不償失也。是故合五事而觀之。一鄉一國之中。雖勞力役財。業之分殊至眾。究之庸之為異或懸。贏之為異不相遠也。以理擬之如此。以事核之亦然。掃除之隸。所廩至微。醫士律師。常收厚稍。才地既懸。則其庸不可同日而語矣。至商賈之廢居殖貨。贏得之率。質論皆同。即有時兩家贏利。有若相懸。實則吾人觀物不審。往往混庸贏而一之。非真贏也。

市之賣藥者。其贏得之不倫。殆為市廛之口實。雖然。此贏也。其實庸也。其別驗製合之務精。過於常工者不待論。即其責任之重。去為醫者特一間耳。貧者之疾。無論重輕。所求診者。不離藥肆。富人微恙。亦於是乎咨之。以前者之第二第四例言之。彼之取庸。固宜甚厚。而厚庸之所由取。固以名藥為最便也。故其藥當市所售。上者歲不逾三四十鎊之值。使其利不相十。或以一而贏五。則其庸匪所出。而莫有為之者矣。故曰賣藥之奇贏。合庸而後大也。

又有時生業甚微。贏得至厚。析以為論。其事同茲。今如海陬小集之中。有取生事之所常需。雜儲為肆。此所謂坐列稗販者也。稗販之贏十當五六。其斥母不逾數十金。而駔賈動斥萬金之貲。以治生逐利者。至多值百贏十止耳。此其故又可得而言也。其所持之物。大較皆居民所必需。又以市場之褊小。勢不足容絕大之母財。此雖稗販。然既已為之。則不容他鶩。故其業必有以贍其生。又其能必與其業相副。具母矣。必通翰札。解會計。能別數十百物之貴賤良鹽。與其地產之所從來。而後有以入廉而出多。而獲倍稱之息。此其能事。實則與大賈相若。所不同者。直擁貲少耳。若此人之庸錢。雖歲數十鎊。不為侈也。今於其贏得之中。取此數十鎊以為庸。則其所謂贏者。去常率固不遠矣。故此與前事。其為異者皆庸。至於言贏。固不能大異於常率也。

斥母財以求藝利。則駔商之贏率劣。而稗販之贏率優。而二者之優劣。在都會其差少。在鄉鄙其差多。其大較也。假如前喻。使其人之具母。可至於萬鎊之多。則執業者之庸。如巜巜之入大川。不可見矣。此時稗販之所贏。其率將與駔賈相若。此其貨所以在鄉鄙則貴。在都邑則賤也。雖然。稗販之雜貨物可以賤。至於酒肉麥穀。則往往不能。蓋物不出於其地。務遠以致之。而本值以貴。致雜貨物。都會於鄉鄙之為遠均也。而牛羊米麥。則都會距其所出之地。遠於鄉鄙。遠則轉輸之費以增。雜貨物之所以賤。以都會具母之既多。酒肉麥穀之所以不能。以都會轉輸之較遠。具母多。則庸小而價廉。轉輸遠。則本增而價貴。二者相消長。而都會鄉鄙之價乃相若矣。嘗見一國之中。牛羊五穀之價。隨地而殊。獨至麰麩膎膳。則邑野相同者。其諸二者相消長之故歟。

案。鐵軌未興則如此。至道里脩。鐵軌繁則邑野之物價。日趨於平也。

且以城市銷場之恆。百貨坌集之便。故繼今以往。都會物價。稍稍廉於鄉鄙者有之。邑居之中。四通輻湊之衢。僦肆之租。什佰往日。坐列者以逐利為競之殷。往往一屋之肆。不能全而有之。皆坐鐵路既興。物價流通趨平。具母甚大。贏率甚微故耳。此西國今市之情形也。

無論大賈零售。其贏率皆在鄉鄙為優。而在都會為劣。然而營業之始微而終鉅者。乃必在都會之中。鄉鄙固無有也。蓋市場誠小。則雖有鉅母。無所用之。故其業之增高繼長難。以少本而求奇羨。母贏相課。其率固優。顧率優矣。而總其所獲之數。則未嘗大也。如是則歲進之利微。獨至都會則不然。贏率平平。而寬廣輻湊。故其業日以發舒。歲所有贏。輒增為母。銷場日闢。母本漸恢。故贏率雖微。而最其所贏。什百曩者。以是之故。雖僅數歲之間。由稗販零售而至鉅商賈駔。可也。凡此皆業於鄉鄙者所不能也。又有異者。懋遷致富。有二塗焉。一曰經業。一曰屯偫經業者。計母為贏。循修持久。忍欲纖嗇。勤苦運籌。日計不足。歲計有餘。漸以致富者也。屯偫者。牢籠百貨。屯儈待時。買賤賣貴。以規大利。頓而致富者也。故屯偫殖財者。逐時而遷。不規規於專業。今茲積穀。明年置釀。為錫為菸或為茶荈。時用知物。與俗上下。利進則先人而爭。利退亦先人而罷。故其贏利折錢。與營經業者無所比例。其趨利也。

若鷙鳥猛獸之發。或一發而致富不貲。或增擊不中。而顛沛窮逋者。亦多有之。顧此非處四通轂擊之區。固不可耳。蓋必市場浩廣。消息靈通。而後可遵其術也。

此章前言五事。雖為民生諸業庸贏二者所以不齊之由。實則所以益寡裒多。補不足損有餘。使天下無甚苦甚甘之業者也。然必一國之中。政令平均。并兼無有。擇術遷地。悉聽民之自由。而後其例之行可以見也。設有其壅閼鞭毆。而不令萬物之自己。則其效或不然。且政寬而民自由矣。又必有三形焉。而後其例之行乃益信。外是則其效又或不盡然。何謂三形。一曰其業已舊。甘苦利害。為國人所周知。二曰際其平時。而不在變動非常之境。三曰以為專業。待之資生。而非旁及兼營之事

一、所以知五例之行。必其業已舊而為人所周知者。新創之業。甘苦利害。既為時俗所不諳委。人持兩端。憚於趨業。於是倡其業者。必設厚庸重糈以來之。此所以新業之庸。常較舊業之庸為厚。必歷時甚久。而後其庸可漸減。以與他業為平。此不必民智日開之國而後有之。玩好飾觀之事。朝忻夕替。變滅無常。不成為舊而已化。如綺羅之片段。器用之型模。各國如此。獨至質樸之物。生事之所必資。常歷數百千年而無變。是故操後業者。其庸常平。逐前事者。其庸時起。即以吾英為論。蒲明罕一

部之製造。前事之比也。薛非勒一部之煤鐵。後業之倫也。蒲之庸優。而薛之庸平。職是故耳。至於贏率之事。大抵新創之製造。新設之步頭。新法之樹畜。其事理皆與屯徛規利者齊觀。倡首之家。常自詭以無窮之美利。然事濟而如願相償者有之。不濟而敗衂困窮者常數倍也。其盈虛損益。與斥母而守常業者。無比例之可言。即濟矣。其始之得利至優。及其歷久之餘。人知其事者眾。則競者日興。其贏利終與他業等矣。

二、所以知五例之行。必際平時而不在變動非常之境者。各業力作之市。時旺時衰。則旺過平。衰則不及平。自然之勢也。今如田作當夏耘秋穫之時。求常過供。而庸隨之長。戰事方殷之日。水手由商船而籍海軍者。率常四五萬。於是求亦過供。第水手之月得二十餘先令者。至此皆月二三鎊矣。此見於業旺第所得過平者也。至於業衰。如製造疲歇之日。其中力作工匠。重於徙業。寧減庸而為之。此見於業衰而所得不及平者也。若夫贏率。則自與其貨價相乘除。價騰則其率過平。價跌則其率不及平。亦常道也。顧騰跌之事。貨有不同。或在此易見。而相去度多。或在彼難為。而相差度少。大抵人為熟貨。視求為供。計一市一歲之所銷售。而為之辦致。雖不盡合。亦稍相敷。是以無騰跌甚過之事。此如英之麻枲氈罽諸業。各廠之匠指不殊。諸市之匹段相若。烏從過乎。而於非常之市。則亦有之。如國有大喪。元緇頓貴。而平時常物。則無是也。然天生之生貨。與視生貨而成物者。則大異此。每歲之力作同。而以天時不齊。致產大異。如粟如酒漿如錫如菸葉。皆此類也。故其價不僅在供求相劑之間。而常在豐歉不齊之際。此其騰跌所以易見而為度多也。其騰跌之差既如此。則其贏率之優絀亦從之矣。是故貴庾稽物之事。常在天生生貨之中。知其將歉則急收。察其將盈則盡發。操舍得則大利存焉。

三、所以知五例之行。必其專業而非所旁及兼營者。其人治一業以資生。而不必窮年之力以為之。使當業隙而售其餘力。則其責庸也。常比以為專業者輕。古蘇格蘭之民。有所謂噶特爾斯者（譯言廛丁。）至今尚間有之。其傭於田主也。介乎長年短雇者之間。例受宅一廛。園一區。可種菜。芻幾束。足飼一牸牛。外是或下瘠田十餘畝。可以耕。農事殷。田主每七日更給傭雀麥二秉。值十六便士者。然而當暇日。自治分地之外猶有餘。則相率為人雜傭。苟得事耳。不甚計庸率高下也。故其責庸常比他庸為廉。此在古日尤眾。今者國財進。生事周。所謂噶特爾斯者。稍稍盡矣。蓋戶口不蕃。田疇未闢田主農頭。養長傭則甚費。不養則無以趨時。此法最便。故噶特爾斯。所廩不可以全庸論。田牧屋居。當其庸大半矣。而世之論食貨者不察。常取此以謂古今庸率迥殊之證。可謂失其實矣。工廉則貨賤。故如是之傭。其成貨索價之微。非他工所能及。蘇之織韈。常比機織者尤廉。大率此曹之所產也。薛德蘭出韈歲千雙。雙五便士若七便士。無過者。其地庸率。率日十便士。又常紡庥。每七日勤者得二十便士而止。使非旁及兼營。而以此為專業。雖欲為此賤。勢不能也。

案。聞印度民常織樹皮為粗布。樹名優底。布名公尼。然優底公尼價相若。則亦旁及之業也。

夫治一業矣。而傭有餘力。主有餘財。資以旁及兼營者。業之不廣。斯可見矣。故此皆貧國邊鄙之事。富國通都無之。雖然。設有他故。時亦有之。都邑屋租貴者莫倫敦若。而使僅僦一二分房家具供張辦者。其廉又莫若倫敦。法之巴黎。蘇之額丁白拉。皆不及。其相反如此。蓋分之所以廉。即在全租甚貴之故。租之貴。都會皆然。地價百倍於鄉。一也。工貴。二也。材木磚石皆遠致。三也。而倫敦之俗。宅之僦者。上天下地。必全而僦之。例不可以析。與巴額二都之俗異。故業賈者宅既全租矣。則以其下為肆。以最上層為家。中間二者。則設供張家具。以待寓者。若逆旅然。彼之治生視其業矣。而析宅得租。則其所兼及者也。故其勢可以廉。此與前之噶特爾斯。事異理同者也。

案。今時倫敦無此俗。又都會租貴。自緣供少求多。而以得貴租。故雖

有三者為梗。而人猶為之。斯密氏言此為租貴之由。則犯名學倒果為因之例。學者不可不察。

以下論政約之異。

案。此半章所指之公政私約。所以壅遏利權。使之不平不通者。今大抵皆廢。不獨辜榷專利。舍一二業如醫如律外。皆所不行。即所謂業聯徒限擇業移工諸事。今亦聽民自由。無為沮梗者。此可以見英國政令之日以寬大。與其國富之所由來。後主計政者。其亦知所從事矣夫。

舍後三者之因緣而外。則勞力役財者所得之不同。不出於前五事。此雖民氣至伸。擇術自養。一任自由。不能免矣。然其不同。生於本事。是故雖名為異。實則所以為平。獨至歐洲國異政業殊約。擢塞壅激。不能因任民情物理之自然。於是庸贏之畸重。畸輕。卉然而起。以比前言五事所關尤鉅者也。

其政令約束所為擢塞壅激者。大抵不出於三。一曰限其人數使之少。二曰增其人數使之多。三曰禁其徙業。使之不得自然通流。民失其情。物失其理。自此始矣。蓋一群生業。譬如水焉。水之所以終於至平者。以任其就下之性。而莫為之壅激也。生業之利害。所以定於和均者。以縱物之自趨。而莫為之擢塞也。乃今吾歐之政約不然。一、所謂限其人數使之少者。蓋恐任其自至。則勞力役財以操其業者將多。競者眾而利薄也。故城市之業。首為業聯焉。合同業之家。以持獨享之權利。次為之徒限焉。使欲操其業者。非始於為徒不可。制為約章。以定其一時所得納之人數。與夫學為是業之幾何年。背之者皆有罰。此無他。不使競於其業者之多。為之供常劣求。用壟斷其厚利而已矣。限徒之數。徑而為是者也。定徒之年。使學者費重。來者不多。紆而為是者也。其所以囿人數於至少。一也。

英國薛非勒之劍工。一時不得納二徒。那爾福泊那威支二部之織工亦一時不得逾三徒。犯者月罰鍰五鎊充官。國中若新墾地之帽匠。人傳一徒。多者月罰鍰五鎊充官。半與告發者。凡此皆業聯之所自為。而又請官立禁者。外是則倫敦之絲業。聯者僅一年。亦立約禁其工不得一時納二徒。後由議院專令廢也。

歐洲有聯之業。其徒限皆七年。所由來久。今之學校稱優尼維實地者。本工聯之號。考拉體諾本義如此。古攻金之工。縫裳之匠。皆有優尼維實地。散見舊治城邑典志中。是知以此名專屬文業國學者。為後起之事。即令人入國學。執業歷年。經有司考閱。學業中程者。予學憑。稱藝師。（其品第視中國舉人）藝師之名。亦古工聯所用也。凡業皆有藝師。不僅文學。蓋師者有弟子之通稱。常人就傅七年。則可售業受徒稱師。此在百工然。故在文學名貴之業亦然。古之業凡須學而能者。皆如是。無清濁貴賤之別。其有清濁貴賤之別。而獨文學醫律之倫。得稱藝師博士者。（博士西名達格特爾。其品第視中國貢士。凡醫例稱達格特爾。律家格致家亦用此號。）非古義矣。

額理查白五年。著學徒令。凡國中民業。諸技藝名術。取先就傅七年。而後任售之。不如是者。禁勿令售。由是工聯私章。前行於一鄉一邑者。著於國令矣。其立法期通國共守之。然不行於邊鄙。蓋邊鄙戶口稀。一民之身。取具數業。必使皆經為徒。則其勢不能。必業有專工則市場狹。所廩不足以自養。故其令不期自廢也。

令既不便。則民巧舞以與法相遁。彼以謂繹令之文。乃指當時國中所已有業。業起令後者。所不及也。於是抵牾違反。有絕可笑者。如四輪車令前無有。而輪人則舊業也。前令行。則輿人。不得為輪。而輪人可以為車。輪不由輪人為犯令。而車不由輿人則無罰。其窒礙不通如此。製造之業。降而日滋。孟哲沙之布業。蒲明罕武累罕布敦之機器。操其業者。皆免於七年之徒限。皆以不及令之故。

案。學徒令於若耳治第三之五十四年罷。法蘭西各業之徒限。部殊而業異。如在巴黎。則大較限五年。於英為輕。顧徒限五年之外。又有火限。火限者。五年徒限滿矣。不得驟稱藝師而自售業。必更為其傅之火伴五年。通十年而後得自立也。（聞徒限之制。前德意志之茂匿克最嚴。茂為歐洲大都會。其中操業者自三年至五年為率。徒限畢。則火限又五年。同業考校。行賈諸邦。如是而歸官。乃給憑為藝師。其拘礙如此。）

工賈諸業之規約。蘇格蘭最寬緩不煩苛。業各有聯。聯各異約。雖至精之業。徒限不過三年。設學者猶苦其滯久。得納財自贖。令稍短促。邑有工聯。其應享之利益。新進者入貲如約。則均沾之。其新近業。如麻枲織紡及鑄造織機輪篗諸工。可不出貲而入聯。他如屠業之倫。皆自用無所拘。凡此皆歐洲他所之所無。而吾蘇獨爾者。

案。此所謂聯。西名歌頗魯勒憲猶中國之云會云行云幫云黨。歐俗凡集多人。同為一業一事一學者。多相為聯。然與中國所謂會行幫黨。有大不同者。蓋眾而成聯。則必經議院國王所冊立。有應得之權。應收之利。應有之責。應行之事。四者缺一。不成為聯。故英律注曰。聯有五例。一曰惟聯無死。權利事責。與國永存。二曰聯一成體。有功過可論。其於律也。可為原告。可為被告。三曰聯得以斂費立業。其為議院所準者。得抽外捐及強買業。顧其事必議院準之而後可。外此雖國王所許。不得為也。四曰聯有名號鈐印。其行事以此為憑。不以頭目長老。五曰聯得自定其章程約束。以治馭賞罰其群。具此五德。斯稱為聯。故西國有學聯。各國國學。皆由此起。有教聯。教門之事。自律自治。於國家無與也。有鄉聯凡鄉凡邑凡屯凡屬地。皆有之。相時地之宜。而自為律令。與國家大法有異同。而其地之土功水利井里巡兵。多為所獨斷者。今中國各步租界所謂工局者。猶此制也。有商聯。如印度大東公司。及今之匯豐鈔商。皆屬此。有工聯。則如此章所指是已。其事與中土之社會差同。而規制之公私。基業之堅脆。乃大有異。故其能事。亦以不同。此所以不能譯之曰會。而強以聯字濟譯事之窮焉。

吾前者不云乎。百產基於力役。故力役者。斯人各具之良能。而天賦之產業也。小民之所得於天。所受於父母。舍手足之強力便給無他焉。設於此而拘囚禁制之。使不得奮其強力便給者。蓋無異奪其天予親遺之產業。逆天殘民。孰逾此乎。侵奪者雖奮其飾說。末由解免者也。且人道之相資。事與使二者之相為擇而已矣。無取於其三焉儳於其間也。彼儳於其間者。不特侵事者之自由。使之無以為事，抑且侵使者之自由。使之不得善其使也。事者之善事與否。利害損益。使者當之。惟其於己也切。故其為擇也精。而去取也當。今乃謂彼為不必精不必當。而獨煩為民上者閔閔然為之擇而去取之。曰必如是而後精且當也。是侵使者之權而奪事者之利也。是徒糾紛殽亂而作為無益者也。

夫考工之政。所為斤斤然於必久之徒限者。意固曰必如是而後有良工。而市之器物不鹽惡也。顧徒限立而器物之鹽惡如故。彼不知器物之鹽惡。不由於操技之粗疏。而起於人心之欺偽。欺偽非徒限之久所能袪也。商標官印。加於產物成器之間。使一國之政誠行。而斯二者。不可以假託。則繩欺塞偽之為。如是足矣。持金入市者。固惟斯二者之審。何嘗問工人之學製曾否七年耶。

抑考工者之為此。將使百工習於勞苦而能為勤耶。則又欲南望北者矣。夫小民之所以彌勤。惟酬其勞苦者之優且疾。足以使之。故賃工之傭以枚售者。其機必厲而不自知疲。至於學徒之功反此。彼徒為勤而不見其利也。故勗民之勤。莫若使之早食其勤之報。久於徒火之限者。彼將以其業為傜為罰。怨咨疾視之不暇。尚何能以勞勩為甘也哉。國家嘗收孤兒。使習為業。以衣食之出於其師。故其為徒尤久。而此曹多惰工。可以見矣。

今之所謂徒。歐洲古無有也。今之師若徒相與之事。載之國律者。可謂詳矣。而吾考羅馬律未嘗及之。希臘拉體諾二種之文。殆無徒字。蓋今所謂徒。非師弟子之義也。試為之界說。則徒者僮奴。為其主作。以若干年為期。期之中。徒者不受庸。而主者教以其業者也。

且人學操一業。不必歷甚久而後能也。故徒限之設常無謂。今夫業之精工。至於時表。過常工者可謂遠矣。然亦不必待甚深年月。而後能通其祕也。蓋成器利用之事。其難常在創而不在因。常在作而不在述。方時表之始為也。輪牙筍籥。相得之用。極之繭絲秋毫之間。此不僅成物之不易也。求所以善事之器。已大難矣。故心力聰明之竭。或畢生而後得一當。至其物之既成。而立之成法矣。則明體達用。雖中資之少年。旬月之教。足以與之。至於麤劣蹇淺之功。數日授業。無不喻者。夫固非祕妙難企者矣。彼久久之徒限何為者。若謂甘苦疾徐。心手相得。雖在常技。必歷久而後然。而不期之妙。固不可傳。即習而能。又不可求於徒限中也。為此有道。在習者樂執厥功。而用志凝一。欲其樂執厥功而用志凝一。則莫若早稱事而受庸。勤而善則利優。惰而苦則利遜。夫而後其精奮其巧得而為習者之門也。此豈為束縛困苦者。所得貌襲而取耶。雖然。彼一業之人。所樂為是約而守若詛盟者。亦自有故。徒限設去學業者不待久而成。無七年不稟之傭。是主者先失也。操業之易如是。競為是業者必多勢且供溢於求。業利坐減。是徒者亦失也。徒者失。則操是業者皆失也。此其所以不為而終以徒限為公利也。然而計學之事。固必取通國之損益而計之。使取通國之損益而計之。則富國之道。在費力省而成貨多。一業縱損乎。固合群之人有待於是業者之益也。人之自為業者一。而有待於他成之業者不翅百。故使舉國之業而皆去徒限。是人勉一損而受百益也。所益不亦大耶。

是故工聯之設。本旨無他。所以囿其業之物競。蓋物競既興。市價將跌。市價跌。則庸與贏自趨薄也。歐洲業聯之制。始皆城邑之民所自為。無關君上之事。獨英倫民設業聯。必待上令而後立。此非以惠小民禁并兼。實亦陰靳其權。以之朘利已耳。是故凡業欲聯。貨賂朝行。制可夕下。從此罔利。不為犯科。其無所入貲而私自為者。乃號奸聯私會。然雖覺察。不必廢也。但令歲納縱容之稅。則其聯自若。凡一地之工商業聯。皆總而屬諸其地之鄉聯。鄉聯尊。於諸聯所立之規制約束。有考察之權。或許或禁。鄉聯得主之。不必國君也。

案。凡約聯壟斷之事。皆於本業有大利。而於通國有大損。若總其全效。則貨棄於地者亦已多矣。且其事必絕外交而後可。使其國已弱。力不足以禁絕外交。而他人叩關求通。與為互市之事。則貨之本可賤者。吾既以法使之成貴矣。而他人無此。則二國之貨。同輩入市。正如官私二鹽。並行民間。其勢非本國之業掃地無餘不止。是故壟斷之業。可行於自封之時。必不存於互通之事。灼灼然也。前此歐洲各國患其然也。於是立為護商法。入口者皆重賦稅以困沮之。乃此法行而各國皆病。洎斯密氏書出。英人首弛海禁。號曰無遮通商。（亦名自由商法）而國中諸辜権壟斷之為。不期自廢。蕩然維新。平均為競。此雖其智有足稱。然亦以英貨之通於他國者多。故樂用也。自此以還。民物各任自然。地產大出。百倍於前。國用日侈富矣。百姓樂成。乃益歎斯密氏所持之論為至當而不可易云。

顧鄉聯雖有如是之權力。而主其政者。則皆業聯中人。皆云為此所以持盈察虛毋使入市之貨過多。令供逾求致折閱。實則務使入市貨少。供不及求以多取贏也。一業既聯。他業踵起。相率效尤。乃至無業不聯。故居一邑之中。人人皆買貴物。而屈伸相酬。亦家家而賣貴貨。彼固謂此為裒盈濟嗛。衡從相等。雖有業聯。而同邑操業諸家。不因之而有所失也。獨至以與郊鄙懋遷。則邑中諸業。皆有奇贏。其所以自厚而致富者。用此道也。

然而邑中衣食之源。舍郊鄙無從出也。其所與郊鄙為易。有二道焉。一曰以都邑之熟貨。易郊鄙之生貨。如是者益以操業或貨者之庸。與其斥母養工者之贏。二曰以所致遠方之生貨若熟貨。易郊鄙之生貨。如是者益以勞力運轉者之庸。與其廢居居邑者之贏。前之所利。在化生而為熟。居肆成事。工之利也。後之所利。在移多而就寡。遷地為良。商之利也。而二者之利。皆兼庸與贏而為之。故都邑有業聯。制為約束。壅滯辜榷。以使庸贏兩高。而究極言之。則皆務以都邑之少力。易郊鄙之多力已耳。夫如是則工商利優。而農民利遜。始本平也。有業聯而自然之平勢壞。一國之所歲出。利分於在邑在野之民。自為業聯壟斷之。則在邑之利優。而農人始病矣。

案。農桑樹畜之事。中國謂之本業。而斯密氏謂為野業。百工商賈之事。中國謂之末業。而斯密氏謂為邑業。謂之本末者。意有所輕重。謂之野邑者。意未必有所輕重也。或謂區二者為本末。乃中土之私論。非天下之公言。故不如用野邑之中理。雖然。農工商賈。固皆相養所必資。而於國為並重。然二者之事。理實有本末之分。古人之言。未嘗誤也。特後人於本末有軒輊之思。必貴本而賤末者。斯失之耳。物有本末。而後成體。而於生均不可廢。夫啖蔗者取根。煮筍者擇梢。本固有時而粗。末亦有時而美。安見本之皆貴乎。必本之貴者。不達於理者之言也。故此譯於農工二業。野邑本末雜出並用。取於人意習而易達。不斤斤也。

財者易中，而未嘗為易之終事。是故穀畜資材之生貨。邑之所受於野者。即以邑中所出之熟貨為酬。野邑相受。多寡之數。大較略均。故熟貨之為售重。即生貨之為購輕。此本業之所以傷。而末業之所以利也。

案。中國之往外國者無熟貨。外國之來中國者尟生貨。故中國之於外國。猶郊野之於都邑。本業之於末業也。斯密氏此書。其所反復於野邑本末之間者。取易其名。固無異直指今日中外通商之利病矣。孟子曰。言近而指遠。亦在善讀者耳噫。

今夫歐洲之生計。其本利常絀而末利常優者。何必偏覽深觀而後能得乎。都凡為言。已可見矣。無論何國其始以微本經營而終於富厚者。由於製造商賈者百。由於溉田立種者一而已矣。然則或勞力焉。或役財焉。其勞役於末業者獲優償。其勞役於本業者蒙觳報。有斷然者。而力與財之擇優而舍觳者。又自然之勢也。故其趨事也。常舍本而之末。附邑而棄野。

都會之民。黨居而州處。故易相合。雖甚微之業皆有聯。即有一二未經約束者。或以其事之過於專利。不得頌言而為之。而其間逐利恆態。黨同業。妬異門。受徒常患其多。商情必深緘祕。務使角逐者希。獨牟厚利。凡此皆不約而同。不期自合。不必立為條規。載之盟府。夫而後有聯之效也。且操業之家彌少。則其為合也彌無難。試觀羽毛之業。其中紡織之工千人。而櫛毧者六七家。惟堅持聯約。不納新徒。乃不僅盡收其利。

且有以把持羽毛全業之利權。而櫛毧之庸之厚。遂由此而逾等。合之為私不其見歟。

至於郊野之民。其勢反是。孤懸暌處。難以合從。故農業向不為聯。且無欲聯之意。人業為農。從無徒限。彼固以其事為不學而可能者也。顧自我觀之。天下之業。舍士而外。其有待於智巧閱歷之多。殆莫農若。試觀文物諸國。農學諸書之繁富。則其事之非易了。可以見矣。他業雖極工巧。大抵一卷書。益之圖表。則畢其說。獨至於農。則事資心手之相得。且不可獨於文字求之。故有盡讀農術之書。其智不如一常農者。蓋天時地利人功。在在與之相涉。三者不齊。田法立異。非至精審。無以為之。眾工方之。邈然遠矣。

此不獨農頭田主。有督耕指麾之事者為然。即至樹畜常傭。其巧習之能。亦較都邑諸工而過。何則。工之為事。大率庀器飭材二耳。庀器者察其利鈍。飭材者辨其良楛。彼攻木攻金諸工。材等器同。為變差寡。至於田事。則所用者馬牛之動物。有柔很馴驚之異性。所加功者草木之植物。有腴瘠強弱之殊資。其間天時水土。俯仰遷移。故其責效施功。非有審別之精。作息之信。必不可也。世但見扶犁之工。腰鐮之僕。樸陋蠢愚。而不知彼於田事操舍緩急之間。固未嘗一不當也。徒取色貌辭氣動容周旋以與市工為比。則固為木彊而難通。而自觀物察變擇地施功言之。則田傭固常過也。此無他。田傭於人間交際事少。而心所察度措注者。於田事為繁。市工多見紛華。而其業則早暮一致。所為用心者簡故也。人苟往還邑野。而深交於二者之間。則彼此之優劣。可以立見。此所以支那印度。亙古重農。其流品利獲。乃在太半工商之上。使吾洲而無業聯禁制之事。則田傭今日所處。或不至如是之卑卑也。

歐洲政俗。工賈之業。優於田農。其所以然之故。不僅業聯為之。國家政令。亦有毆之使然者。今如賦稅關征之政。皆主入國畸重。出國畸輕。此其為效正與業聯等耳。蓋有業聯以為辜榷。則雖貨價騰躍。其利非本國之民所能爭。入國之貨重征。則外貨壅閼不行。而土產獨牟厚利。又不患為外人之所奪。然二政既用物值大昂。其害終有所底。被其毒者。野業是已。夫田農既不能自聯。又未嘗禁他賈之為聯。而工賈私家。囂然持保護商權利不外流之邪說。以蠱眾心。無有知此實工賈一二流之私利而斷非通國之公利者。而務本地著之民愈益病矣。

案。自斯密氏此書流布。泰西風氣一時為之幡然。英國後此百年。其民情與此所云正反。工商之家。原始要終。知護商之法。自塞利源。得不酬失。則主弛關之說。弛關者。內外平等。不於入口諸貨。畸有重征也。其業聯私約。凡所以為壟斷辜榷者。亦稍稍捐除。至今而盡。獨其中郊鄙農民。乃轉創為田約。欲以保持利權。重外輕內。蠭起以與其時之計臣政府為難。而計臣政府。亦聯通人為會。號反田約黨相持爭論。至一千八百四十六年。皮勒當國。反田約黨大勝。而後無遮通商之黨法始行。然而田野壟斷之私。至今猶一二存而未盡去。故有時而請免麥稅。有時而請立牛羊進口限。使此說行。則何異前之護商者乎。利之所在。民智難開如此。然合前後而觀之。足以覘泰西世運之升降矣。

英國農末利懸。今差勝古。試權野邑之間。則耕夫之庸。差及製造。而營田贏利。亦不下城市之工商。此十七世紀所不能者也。閒嘗為考其由。蓋由前此邑業過盛之故。邑業盛。贏利積。而母財日恢。本眾業均。贏率日薄。業場有畛。而競者無窮。必至之數也。以其利薄。故用母者棄城邑而輸之郊野。郊野之中。本增事眾。而求傭日多。此庸率之所以起也。蓋始也立業聯以朘之。今也因末窮而反本。此其所為。猶始得之郊野者今還之郊野而已。歐洲百年以來。田野日闢。皆緣邑中母財。充溢末業。故能爾也。然鄉鄙之業。雖有甚優。而國謀人事。為之沮奪者尚多。故其效終遲而難據。

每觀城邑工賈同業之家。相聚而謀。類皆操奇計贏踊騰物價之事。苟利其業。何恤國人。餘雖驩聚燕遊。其會亦寡。故工賈勢聚者非國之利也。夫謂必取其會合聚謀之事。立之法而禁之。此固違寬大平均之政體。然示之端倪。使之便於為合。又何必乎。至立之政法。使欲不為合而不能。則尤下策也。所謂使之便於為合者。如官設簿書。務令同業之人。署其名業居址。自有是冊。前不相知之人。今皆麕集。苟欲為會。則踵門而呼。俄頃皆萃。所謂使之不為合而不能者。如著令同業之家。死喪相恤。此其意非不美也。而弊隨之生。蓋相恤之事。首資於財。財出同業。則必制為蠲抽。置之產業。其事非聚謀而公治之不可。而彼乃緣此而謀為辜榷壟斷之事。

既有業聯。斯有約規。既有約規。斯有科罰。此約規科罰者。將誰定而誰責之。勢必以少從多。定且責以聯之太半。由是其聯得歷久而不散。而辜榷專利之事。亦相引而彌長。向使其事懸諸人人。則人雜意殊。其會雖成不可久矣。

或曰。惟有業聯而後有約束。業以精良。工無濫廁。此無據之說也。惟其工之良楛。貨之真贗。非業聯規約之所能為。而視雇與用者之取舍。有失業之憂。而後爭為其善。而不敢惰欺。業聯立。則其業其貨。無論良楛勤惰欺信皆必售。則視利否耳。何所勸而為善業乎。是故邑有業聯。則市無良工。苟求其良。且必於聯外之郊野為此。則主與傭皆為犯約者矣。此固居邑者之所習知。業日精良效安在耶。

案。此言。通夫治道。蓋家國礪世摩鈍之權。在使賢者之得優而不肖之得劣。則化民成俗。日蒸無疆。設強而同之。使民之收效取酬。賢不肖無以異。甚或不肖道長。賢者道消。則江河日下。滅種亡國。在旦暮間耳。何則。物競例行。合天下而論之。強智終利於存。弱愚終鄰於滅故也。法義二國。以白山為界。白山者。歐洲最高山也。遊客至沙蒙尼地。過嶺必雇山夫為導。其二十年前。山夫盡人可為。而聽客之自擇。於是山夫驍捷。馬騾駔駿。後法國官府以此為不平。下令凡為山夫。必先由官察驗給憑。始得執業。而其受雇也。以次及之。周而更始。如是不二十年。山夫健者皆亡。而馬騾亦一無可用者。客乃舍沙蒙尼從他道焉。此事雖小。而可以推其大者矣。

又案。業聯之所以病國。在辜榷把持。使良楛無異也。使其立之約束。為一地之公利。不許賈偽售欺。則亦未嘗無益也。今如閩之茶業。人得為賈。而小民怵於一昔之贏。往往羼雜穢惡。欺外商以邀厚利。貽害通業。所不顧也。二十餘年來。印度茶業大興。而閩之茶市。遂極蕭索。向使其地業茶大賈。會合為聯。立規約。造商標。令茶之入市。雜偽者有罰。使賈茶之家。久而相任。則閩之茶品。固天下上上。足與印茶為競有餘。未必不收已失之利也。

凡右所言。皆限人數使少之流弊。惟限其業之人數。使取舍者不得任其自然。而民業之優絀重輕以起。此為大事。言計者所不可不深察者也。

案。今歐洲諸國所有業聯之制皆廢。存者獨醫律二家。

二、所謂增其人數使之多者。其效雖與限之使少者不同。而擢塞壅激。使物失其理。不得趨於平。一也。今如教士一業。使任其自趨。為者將少。重教者妨其然也。於是設為佽助之費。勸獎之資。既成學則有歲供。方為學則有月廩。此或出國家所公賦。或本私家所樂輸。務使開敏少年。勸為是業。用以豐佐教道。此不僅吾英然也。景教之國。（考唐之景教碑。所謂景教者。實非基督教宗。乃教外別傳。今借用為教宗統名。以偏概全。古之命名。固有此法也。）莫不知此其資已財以從事此業者。蓋甚少矣。且教道宏深。操行堅苦。必歷時甚久。捐棄外慕。而後能成。使其中有自資為學之人。則成者執業責酬。往往得不償費。而窶人子弟。藉佽助而成學者。常不計糈之厚薄而為之。故其為業貧者易執。而富者難操。勢常如此。非不知教以明道。而工以藝鳴。併為一談斯誠猥褻。然而彼既以業受財。則固與庸同體。兩者被雇。不可分也。溯十四世中葉以前。英國私家教士及鄉社神甫。俸五馬克。約今銀十磅著於國令者也。而同時石工。日四便士。計今一先令。其短工匠夥。日三便士。計今九便士。使二者通年受雇。總其所得。優於教士神甫者多。故后安十二年令曰。教士俸入漸薄。劣足資生。無以勸脩己事天之士。勅所在畢協（教士領袖說見卷五）得以承制增加。歲二十磅以上五十磅以下。於是歲四十磅。號牧師常俸。此雖國主議院所立法制。而當時牧師實廩。其不及二十磅者仍多。而同時倫敦傭作。如韡匠縫工。歲入皆不下四十磅。外此雖在下工。所得不能復少於歲二十磅也。由來國制詔以定餼廩庸錢之高下。於眾工常多裁減。獨至教士則悉主增優。然二者抑揚固殊。要皆虛行無實。蓋教士則為之者眾。供過於求。寧受微祿。猶愈於己。其他業工。則業聯既設供不及求。其庸自厚。此以見餼廩之事。皆有由然。非為上之詔糈空言所能刦制者矣。

案。十四稘中葉以前。教士常俸之外。又有牧所丁錢。及教事之營供布施。總其歲入。不僅此五馬克也。

雖然。天下惟名足以勝利。教業居齊民之首。為世俗所欽式。畢協牧師。有官聯統屬。地望崇高。鄉邑堂觀。有世掌之產業。故雖教侶日多。俸糈劣薄。而清脩之業。人尚樂趨。蓋利不足而貴有餘也。且時而過者有之。此不獨公教之國。教道之尊為然。即觀之蘇格蘭與瑞士之幾尼哇。其中教會。品地優。為學便。使其超踰儕偶。席豐履厚。固亦無難。無怪績學之士。脩絜之人。猶望風而趨。不為其中有生計甚艱者而裹足也。

案。蘇格蘭之布里必斯特。與瑞士之葛羅雲大同小異。乃脩教之一大宗。與羅馬公教異門者也。故斯密氏特舉之。

刑名醫療之業。與教士殊。無提舉堂觀坐食產業之事。使其學得人之佽助獎成。一如教業。則相競之下。將使二業之食報大微。而出重資使子弟學操之者將日少矣。夫如是。將使律師醫士。悉為貧子。而成學舉由義塾。己之家道已寒。業之同人又眾。競於生事。得少已欣。則二者必日趨於貧陋。又安得如今之雍容閑宴。責酬厚而自奉優耶。

案。資人成學。適以使其業之不見貴。斯密氏於此。若有微詞也者。然此以論事勢之遷流。自應爾耳。非以資人成學者為過舉也。且即使流極果如斯密氏所云云。而合通國計之。其事固有利而無害也。其成學者。於前既無所出資矣。則雖食報太微。亦未云損。此所以西國今俗。其中蠲產助學之事尚為至多。且其為人之周。其款目之鉅。誠皆中國古今所未嘗聞者。而達變洞微之士。終不謂其事為有損。而不紀其功也。蓋蠲產助學。有二大利焉。一則使劬學者無衣食朝暮之憂。得以聚精會神。

深窮其學。及其既成遂為一群之公利。舉世之耳目。此亦通功易事之公理。猶勞心者之宜見食於人也。二則使開敏而貧之人。藉此而有所成就。而國無棄材之憂。斯密氏固身受獨產助學之利者也。巴列窩學校。有助學之餼。與試獲食之。如是者七稔。其學乃大成也。嗚呼。使中土他日新學。得與泰西方駕齊驅。而由此有富強之效者。其諸獨產助學者為之一簣也歟。

今者醫律二家。幸而免此。罹其厄者在俗所謂文人。歐洲此種之民。始多由教門所培植。中經事會不齊。未即誓度。流徙無業。跡近遊民。其成業非由己資。而同類又復至眾。求少供多。其生計遂不堪設想矣。

考歐洲書有印版。其事甚遲。當未有印書之前。此等文人。例為師範。或公立。或私請。設科授業。以其夙學。傳教人人。此其為業。以比近人專為坊賈著書。以之刊售求利者。事尊而用切矣。夫人自致一學。至成碩師。必天資人力皆不後人而後能之。比功較勤。固不在醫律二家下也。顧雖有名師。其所得膳脩。相懸甚遠。無他。文人多貧窶之家。藉他人之佽助以成學。而醫律成業。多用己財。為之者少故也。今使印版未行。無著書刊售之事。一切文士。將皆出而為師。學者不加多。而願教者益眾。恐束脩之不腆。有加於今日者矣。往者槧本未行。乞士文人。異名同實。各邦國學。有例許學士行乞自養之條。為生之難。可想見矣。

國家以廩膳膏火。借資寒畯。歐洲古無此事。故其時成學之子。道足為師。其食報於束脩者。至為優厚。此可考諸史傳而知者也。如愛素格剌諦（與智學家之蘇格拉第係兩人）著論剌譏同時師道。曰如此人者。皆懸至美之的。以招來一世。謂其徒曰。誠得吾道。則福慧兩足。處事交人。均歸至當。然則彼之所傳。可謂天下之難得要道矣。及觀於所責報於其徒弟子者。乃不外區區四五麥尼之束脩。夫號智學之師。固將曰其人智也。乃所以與人者至奢。所以取償者至儉。如此。此豈非天下之愚夫。烏在其能智也。即愛素之辭氣而衡之。其所指之四五麥尼。斷非溢實之語。亦非不及實之言。而試以今幣言之。則四麥尼者。十三鎊六先令八便士也。五麥尼者。十六鎊十三先令四便士也。一業之傳。束脩如此。夫亦可謂優矣。而愛素猶或少之。以為受者大愚。至愛素之所自責於其徒。則人取麥尼者十設墠雅典。一時而授百徒。其豐腆可以見矣。雅典名都。愛素碩儒。而所授之言語科。又為時人之所最重者。則一業之畢。師得三千三百餘鎊之束脩。非誕說也。至同時儒以授徒致富者。斑斑在史傳中尚眾。如波魯達爾自言其學贄為一千麥尼。歌爾志亞力能以金範己像。舍之得爾斐之祠。柏拉圖所記。一時名師。如翕卑亞。波羅達歌拉。諸人。其居養皆富厚極一時。而柏拉圖亦雄於貲者也。尤足證者。亞里斯多德。為馬基頓名王亞烈山大師。其父王斐立厚酬之矣。然猶棄之。遄返雅典開坫授徒學。贄之優。益可概見。是蓋當時希臘國勢盛強。物力殷賑。而文明肇啟。人競於學。故能師道尊而報德厚如此。迨一二百年以降。人文日廣。能者世多。束脩自行。亦稍稍薄。物盛而衰。固其所也。然其中傑出之儔。猶享厚實。較而論之。終未若今日之菲劣。試觀史載希臘資遺噶那提及知阿真二子使羅馬。車騎雍容。於斯為盛。當是時國勢已不及初。特土地尚廣。自主之權。未墜於地。其禮遇學人。尚能如此。且噶那提者。巴比倫種也。於希臘為異族。夫心惎異族。不畀以權。古莫雅典人若。而噶力能得之。此非其學術能事獨所心悅誠服者。固不能矣。

雖然。此之不齊。非弊政也。以比前之矯揉立法。以壟斷辜榷者。其事判矣。夫學子日多。而師儒之奉。坐以趨薄。道富身貧。自身處其境者言之。固若不便。然於其群則無害也。且民少出貲而可以受學。與多出貲而後可學。孰為得失。人能辨之。今者歐羅一洲。學官如林。其中規制。尚有不便於民者。正坐學費貴耳。後有人焉。出而更張之。使民之受學。如乞水火。豈非教化一進步也哉。

三、所謂禁其徙業。使之不得自然通流者。如國有例禁。致一工既衰。民不得移其力於他作。一業既病。商不得轉其財以他營。壅滯既滋。不平遂甚。前之所謂徒限工聯。皆此具也。有徒限則業不得相為轉。有工聯則地不得相為通。是以軒輊之差。往往時事變遷。一業之庸。日增月起。而就衰之業。工之餼廩。倮然僅足自存。前者如川方增。招工日急。後者退矣。而工作人數。不減舊時。二者常在一邑一鄉。畫然分區。毫末不能相濟。問其何不舍此他之。則徒限為梗。業難互更。工聯各保封疆。彼此不相容受。彼執徒限之說者。固為業有專攻。非始於為徒不可也。不然。製造之業。相似實多。苟許相通。無難更執。試問織枲織絲。二者皆素無文。其工巧有何殊異。即至轉而織罽。其事雖有分殊。顧相異至微。數日之間。即可改操新業。假無徒限。絲枲與罽三業。即可互通。當其一業就衰。餘二皆資挹注。則睢者無缺工。其庸不至痛騰。衰者無浮食。其庸亦不能過跌矣。惟其不然。遂致失業者眾。一業告廢。其中傭作。僅有二塗。或無所事事。自稱貧子。而仰食縣官。或降為常傭而緣南畝。顧田作勞苦。此曹所不習也。於是稱貧而仰哺者日眾矣。假使其國無養貧之政。則流轉為盜賊者有之。立法阻民。使之不便徙業。其弊有如此者。

　工聯禁約立而功力之難通如此。而母財之難轉因之。蓋母財之廣狹。視人工之多寡為率。顧母財之難轉。不若功力難轉之甚。每見城邑之中。

聯約甚密。而駔商鉅賈。欲役財立業於其間。雖有小費。究無大梗。至於執藝勞力貧民。不屬其地而欲覓食。則難若登天矣。

夫工欲移地為生。而工聯為梗。此在歐洲。國而有之。至英國則有養貧之政。此其阻礙甚於工聯。工聯所限者。其地之工而已。積養貧之政。則並其地之常傭而錮之。使之售力求生。必在土著之方而後可。去此則皆不能。此緣一邑一鄉。各有贍貧之責。其費即出於鄉。貧者愈多。其費愈重。而售力執藝之傭。多皆貧子。舍故投新。人皆不納故耳。養貧之政。其緣起變革。吾得梗概言之。亦考國俗者所要知也。

羅馬公教衰。天主之庵寺毀。孤寒失蔭。坐以凍飢。於是英倫當國者。謀所以振之。而患無術。洎額理查白立。則令鄉縣編戶。各自給其貧民。致死者有罰。鄉置有司。與其地脩教牧師共掌之。廉察收養。以時視其鄉貧子多寡。與鄉民貲產厚薄。而上下其所斂之貲以贍之。號曰養貧之算。

案。英國貧算之立昉此。明代以來。日益繁浩。竭民耗國。雖欲革而其道無由。論治者皆深病其始之以姑息而作俑也。斯密氏推原其制。以謂起於公教之衰。貧民失怙。他家之論。則不謂爾。考顯理第八朝。造輕幣以朘其民。窮簷傭賃。大抵空乏。繼而貪牧畜之利。廢麥隴殼羊。南畝之民。什九無業。有明嘉隆之際。英野多餓莩矣。此振貧之政。所以不得已也。庵寺之毀。其益困之一端而已。

此令既行。鄉有養貧之責。於貧戶著籍。不得不詳。於是察理第二令曰。民徙新籍。必安居四十日。而後為其地民。不及四十日。為其鄉所不欲納者。牧師鄉有司以告其地司理。復之於所從來。其著新籍。力能歲出田宅租十鎊以上。或自置質保。不至以貧累鄉里者聽徙勿拒。

已而譸張之幻。緣令而生。鄉吏往往以財啗其貧子。令他徙。而沈命四十日勿出。則為新籍民。而舊者脫無累。故雅各第二更令曰。民徙新籍。詣牧師若有司署其前籍及其家丁口之數。於是日始。計四十日安居者。則為其地民。

然而未足也。如是則拒受之權在鄉吏。姦無由絕。故威廉第三更令曰。民徙新籍。詣牧師若有司署其前籍及其家丁口之數。揭之於觀堂。民於安息日所聚禱祈者。自是日始。計四十日安居者。則為其地民。

一令之不詳。則補救者如蝟毛而起。總其所為。非使民得移徙也。四十日安居。杳不可得。其效適用錮民而已。而長民者之意。又以錮民為不可也。則更設四條以通之。一凡民能出貧算者。聽徙勿拒。二為其鄉所推擇為吏。滿一歲者。聽徙勿拒。三入其鄉為學徒終其徒限者。聽徙勿拒。四為其鄉賃傭滿一歲者。聽徙勿拒。然而四者雖設。於勞力操業之民無所益。蓋於前二條。則必為一鄉所眾許。彼知新來者雖暫出貧算。後未必能也。則拒之。亦終不推擇之矣。由後二之道。則有妻子者必不能。學徒罕有室者。況律又載明有妻之傭。雖受雇滿歲。不得著籍。其效徒使雇傭者。從此不以一歲為期。此雖古俗。轉坐此令。其俗以變。不獨雇者不樂因此予人以新籍。即受雇者亦不願緣此而亡其舊籍也。蓋鄉有貧人。而其算加重。自為人人所不歡。而貧者於彼此既同一食貧。亦不願舍舊謀新。而去其親戚墳墓也。

自食之工。無所依倚而售其技。則後二條所謂為徒為火而許入新籍者。於彼無所用之。大抵如此之工。覓一佳所欲遷。往往不為所納。納者必歲出十鎊之租。抑自置質保其不至仰食貧算而後可。而質之多寡。鄉吏以意為之。顧至少不在三十鎊下。知者。以律載買業價在三十鎊下者。不得於其地有籍也。則因保貧之質。不止三十鎊也。夫三十鎊之質。已為傭者所難矣。況乎其不僅此也。

案。移籍著籍之難。其事純起於養貧之政。如中土冒籍之訟之起於學額也。他國無此。民之流轉。自可聽之。而於英民所為。幾不識為何事。一貧戶之應歸何養。二鄉涉訟。時時有之。律師訊勘之費。積久不貲。而皆出於貧算。此所謂爭其末而傷其本者也。以其病民之故。同治四年。自額理查白以來。所有籍法。大抵皆罷。則斯密氏不及見矣。

令因養貧起者如牛毛。傭作遂不得就善地以售其力。欲維其敝。於是手憑之制又興。手憑者。威廉第三令曰。凡民徙籍。取本鄉手憑。憑由其鄉之牧師若有司畫給。兩理官察驗署名。所就鄉皆納勿拒。不得以豫防食算逐之。其真食算者。由原鄉給予。或另徙。徙費亦出原鄉。同條又云。民新徙入鄉。非歲出十鎊田屋租。或在鄉官所受雇滿一歲者。不得著籍。

國家既以令使小民不得自由矣。乃以其敝之故。更以令補救之。卒之其與幾何。觀律家蒲恩之論貧算可見矣。蒲之言曰。鄉受新徙之民。其必責手憑者無惑矣。自有手憑。而民之欲著他籍者。無論以徒限。以受雇。以揭白。以出算。其勢皆不能。賃傭徒夥。不能以手憑移居也。至於貧而食算。得手憑而知所復。即未復。其所食者。又其故鄉之算也。抑病不能行。予手憑者有資給之責。是故鄉官出憑以予小民。心至不願持而去者。十八九還。其累本鄉也。或過於勿徙。由斯而言。則手憑為物。受新者必欲得之。去故者常欲勿予。自然之勢也。徙為厲民之具。使鄉吏得以禁錮貧傭之生。雖地著之鄉。有至不便。欲適之土。為甚可樂。而不幸生有定區。則亦終其身於不得出而已矣。

手憑所載不過本丁姓氏年貌籍貫而已。非若薦牘契券。於其人之行誼財產。有所措辭也。顧鄉之小吏。往往靳之。吾聞蒲恩言。往者政府嘗以此為苛。下教飭牧師監算者順民情畫諾。而王府法司格不與行也。

由前之故。英內地工庸優劣。往往連境迴殊。食力小民。未有室家。身健技精業勤者。不得手憑。尚可他徙。其已娶有子女。則拒勿納。前鰥後娶。前容後逐者有之。大抵慮食算之口多也。是故兩地雞犬相聞。其一雖役急而庸高。其一雖丁多而功寡。相需雖殷。不相轉注。蘇格蘭無養貧之政。故無此弊。傭之同功異稟。必二地絕遠而後爾。大率都會庸優。鄉野庸薄。去都彌遠。其率彌下。若英之工價。有豐儉相絕。而莫知由然者矣。是故一制之立。眾果樊生。其極等於畫地為牢。民莫之踰。峻嶺巨川。無以過也。

夫為本國之民。身無罪罰。擇地力業。去若適樂之事。誼得自由者也。為法錮之。背天逆情甚矣。吾輩英民。恆持自由之說。平日之論。斷斷如也。然其實則與他國之顓愚等耳。日言自由。而不識自由之實為何者。此所以籍法之虐。身被之者百有餘年。至於今猶自若也。其中潭思之士。論政之家。固常準理抗言。知籍法為厲民之具。至於庸眾。則相忘矣。前者連坐之令。舉國譁譟。非其令立除不止。夫連坐之令雖苛。身被其毒者。尚自有數。獨至籍法。則舉吾英勞力之民。年在四十以往者。叩其身世。必有一時大為之困。於彼則譁而攻之。於此則默而受之。夫亦可謂傎矣。

此章著論。頗為冘長。然猶有不容己於言者。則國家平價之一事。古嘗以令平通國之工庸物價矣。有所不通。則令所部相其物土。擇其事類。各自為之。至於今二者之政皆廢。蓋視前事亦知其政之不可行也。善夫蒲恩之言曰。政治家積四百餘年之閱歷。應知物有至情。不可強制。國權有大限。必不可以逆施。使同業者必同餼廩。則必勤惰同功巧拙齊效而後可。有是理乎。乃若耳治第三之令曰。縫紝之業。凡工頭雇夥。居倫敦城中。及離城五邁內者。除遇國衃。其日庸不得過二先令七便士。違者取與二家均有罰。此正蒲恩所斥者也。凡議院畫定一業中雇者與被雇者兩家相受之率。其強有力而持議者。恆在雇者之家。故其令主於被雇者則多平而公。主於雇者則多偏而私也。今如廩工。律禁製造廠主不得以所出貨給工食。必令見財。此法極公。於雇者之家無所屈抑。而售力之傭。免侵漁冒蝕之毒。此主於被雇者也。如若耳治之令。則主於雇者之家矣。雇者之欲困工傭也。常合從立限制而不嚴罰。若工傭尤效為此。則目為把持。而刑憲隨之。縱雇者而獨繩被雇者。故曰偏而私也。如若耳法之令。將使傭者雖至巧極勤。其所受。極於二先令七便士而止。此正蒲恩所謂使勤惰同功巧拙齊效者。小民之困。豈不甚哉。

案。縫紝工價之令。於一千八百二十五年廢。

又案。令主被雇者多平而公。主雇者多偏而私。此理自易見。國有議院。而院紳必家產及格而後企推舉。如是則小民失主議之權。而遇事或受抑。必然之數也。前謂連坐之法。舉國非之。而籍法之苛沿而未改。亦以連坐之法及諸豪民。而轉徙之艱。受之編戶。一達之議院。一止於窮簷故耳。

考古平價均輸之制。皆以裁制商賈之利入而設。至於今則其制漸廢。英國存者。獨餅均之令而已。誠以麪麴者民食所必資故也。然使其地炊餅者惟一家。抑多家為聯。則虞其辜榷侵民。均之善也。若人得為炊。而無聯約。則均之不若聽供求自劑其平之為愈。何則。均價宜以時上下。而上之為此。又未必時故也。英國餅均之令。設於若耳治第二時。當是時蘇格蘭固未行也。以蘇無司市以督責之。其後設司市行之。然夷考其效。有餅均者無大益。無餅均者亦無大損。

案。餅均之令。於一千八百十五年廢。

凡國世盛世衰若進若退若中立。其為事於通國之貧富有異驗。於各業庸息相比之率無攸殊。蓋進則俱進。退則俱退。此比例常同故也。若夫異業畸有重輕。其致然之因。別有所在。不得於國財之進退求之。此所以庸息相比之率。常歷數十百年而無變也。

第十一章 釋租

案。羅哲斯曰。斯密氏此章所論田租源流。其說頗為後賢所聚訟。計學家如安得生。威斯特。馬格樂。理嘉圖皆言田租者。所以疇壤地沃瘠之差。故租之始起。以民生孳乳寖多。沃土上田。所出不足以贍民食。於是等而下之。迤耕瘠土下田。生齒彌繁。所耕彌下。最下者無租。最上者租最重。故租者。所以第田品之上下。而其事生於差數者也。其論如此。名理嘉圖租例。其為書多準此例為推。亦多為計學家所采取。顧自今觀之。此例大恉。固已為斯密氏所前知。而法國計學家如拓爾古等。已為斯密作解人矣。其言曰。後人嘗謂斯密雖計學開山。顧多漏義。淺者乃肆意排之。不知斯密精旨。往往為讀者所忽。故匡訂雖多。出藍之美蓋寡。夫租之為事。生於二因。戶口蕃耗。一也。農事工拙。二也。當夫戶口寥落。穀價甚廉。耕者之穫。僅及所費。則即居沃土。不能有租。此主於戶口蕃耗者也。又使農業不精。田作鹵莽。西成所得。僅酬其勞。則雖土沃穀貴。不能有租。此主於農事工拙者也。田土腴瘠。農事精粗。二者相對對待。而戶口蕃息。緣此而生。惟田腴事精。而後戶口始進。故理嘉圖所謂戶口日滋。耕及瘠田者。倒果為因。其說未必信也。英人即一所之田。考古今徵租之異。而信斯密本章之說為不虛。譬如都會近郊。一畝之田。古租率六便士。今日之租。則百二十倍矣。至所產穀價。古今之殊。不過九倍。此之為異。夫豈戶口蕃耗為之耶。又豈必迤墾下田致爾耶。揆所由然。則農業日精故耳。故理氏之例既非獨闢。亦未精審。其非獨闢。以先發於拓爾古。其未精審。以其倒果為因。後代計學家見聞考據。常較斯密氏為博殫。至於紬繹會通。立例賅盡。則往往遜之。

今夫地之有租。所以易用地之權者也。雖地有不齊（謂肥磽便左。）其數要皆極耕者之力以為量。當其授田議租之際。田固地主之所有也。而以授耕者。使得紜且穫於其中。則田主之所取償。固將盡地力之所出。而所遺以與耕者。直僅資其為耕之費與勞。若子種。若佃傭。若牛馬之糗芻勞損。若田器耰鋤。若耕資所應得通行之息利。統之數者以酬之而已矣。夫統之數者。固耕者所應得而至觳之分也。劣是則利不償費。而農人不徠。而其田以廢。故租之有限。田主之所不得已也。總秋收之所得。過前數者。彼將悉名之以為租。雖有時以田主宅心之仁厚。析利之不精。而名租之數劣於此。抑有時以農人更事之不廣。責贏之不詳。而納租之數優於此。然而非常道也。夫人情終不遺餘力以讓財。故曰雖地有不齊。要皆極耕者之力以為量也。極其量者是謂經租。

地天設也。加之人功則益美。為田主者曰。田之有租。非厲農也。凡以償主者治地之勞費云爾。此固有時而誠然。然非通例。知者以未治之地亦有租也。設彼誠治之。則名租益重。過於未治之本租。且地之治也。出於田主之力者少。出於耕農之力者多。及其期盡。以田授他農。田主常視前農勞費。為已之勞費。而於後農增租矣。

地之責租。誠無分於治否。且有地焉。非人力所得施。其主之責租自若也。海有藻名葛羅卜。燔之成鹻灰。製頗黎及胰皂者恆用之。英國濱海之地。幾處多有。而蘇格蘭尤多。皆生海石間。潮及之。日兩番。潮退則露。此之地利。豈人力所能為。顧田之並海以此為畛畔者。田主責租。於常田為有加。此益見名租與治地二者不相謀也。

蘇格蘭極北有島。曰薛德蘭。海中多嘉魚。為其地民生所利賴。然漁者必其地居民。外罟不得闌入也。於是其地名租。兼海而課。土之所穫。水之所捕。合而徵之。數魚為完。英之徵租。所謂任土作貢者。於今蓋寡。此其僅存之一事也。

是故田之有租。所以易用地之權。而與辜榷專利者同物。蓋田租高下之率。不與所前費者相準。以為最高最卑之分限。而獨視農者所有餘能出之力以為差。辜榷之名價也。不視供者之本值。而以求者之喜厭為乘除。故曰與同物也。

百貨之入市也。必其價有以償其貨之所前費。又益之以通行之贏利。而後貨通。否則棄於地矣。此所謂經價者也。今使市價溢於經價。則所溢者將斷而為租。使適如經價而止。則租無由出。而市價之溢不溢。又視乎供求相劑之大例。

地之所產。有物焉求常通供。則市價常溢。有物焉求或過供或不及供。則市價亦或溢或不溢。故產前物者。其地常得租。產後物者。其地或得租或不得租。視供求相劑之何若。

是故合三成價。租與居一焉。而其所以入價之情。與庸贏大有異。庸贏之高下。物價所以貴賤之因也。而租之重輕。則物價貴賤之果也。夫百產之入市。既必有以償其前費。而益之以常贏矣。故其物之貴賤恆視之。至於租獨不然。以市價之於經價。或大過或小過或適均。而租則或重或輕或並輕者而無之。

析而論之。則此章言租之事。可分為三。一論地產之常得租者。次論地產之不常得租者。三論二產隨世升降相待之變率。

案。後之計學家。皆主租不入價之說。而以斯密氏合三成價之例為非。蓋租之重輕。與物價之騰跌為無與。故租雖重。屬耕者而無所屬於食粟之民。租雖亡。其地產亦不因之而賤。貴賤者。大抵供求緩急之所為也。今使一國以其政令之煩。致租稅重。農業病。而民生焦然。是固其法過也。而租不入價之理自若。此後賢如理嘉圖等之說也。雖然。吾觀斯密氏合三成價之說。亦曰價之中亦其為租者耳。至於價之騰跌。非租所能為。則彼固曰庸贏者價之因。而租者價之果。本末釐然。未必受後起之擊排也。

又案。租與稅不同。今假國家於城市設關以征野之入貨。則供者於其庸贏轉運之外。自必加此稅者以相濟。則價以之騰矣。至於租者不然。故曰租稅異也。

以下論地產之常得租者。

人道蓄生之理。與動物同。其進率與食之多寡有比例。是故天下無棄食。如稻粱菽麥。如牛羊魚鳥。凡在可食之科。皆有馭功之量。或用今施之力。或用舊積之財。其為功同也。今夫以一鍾之粟。食數夫之功。雖以至褻之道行之。其所易之功。常劣於是粟之所實食者。然而既有以稟其庸矣。自必有為之致力者。而庸率之高下。則時為之。

案。庸率常過於勞力者之所實食。亦不容己者也。傭不能常作勞。有疾病。有休老。且必有以長養教誨其子孫。使庸率僅足以養其當時之軀。則勞力之民。彈指盡矣。

地無論便左腴磽。及其可耕。則總其所登。常大逾於所費。天之酬庸。比諸人之為酬。倍蓰不啻矣。故地寶告登之時。不僅勞力者有以復其廩也。即具母者亦有以滋其息。二者猶有餘焉。則有地者之所賦矣。

那威蘇格蘭二國。雖極荒之大澤廣場。皆是資游牧。計其中羶酪孳乳之所出。取以償穀擾之勞。覓種之費有餘。則地主有薄租。地愈美。租愈大。牧場美者。延袤相若。而所牧之畜多。地狹畜多者。其飼視裒收皆易。功不煩而產增。故地主之租倍進也。

案。有時地雖有租。而其實不中名租。農者所受之田。牧者所受之場。往往善惡相錯。於是名租者絕長補短。通而徵之。非其地皆中名租也。

田之名租也。土壤之肥磽相若。則視所居之便左。所居之便左相若。而後疇以土壤之肥磽。故負郭之田。其名租也。中下者等於鄙遠之上則。蓋耰鋤之勞雖均。而所產之入市求售。僻左者不能不加費。轉輸加費。則秋收之入。分以為庸者多。此盈則彼虛。而贏與租皆以少矣。前之言贏也。已明鄉鄙之率。常較都會為優矣。庸多而贏優。則僻左之田雖耕。其租必甚嗇矣。

凡大道通衢。與凡可漕之水。皆所以利轉輸。利之云者。所費省也。故凡國水陸大通。道里治闢。而遠近若一者。太平之實象。而致富之樞機也。蓋遠服之地闢。則耕者之冪漸廣。邦畿處其環中。而遠服外繞。距中彌遠。其環冪彌宏故也。夫鄙遠之地通。都會首蒙其利。何則。以不受近郊者之專利也。然而近郊之民。獨無利乎。於都會雖失其壟斷之私。而市場日廣。失於中者收之於外。二者相較而恆有餘。則亦蒙其利矣。所惡夫辜榷之事者。非曰徒以專利已也。國財之理。必分之見於民業之日精。而後合之見於國財之日阜。常智之民。其樂循常厭改轍。而好逸憚煩苦也。久矣。使不憂相競之勢而圖存。則其業必難精而易窳。業而如是。國之貧破。不待言矣。五十年前。倫敦近郊諸部。嘗合詞呈請議院。毋許遠部集貲。造大道通倫敦。意謂果其聽之。則下邑工庸極廉。成貨運都。必奪近者之利。而城中田主之租。亦且坐減云云。其言如此。當時和者綦多。然而道成之後。近郊之租轉增。即農業亦日益精進。嗚呼。計學之理。豈易言哉。

案。此事豈獨於一國為然。六合之大。盡如此矣。彼斯密之世。汽舟鐵路。猶未興也。至於今則何如。非洲之奧區。烏拉之荒服。致其所產。若在戶庭。此則大宇之內。遠近若一。庶幾太平之見端矣。曩闢內外鐵軌未興時。土庶知與不知。皆言鐵軌行則小民業舟車者絕食。理至明顯。云不然者。非覬奸利。即清狂不惠者也。然自道通以來。舟車數增倍蓰。事效反與所期如此。而至今談國計者。尚謂礦路諸政。無益國計。有害民生。理之艱明。豈口舌所能爭者哉。

竊嘗謂聖人之所以開物成務。一言蔽之。事在均其不齊而已。是故衣裳垂則均寒燠。宮室立則均雨暘。制文字則有以均古今。設庠序則有以均愚智。倉廩者所以均豐歉也。城郭者。所以均安危也。甚至孝弟之教。刑賞之施。莫不有均之效焉。至於今世。則所以為均之具尤備。其力尤閎。其效尤為遠且大也。火器用而執兵者之羸壯均矣。汽電行而地之遠近均矣。鈔號均用財者之緩急也。保險均人事之夷險壽夭也。光學所以均目也。音學所以均耳也。顧均者雖多。而其所欲均而未能者尚夥。民德之厚薄。民智之明暗。民力之貧富。與夫民品之貴賤。而皆所未逮者矣。大抵至治之世。其民勢均而才殊。勢均所以泯其不平。才殊而後有分功之用。夫而後分各足而事相資。而民乃大和。繼今以往。治道質而言之。如是而已。後之君子。其諸於余言有取焉。

苟以養人之量為差。則中上之稻田。所出者過於同冪最腴之牧圈。耕之為勞。過於觳牧。固也。然而秋收之日。所穫者以償子種瞻力庸之外。所餘實多。故使牛羊之肉。與五穀之實。常重等而價同。則耕者之穫。過於牧矣。夫如是故農者利優。而禾田之租亦厚。地爭墾田。人樂耰鋤。此游牧之所以轉為耕嫁也。

治化稍稍開。則穀價與肉價之差。隨時輒異。當地廣民寥時。國中無處皆牧場耳。故其國羶肉多而嘉穀少。民以穀食為難。而穀因之貴。南美有地名般那舍利（譯言佳氣。）四五十年前。每牛常價四理亞。當英錢二十一便士有半。一牛之獲。不售捕捉羈畢之勞。其賤如此。耕田種稻。則勞費不貲。蓋其地近栢拉特河。當波拓實銀礦之衝。人趨采銀故也。肉賤穀貴之國。其狀如此。洎文明肇啟。耕耨雲興。則其事反此。肉少穀多。而有非老不得食肉之政矣。

稻田日廣。則牧場日狹。牧場日狹。則肉價日騰。設此之時。其可為稻田者。不為稻田而縱牧如故。則牧利之所入。不僅有以償牧費已也。必牧之利與耕之利相若而後可。屠肉入市。其善地之所牧。與惡地之所牧無以異。而其價同。夫如是則惡地之主大利。緣觳牧之利。其得租去稻田均矣。百年已前。蘇格蘭山部。牛羊肉與其雀麥餺飥。輕重等則貴賤同。且有時而劣之。自南北既合。蘇之牛羊。毆而售於英市者日夥。由是肉價日長。至今乃三倍矣。而山場之租。亦比例而加進。今英國麥肉相待之率。大較屠肉一斤。可易二斤以上最美之麲麴。設穰歲。所易者尚不止此也。

由此觀之。知萊汙日闢之時。斥鹵牧場之利（利兼租羸而言。）視善地牧場之利為升降。而善地牧場之利。又視已耕之田之利為升降也。且五穀之利歲登。而斅牧之利則必通四五稔而為計。是故同一町田。以之出肉則見少。以之出穀則見多。耕牧利懸而並存。固必於其價焉取之矣。使其取償過平。田將改牧。使不及平。則牧將復田。必然之勢也。

牧出芻。田出穀。出芻者飼畜。出穀者飼人。謂二者收利終底於平者。以舉一國之地。任其自趨。大較必終如是而已。顧有時地勢不同。出芻之利。遠過出穀者亦有之。

案。芻場之租。往往較之稻田而重者。其故有二。戶口蕃稠。肉食者眾。而牛羊大貴。利厚一也。產芻勞費。遠減五穀。母輕二也。

都會近郊之地。戶口繁闐。轉輸輻湊。其中人所飲之湩酪。馬所食之莝芻。皆不可以一日闕。又況齧肥驅堅之家日眾。其勢有以使出草之利。遠過於稻粱。然此必其地之形便。有以為之。僻遠之地。所不能也。

事業繁興。戶口大進。近郭之地。所產芻穀。皆供不逮求。則其地以出芻為最急。而出穀次之。何則。穀貴而易輸。芻粗而難轉也。今之荷蘭。古之羅馬。芻供於近服。而麥則漕於遠方。職是之故。拉體諾史載嘉鐸之言曰。家饒足。視飼畜。耒耜之利。乃無可言。當是時羅馬以兵力雄西海。勝一異部。常徵其地產什一贍邦畿。國有慶。則發倉廒與民。其所乏者非穀也。故繞郭之田。盡為芻牧。而耕之利微矣。

曠野。平原。徧種麥稻。就中樹圍柵為圈牢。其租較圍外耕地。往往而高。蓋田事資馬牛。而馬牛需芻牧。就地為圈便田事。故其租乃合所耕之田利。通計以為償。不以本場所出芻牧定高下也。設其鄰地盡斥為牧場。其租減矣。蘇格蘭圍地租優。大率由此。夫圍場之善於散牧。所由來久。蓋納畜入圍。不須毆牧。一也。畜自齧草。不受人狗之驚。易肥健。二也。

若牧場隨在多有。不難得。則其地之租與贏。必與左近受耕之地常租常贏。相視為率。不能獨優也。

徒任地以為牧。則地之出草有限。而所飼之畜難多。此耕稼城郭之國。肉食所以恆貴也。邇者蓺草法行。又以蘆菔薯蕷諸植物。種以飼畜。於是一區之地。所穀養者。其數遠過自然生草者。牧者地如故而畜牧蕃。肉穀二價相比之率乃減。倫敦之市。今日屠肉麲麪。二價相懸。方之五十年前。其減多矣。

案。所謂藝草。蓋不任自然。而以草子播種者也。康熙中葉。英國始傳其法。知者以當時報紙有售賣草種告白。目為新法。以蘆菔飼畜。其法先行於荷蘭。後乃傳英。其法舊於藝草也。

史家柏爾志。為王世子顯理作傳狀。附著其時物價甚悉。屠牛四體重六百磅。價約九幾尼有奇。是當時每百磅牛肉值三十一先令八便士也。顯理短世。薨年僅十九齡。時一千六百十二年十一月六日也。

一千七百六十四年三月。英國民食騰踊。議院雜考所由然。有威占尼亞賈人。自言於前歲三月。為其海船備食。每罕都維牛肉。二十四五先令為常價。有至二十七先令者。由英倫至威占尼亞。海道遼遠。非佳肉不足醃致。然以與世子顯理時相較。則百磅廉四先令八便士矣。

顯理時肉價。每磅計三便士又五分便士之四。而其肉則精粗相半者也。可知佳肉入肆零售。每磅不當在五便士或四便士半下也。

一千七百六十四年。議院所訪肉價。佳者每磅四便士一法丁。粗者約自七法丁至十一法丁不等。此價與往歲同時者為較。每磅貴兩法丁。在當時即稱騰踊。顧以與顯理時市價相方。則廉平遠矣。

至於麥價。則當十六稘之首十二年。溫則市中。每括打精麥價一鎊八先令三便士又六分便士之一。而一千七百六十四年前十二歲。量同精等之麥。則二鎊一先令九便士二法丁也。由是觀之。此二百五十餘年之中。英國麥則趨貴。肉則趨賤。此可用以證吾前說者也。

國大治久。其中田野。大致墾闢。無慮樹穀以養民。生芻以飼畜。無荒棄者也。亦有時而他樹蓺。（如栽茶、栽蔗、栽鸎粟、栽加非、栽菸葉之類。）則其租與贏。常視芻穀二者所收為程準。無能遠過者。設而遠過。地之轉而他樹蓺者將多。多則其利或不及。而其地又將復以為牧為田。此其大較也。

轉而他樹蓺矣。其治地若浚墾之費。或重於耕牧。其歲所斥母若子種之費。或重於耕牧。治地費重而為之。必其租勝者也。斥母費重而為之。必其贏勝者也。然此二者之勝。必適償其費。而不能甚有餘。必然之勢也。

若苦蓏。（實若松子。可以釀酒。）若果實。若菜蔬。地之蓺此者。其租與贏。常視耕牧為優矣。何則。地中園圃者。有樊渠之費。如是則租宜加。果菜之傭。其勤巧過常佃。如是則贏宜厚。且果蓏之穫。天年不齊。眂損大異。以視芻穀。難恃倍之。故一收之利。必通數稔而疇其平。此所謂保險費也者。行其中矣。雖然。園圃優矣。顧蓺者之家。則十九貧窶。即有善者。不過中貲。則知此曹計出為入。曷嘗甚有餘乎。況灌園種樹。足以怡情養生。故富厚之家。往往操之以為遣日消閒之事。如此則小民之利愈奪。而仰以糊口贍家室者難言矣。

地經濬闢壅護。而所收利增。固也。然亦僅償所費無饒餘。此著白古昔而已然者也。考傳記園圃之產。珍者葡萄。菸蔬次之。故葡萄坪與得水霑足之蔬畦。農家所絕重也。德謨吉利圖生二千載前。其著書言樹藝最早。嘗笑其時種蔬者計拙。曰。種蔬必以垣。砌石為之則太費。疊墼為之。暴風疾雨。又往往坍。歲時葺治。愈不勝煩云云。歌路默拉為書言農事。於德謨說不置辨。則謂易垣以樊插。枳棘為之。費輕而耐久難闖。夫樊圃淺制耳。德謨時人顧不知之。而待歌路始發耶。同時言樹藝者有哇樂。後四百餘年。有百里知次。皆主歌路之說。由此觀之。則古之農家。皆以治圃為已費。課其所得。或不償灌溉壅護之勤。況南方諸國。近日炎敲。非く巜交通得水至易者。不中作圃。而至今歐洲蔬圃。例用棘樊。獨不列顛泊北地諸部。藝果蓏者以其實珍。始設垣柵。故英之佳實。厥值常昂。否則不能得藝也。此間蔬畦。亦間用平常果木圍之為籬柵。果賤而蔬珍。蓋果蔬所收。相輔為利。以償費也。

自古至今。凡產酒之國。皆種葡萄。種衞如法。其得利最優。惟新墾之坪。則利否相半。此義大利農家向所鬨爭。而未定論者也。歌路默拉書。主新墾之利。以所收視所費。謂葡萄有倍稱之息。非他樹蓺所可擬。顧經營之事。僅以所出較所入者。其說常差。而以樹畜為尤甚。信如歌路言。前人論定久矣。聚訟何為者。法蘭西產酒最有聲。持論者欲張樹畜之業。大抵是歌路。而舊種之家。則謂新坪多虧耗。其說莫適從也。或謂舊種者於此業稔。故其說多長可信。然亦不盡然。舊種之家。專利日久。忮新墾者之奪其利。乃操此說沮之。吾轉於其言。意歌路之說之或可信也。一千七百三十一年。法之政府令曰。凡種葡萄。無論新墾之坪。抑舊廢逾二年更種者。非王所特許不可。又須旁近民報明其地。不種稼穡若他樹蓺。違此者有大罰。問所以為此之故。則云恐以酒醴妨稼穡也。不知使國中酒醴誠多。稼穡誠少。供求之例。將使種穀芻者日贏。蓺葡萄者日絀。民方揠此植彼。無待上令也。又不知新坪利厚。即在官設限制之中。使其縱之。則供求之例。將使二者亟趨於平。不能畸優畸絀也。且云酒醴妨民食者。意謂葡萄占地侵稻田也。乃今者法國麥田之盛。莫白爾根德、基安、狼幾突若。之數者。皆栽葡萄產美酒之名部也。而稻田加茂。何耶。蓋葡萄盛則造酒蕃。造酒蕃則手指眾。夫工不能僅食酒也。則以民稠易銷之故。而穀芻二者。亦以利優起矣。豈待為民上者為之周防諄命也哉。吾乃知病農之政。莫大於限民之業。業限則貧。貧則不蓄。不蓄雖有地。吾得而耕諸。

是故耕牧而外。凡他樹蓺。雖其實甚珍。所收甚富。常以治闢種植之費多。其所得不大過於耕牧。取其利例之。常相若也。獨至地居最宜。而區冪狹不常有。則其產入市。常索高貲。其利非耕牧常率所可例矣。而此之饒衍。誰與歸乎。曰。歸諸地主人。

又知凡疇二產地利之比例。主言常而不言偶。如以葡萄之利較穀芻。則其葡萄。必國中之地。無論睬暵墝壚。隨地可種。而亦盡人能蓺。其成釀和平中正。有其宜人之常德。而非艱得之佳醅。夫如是乃有比例之可言。而可取為準的矣。使為地美之所獨鍾。抑為人功之所獨擅。則絕類殊倫。非常品之所能爭者。固不可以定常率也。

今夫實之美惡。因土壤而異者。葡萄於諸實尤。吾聞葡萄之美。有某地之植。其芬甘醲郁。絕非培耘溉護之功所可覬者。此之獨美。誠物性然歟。抑人意異歟。姑勿具論。第其美有為一町數畦所獨絕。或囿諸小邑之一隅。或偏於大郡之太半。雖廣狹有間。而總其所產。終劣於中求者之所需。中求之經價不足以求。夫而後殷於求而能出溢價者至。求殷且爭。價愈益溢。洎價之溢與供之闕。兩相劑而適平。而交易之事以起。此不易之定勢。而凡物產之稱奇貨而可居者。盡如此矣。然而價溢矣。而溢者大抵注於地主之租。蓋厚實之歸。必循其本。不然。將歸諸傭力歟。則彼培耘溉護者。豈不比他所為加勤。然此不因加勤而溢價。乃溢價致此加勤也。且其產既珍。而鹵莽之失甚鉅。即在惰傭。猶知慎之。將歸諸斥母者歟。則釀成登市而得價。取其少許。已足酬斥母養傭者之本息。是故大利必歸租。何則。產之珍系於地也。

西印群島。多歐民所主蔗田。其貴重與本洲之葡萄坪相埒。總其所出之製糖。銷之本洲而見少。安南所產白糖上上。就地常價。每鈞達三佩斯脫。以英幣計之。則十三先令六便士也。法士波亞維爾遊歷泰東所記如是。波於其地樹畜諸業最詳審也。今考安南每鈞達實重自一百五十至二百法磅不等。折中之。可一百七十五法磅。以英衡言。則當每罕都維價八先令矣。此以較西印所造棕色糖。不及四分之一。以較精白者。則劣六分之一也。越地所種民食。稻麥二者為多。故稻麥蔗三者之利。可即其地常價。互觀而得其比例。凡地主培溉之所資。三農勞費之所獲。皆可以是通其率矣。獨吾英外屬蔗田。與歐美稻麥之利無比例。嘗聞治蔗田人自言。其業之利。但以蔗飴蔗酒（即西國小民所飲之火酒。）二者之獲。已夠所費。其結晶成糖。純為贏利。此其言信否不可知。特信斯言也。則何異種麥者責一切之費於秸莞穅麩。而以子粒為實贏者乎。倫敦商賈爭買西印荒土。置筦事者。資以母財。責治墾植蔗。規厚利焉。雖海國邈遠。往返不可知。其地刑政乖盭。交易難憑。不為沮也。今假有極腴之土。在蘇格蘭愛爾蘭。抑北美諸部中。無人為此。三方道里通平。風波不惡。程期可計。刑政差平。然而人終棄此而適彼者。則必有毆之使然者矣。

案。此所言西印情形。今昔已異。當日蔗田所以獲優利者。一以壟斷限田之約。二以純用非洲黑奴之故。可知其利之興。不出於自然。而出於撟揉強致。終之黑奴之工。始利終害。至道光廿六年。專利約弛。來者新舊若一。西印之糖利遂衰。且蘆菔糖法行。蔗糖之珍。亦用大減。而群島生事。遂蕭條矣。

北美之威占尼亞與馬理蘭二部。以菸利擅天下。種菸利過種麥也。菸草為物。歐洲地大半皆可種。種之利亦甚優。然而莫之種者。各國賦稅以菸為大宗。設令野田徧種。則就隴徵收。較之入口時當關納榷者。其事為繁且難。而各國乃緣是而有種菸之禁。此北美二部收利之所以獨宏也。雖然菸利不及糖蔗。倫敦富賈。斥母種菸者。固不數見。即吾民浮海逐利貲。其中虛往實歸。由菸者亦不若由蔗者之多且厚也。歐洲菸市。常苦供不副求。而價昂者。乃北美種菸之家以術為之。惴惴然恐新墾者之分其利。乃相聚聯約。令種菸無過於六千隴之限。一黑奴所出。無過千磅之菸。且產草作業之餘。須耕玉米田四閼克。又聞藝師道格拉言。種菸者年值畦收。往往聚葉若干焚之。使入市者供不及求。以要高價。此其事猶荷蘭人之於蘇荏。其為術如是。然則此時之菸。雖有厚利。其勢不可長矣。

由此知無論地產為何。其名租也。要皆以芻穀二者之所徵為準。而不能遠有上下也。使其下之已多。則其物將拔而他蓺。使其上之。則必其壤之性有所獨宜。而其地之所生。不足給中求者之欲得。過是以往。則不能也。今者總全歐之提封。麥隴最眾。則知凡地之租。莫不折中於麥矣。夫既折中於麥。則吾英之民。於彼法蘭西之葡萄。義大利之橄欖。（以造油。西人極珍之。）復何羨焉。蓋二者雖珍。使通而計之。其收利名租。亦正等於芻麥。芻麥之利。吾英之壤。未嘗後人也。彼貧已而富其鄰者。可以悟矣。

民食種各不同。設二種之食。此易而彼難。地之肥磽相若。而出此倍彼。則此之田租。必優於彼。而與農佃之贏庸無與焉。當其收穫。既償財息力庸之外。皆田主之獲也。微論其地庸率高下。所餘既多。食功自廣。而田主之利權自進。故曰優也。

今試取麥稻而並觀之。同一區地。以之種稻。比之種麥。所優實多。常田一歲再穫。每閼克地。所收者自三十布歇洛至六十布歇洛不等。故種稻雖於麥為劬。然登場之利。常綽有餘。酬農飼傭之外。其利皆歸於田主。往者葛羅利納開屯之民。各占地畝。自具子牛種稻。其田歲僅一穫。且田作者皆歐產食麥。非其土之所出。然等而較之。其租於麥隴為厚也。

稻喜溼。稻田美者。終古沮洳。交春。水漫畦者二三寸。故宜稻之地。不中麥。不中牧。不中葡萄菸蔗。實則舍稻無一宜者。苟其宜之。則不中稻。以不能相轉之故。徵於稻者不時例地租。此在稻國已如此矣。

外此歐民常食。則有薯蕷。其易生殆過稻。不僅麥也。夫薯蕷之養人。其不及麥固也。今以麥薯蕷二物。權均重等者相較。則薯蕷之中。一半為水。而麥則堅實多精。然而同一闕克之地。其種麥得千斤者。以種薯蕷。可六千斤。是去半而其養人之量猶三乎麥也。且薯蕷耰鋤之勞。減於蓺麥之作甽。使歐洲之國。他日以薯蕷為糧。若亞南之於米。而占地與今之麥隴均。則地產養人之量將愈優。以所收較所費。比例之率滋大。然此皆地主之獲也。故用薯蕷則生齒日蕃。而地租日大。

案。斯密此說。已驗於愛爾蘭。愛民以薯蕷為糧。而其地行零田法。地主之租最優。戶口亦不數十年自倍。顧此非愛爾蘭之福也。道光二十五六年之際。有蜚為災。食薯殆盡。其地大饑。民轉死溝壑者幾半。而英國亦從此罷稼法。蓋民生所恃者既專且隘。稍一乏絕。死亡隨之。且食糧過賤。俯拾即足者。其治俗亦往往不進。孟子謂菽粟如水火。則民仁義。徵諸實事。乃不盡然。

又使以薯蕷為糧。而占地與今之麥隴均。則國中他穀之租。將以薯蕷之租為程準。而與稻不同。蓋薯蕷可生之地。則嘉穀美實。皆可以滋。不若秔稌溼田。難以他蓺也。

往者吾聞藍克沙人言。雀麥之美。以之摶飯。其養人勝麩麨。勞力小民。食此最善。吾蘇長者。亦操此說。顧不佞終疑而不能信也。試以英蘇兩土之傭觀之。蘇傭之醜弱。皆過於英。而南北富厚之家。則無此異。然則雀麥效可睹矣。獨至以薯蕷為糧則不然。倫敦都會之中。其作使負戴之傭。門者走卒。降至倚市之倡。壯佼豔冶。問之十八九愛爾蘭產。亦以薯蕷為糧者也。此可以證其物之益人。而雀麥方之。湯然遠矣。

特薯蕷為物。不中蓋藏。非若稻麥之數歲不腐也。以未售先敗之足憂。故其種之也。常有節而不可過。其所以不能與五穀同量者。職是故耳。

以下論地產之不常得租者。

夫地有所產。其地主常可以得租者。獨民食耳。至於他產。則或有租或無租。視其所遭值之事勢。

案。地產民食。亦不必常得租。說見章末。

民生事之所必資者。食之外莫若衣居矣。方一地之未墾。其任天而有者。食之材少。而衣居之材多。及其既墾。則所產常反是。夫民寡而衣居材多。則強半無所用之。莫與為易。而無價值之可論。就令或轉以為民用矣。其稱值也。將僅計其飭治之勞。至於其材。與凡所以為坏樸者。不齒及矣。及其地之既墾。將衣居之材。日以見少。材少而資之者多。於是交易之事興焉。而價日以起。夫如是則地無棄材。見產者既悉取而用之矣。而求者未已。以求者之殷也。故輦以入市。其名價也。將有溢於運致轉輸之勞費者焉。價溢於運致轉輸之勞費。夫而後主其地者可以有租。

何言乎地未墾則食材少而衣居材多也。初民之衣。大抵壯獸之毛革而已。或射獵。或游牧。食於斯者衣於斯。然衣之勢不能盡其所食者。匪所與易。則棄於地矣。美洲之北境。畋獵之民也。方未通時。其事正如此。至於今則出其餘皮。易罽氈鳥鎗菩蘭提酒。員輿之上。交通日恢。雖極榛狉之域。第使其地可稱產業。則其國常有與通。取其族所不能盡用者。出以與人為易。其得價溢於運致轉輸之所勞費。而薄租以興。蘇格蘭山部皆畜牧。當牛羊不能出境時。所與南國互市者。多皮鞹。而牧場租起。英吉利之羊毛不自織。則致之伏蘭德。伏蘭德國富而民藝。英所不逮也。而英牧場之租。亦緣是而有。此皆斑斑見諸史冊者也。使當日者。英無伏而蘇無英。則通商路絕。是毛革者爛於泥沙已耳。產此之地。又烏從以有租乎。

案。所言蓋英國義都活第三時事。當元至正明洪武間。是時英之羊毛。幾通國財賦之所從出也。

至於室居之材。任天而有者。曰石曰木。其物方之毛革為難轉矣。當其荒棄。所產之地。固無有租。此不獨在古為然。即今商國。往往而有。今假有石坑處倫敦之左近。則得租或甚優。乃北之蘇格蘭。南之衞勒斯。所在多佳石。主其地者。未聞有所得也。已伐之木。任梁棟者。置五都之市。名千金之資地產此材。徵租不薄。獨至北美諸部。參天合抱之材。扶疏膠葛。其地主招人斬伐。不名一錢。乃莫肯顧。吾蘇格蘭山中之木。亙古不采。可致入市者。僅其皮耳。而至美之材。常為溝中斷菑。租於何有。即有時轉而成器。所可租者。不逾斬削之工庸。其多而無用如此。然有時地勢利便。而適為建造之所資。則租有時而可得。往者倫敦砌治道塗。蘇格蘭並海石坑之主。遂得前未曾有之坑租。那威海岸諸林。其木常運英得善價。其地亦有租也。

國之庶否。與民食有比例。與衣服宮室之材無比例也。民求食難。而其二若差易。無饑矣。更求其所以禦寒暑庇風雨者。大抵皆可得。至煖衣安居而苦乏食者。初民屢屢有之。英國山野之民。其所謂室者。可以一人一日之力而具。其衣以皮革為之。雖稍費亦易成。故初民一歲功力。用其百一治衣居有餘。以其九十九求食或不足也。治化進。畋牧之眾。轉而地著。一民之所勤動。至少可以食二人。是故半其眾以治地。則一群可以無飢。而其半以暇日脩餘業。資以養餘欲。給餘求焉。則冠褐屋廬。與夫宮中之械器。其犖犖大者矣。今夫食。富者之於貧。其精粗美惡。與夫烹飪之宜。則容有間耳。至於多寡之分。非絕殊也。而富者之塏殿廣宮。與其簏笥之稠疊。以與巢居卉服者較。將其異者。不獨在品。即量亦相絕也。（品者以德殊。量者以數異。此泰西學家衡物恆言也。）蓋飲食之事。限之以人腹腸。滿斯不過。獨至安形所需。悅目媚耳。則起居之愜適。陟降之閑都。被服之華。作使之便。其嗜欲之量。有隨人欲而無窮者矣。故民食既贍之時。莫不願留有餘。以求其他所欲得者。易足者以其有限而即足。其心所不足。乃在常不能足者。此富者之情狀也。小人謀一飽而猶難。而一群之中。貧者又常居其大分。則各奮心手耳目之力。求有以得富者之驩心。而求者既多。勢必相軋。或其技之特精。或其價之較廉。以冀棄人而取我。此貧者之境象也。至夫田野日治。民食日充。求食之徒。乃愈益眾。於是分功局成。天地之遺利日出。其物材之夥。有過於飭材之眾者矣。是故百產告登。民以滋侈。物或以利用而見收。或以飾觀而見設。自夫粟菽布帛。以至鏐瑬瓊璣。出諸地腑之深。登諸墀几之近。總是有形。究不外冠褐屋廬。與夫宮中械器而已。豈能奇哉。

由是而知民食稼穡者。租稅之源。不獨能自出租。而他產之出租。亦必待田野既闢。稼穡饒衍之後。而始有也。且他產雖出租以給其地主矣。其為物之情。又未必常如是也。蓋百產之有租與否。要必視供求相劑之如何。必其求之之殷。使市價有以逾於經價。否雖在田野既闢之國。其勢無以為租也。市價之所以逾經。其所待以為盈虛者至眾。非為詳論。未易明也。

今試即石炭一事而明之。石炭礦產也。礦必有主人。而發掘開采之後。或有租或無租。恆視二事焉。一曰礦藏之腴瘠。一曰所居之便左。夫較礦藏之腴瘠者。功同而所出有多寡耳。假使礦藏過瘠。而治者不酬其勞費。則雖置其礦於五都之會。采之無所利也。無所利則莫之開。莫之開則其地坐廢。稍進而礦藏差腴。開而采之。其入市而收利也。僅能償其勞費。酬勞力之力庸。復役財者之本息。夫如是則其礦可開矣。然而不能有租。故其礦多地主自具母財而為之。所獲者祇通行之贏率。而租所不計。舉以與人為之。則甚少矣。如是之煤礦。吾蘇格蘭多有之。地主自采。責租則他人莫承。更進而礦藏彌腴。開之勞費。與他礦同。而所出甚富。如是而不開者。則又以其所居之僻左。繞礦之居民鮮少。所出者供過夫求。又無通行大道。與夫可漕之渠。則雖腴仍瘠耳。故其礦亦廢也。

以煤為薪。或云有毒。故人用之也。少於芻蕘。設其地薪煤並有。則煤價劣薪無疑。（斯密氏生於乾嘉間。其時英民於石炭如是。此又徵其國世變之一端矣。）無論薪價高低。煤之出售。終不能過薪而更貴。今使聞一國之中。其焚煤之費。與燒薪相等。則不問而知其煤價之已極。英國內地如鄂斯福。其居民皆取木煤二物。拉雜燒之。此可驗二薪之價不相遠矣。

材木貴賤。其騰趺之由。與牲畜同所待而相反。皆視農業之盛衰為轉移。當夫狉榛之秋。豐草長林。觸目皆是。此不獨於其民無所利。且深與田業相妨。如其伐之。為賜甚大。迨夫耕稼肇興。是莘莘者日以減矣。此其事有二塗焉。或經斬闢而為墟。或經縱牧而濯濯。耕牧日進。材木以稀。固其理也。夫牛羊之蕃滋。其事固與稼穡之遂生無比例。稼穡者。純由勤力而後有者也。顧牛羊之蕃滋。其事雖不盡出於民力。而得人為之轂飼豢養。其生乃遂。其種乃昌。設無牧養之慈。彼將任天事之自然。際其青葱而飽。亦遇其黃落而飢。猛獸奪其爪牙。蟲蛇施其螫蝕。縱克自存。其生亦隘。得人而後免此。是人有造於畜產者大也。故田事起。而牛羊之生愈蕃。什伯成群。縱於叢林深菁之中。木之尋常以往。固無或害。而萌蘖之存。必已寡矣。自其新者不生。則雖有櫹槮蔭蔚之林。不數十百年。掃地將盡。林木之與牛羊。其不相能如此。是故一境之內。牛羊日夥。則林木日彫。惟其日彫。而其物乃貴。貴而後交易事起。索價優於斬伐之費。而其地乃有租之可言。甚且所收之利。過於他樹蓺之所期。雖落實孔遲。而大抵足以相抵。此保山林之產者。所以有人也。吾英幾處山林。事政如此。說者謂其利優於耕牧。雖然。時或有之耳。欲其常優。必不能也。並海耕牧甚盛之區。有石炭供爐爨。闢地栽樹。以供營建。轉不若運致他所之材為宜。故額丁白拉年來邑居雲興。無一杙一椽之材。產於本國者。可以知矣。

案。斯密氏謂草昧之時。林木於民無利。且與田業相妨。此語殆無以易。惟其如此。故理嘉圖創為租例。謂農業初興時。其民所耕。皆擇最腴上壤。逮生齒日繁。上壤所登。不足以周民食。乃降而耕其次。生日愈繁。所迤墾者亦日愈下。及其名租也。是最下者無租。其餘諸田名租。即其田所收。與此最下者之較數。此為凡租大例云云。方此例初出。計學家論租理者。翕然宗之。以為不可搖撼。號理氏租例。獨美國格理著論駮之云。理嘉圖謂初農所耕。必其上壤。此物理之所必無者也。蓋其壤既肥。則當萊汙未闢之秋。必早為灌木叢林之野。初民之群。散而不合。烏能闢其地而播種之乎。故初農所耕。大抵皆下中之壤。治進群合。而後洊耕上田。此與理嘉圖所言正相反耳。顧理氏之例。終有其不可廢者。此學者所當反覆研尋者也。說載章末。

又案。斯密氏於供求相劑之例。往往信之不篤。守之不堅。故其說為後賢所指摘。如此節謂材木惟其日彫。所以日貴。而交易事起。有以為租云云。不知使其求盛。則材木雖不彫何害。使莫有求者。雖天下之林盡彫。只餘一木。烏足貴乎。格致之事。一公例既立。必無往而不融渙消釋。若可言於甲。不可言於乙。可言其無數。而獨不可言於其一端。凡此者其公例必不公而終破也。

煤價與薪價齊。斯為極貴。顧出礦時。其價必大劣此。否則無以為水陸運費之地。且礦主之售煤也。與其貴而售少。無寧賤而售多。數礦並開。則最腴之礦。實操定價之枋。跌價以傾並開之礦。冀得專利焉。一礦既跌。眾礦不得不從。非腴而從。自然利減。減甚則歇業者有之。其次雖未歇業。不能有租。

案。此所云云。惟出煤甚多。供過於求而後如此。苟供不過求。或煤市暀盛之時。其事乃或反此。價由最瘠之礦而出。而肥礦聽之。坐收厚利也。

礦之所以開。煤之所以出地。而歷久不廢者。其所待與他產等耳。必其所收之利。有以復其勞費。而益之以常贏焉。否雖甚美之煤。無從開而不廢也。故有贏無租者。最下之煤價矣。且如是之礦。必地主所自開。與人開之而不得租。彼何所取而為是乎。

總地產之出租者。惟煤為最嗇。常法田疇之租。常三分所收之利而取一。且未嘗計豐歉之異而為差。獨至煤礦。則五分取一為最優。什取一者。其常率矣。且計出地之盈虛。從而為異。二者地利之不齊如此。故買業者。田疇園囿之業。計三十年之利者為平價。至於煤礦。計十年之利而置買者。稱善價矣。

案。所謂業計若干年之利者。謂是業所收歲入。積若干年而與買價相等也。當斯密氏時。煤礦租率。尚有五一什一者。至於今乃益下。大較三十得一而已。此其故。坐工庸日貴。彼盈則此涸。故租率不能與銷煤之廣狹相劑為多寡。然率雖微而實數則倍蓰於前。而主礦者之進。優於前人也。

煤礦之美惡。不獨論其出煤之多少難易也。即銷場之遠近廣狹。開采之得利與否恆視之。獨諸金之礦產則不然。其品彌貴。則彌不計所居之便左。蓋其為物易於挾持。盈握之微。為值甚鉅。雖以之梯山航海。運費加於本值甚微。故銷場所被。不僅毗連之境。謂之流通宇內可也。如銅出日本。而登歐市。鐵出西班牙。而流於祕魯智利。而祕魯之銀。則由美而入歐。由歐而轉亞。

礦產麤而地相絕。則各具銷場。而其價不相牽涉。如頁洛卜沙與紐喀所南北二境之煤。雖同在不列顛島。而各自為價。其與法國黎央奴亞之所出。愈不相涉矣。至於貴重諸金之礦。則大不然。五洲之礦。互相繫牽。設有一腴。群瘠俺廢。此如日本之銅。祕魯之銀。其出土之多少。支那歐羅巴二金貴賤視之。所共見也。蓋肥礦出產既多。其價緣之陡跌。跌則瘠礦所收。勞不償費。雖欲無廢。不可得也。近事波拓實銀礦開。古巴、聖多明戈、與祕魯諸老礦。皆儳然有不終日之慮。可以驗吾說矣。

案。斯密所云。尚是當日情景。後化學之事日精。取銀者多由格利那（鉛卝名。）號擘提生術。由是出銀愈多。而舊礦往往衰廢。

是故群金之礦。其利視宇內所開最腴者為轉移。凡礦利取償勞費之餘。所長蓋薄。鮮能給重租。群金之價。其中所以為庸息者多。所以為租者少。觕者已然（謂鉛鐵屬。）珍者尤甚（謂金銀屬。）寶剌士牧師著戈安倭勒風土記。載其地礦產甚詳。謂最腴錫礦。名租不過六分全利之一。下者並此不能。吾聞蘇格蘭山中鉛礦。其名租。腴者亦不過此率也。又西班牙人佛勒芝暨烏羅阿。（曾為海軍官。赴南美洲創鍊廠。歸著書論祕魯礦事甚詳。）皆以祕魯礦為天下上腴。然人有至彼開采者。其地主祇與立約束。凡所收廾。須付地主所立磨器礦之。償其值與外磨等。不更索租也。礦有租有稅。租者以給地主。稅則國家抑封於其地者之所收。二者實同物。特名殊耳。往者西班牙徵銀礦稅。五分取一。至一千七百三十六年始革。是五分一者。即祕魯銀礦租率矣。設無此稅。地主將取之以為租。其不復徵租者。稅重。礦之坐廢者已多故也。戈安倭勒錫礦。其地獨克。立值百抽五之稅。此亦無異於租。使無稅。則租將增而歸地主。前言錫礦租六分取一矣。租稅合。將見戈錫祕銀。二租相於。猶十三之於十。二祕礦租微如此。然且不支。故至一千七百三十六年。減為什一。錫稅則二十而一。而偷漏者錫少而銀多。此不僅多寡數殊也亦以銀珍易狹之故。故西班牙王之銀稅多漏巵。而戈安倭勒獨克之錫稅差覈實。由此亦知錫價之內函稅多。而銀價之中名租少。又知金品下則租稅易徵。金品彌珍。則所以供租稅者將彌薄也。

夫礦地之徵租。其為薄既如此。而即斥母望贏之家。其收利亦曷嘗厚乎。故烏羅阿言祕魯俗。視具財治礦之家。為妄人敗子。人而為礦。通國望而避之。由此知彼視礦業與英正同。其事少盈而多虛。得者什之一二。

而失之蓋什八九。世俗有見於得。無見於失。遂爭具財展力而趨之。不知緣礦破家者。前後踵相躡也。

銀礦開。則國賦仰於是者重。故祕魯之法。所以勸趨其民使開礦者。莫不至也。其令曰。凡覘得新礦者。既報墾升科矣。則不必問何人產業。得循礦脈畫地。延二百四十六尺。袤半之。惟所欲為。無異己業。戈安倭勒錫礦。其獨克與民立約。與此略同。凡欲治新礦。除民間耕牧已圍地。得任意畫取。延袤若干丈尺。號曰界礦。已界其地。或自采或租人采。蔑不可。其舊主人。不得撓也。吾聞民生財產之重次身家。有國有眾者。所不可不致謹。且地從主人者。天下之公議也。今為此。是覬不可必得之虛利。而隳民恆產。奪其自主之權。導之以取非其有。為相侵牟之事。可謂倒置者矣。

祕魯銀礦而外。則有金礦。其招徠開采之政。與銀略同。而國稅反不過二十而一。初亦嘗定五一什一之稅矣。顧事反所期。欲過二十而一。勢必不可。佛勒芝曁烏羅阿言。其地以采金發跡者。方之采銀為尤尠。智利祕魯二國。金礦稅無逾二十而一者。其漏卮亦甚於銀稅。此不徒因黃金珍貴易挾已也。亦以金苗與銀苗鍊法絕異之故。銀苗出礦。寡自然不雜者。欲去其沙石。則必致之官廠。如法披鍊而後可。如此則其事煩而廉察易。

至於金。大者如拳。小者如拇。既多自然不雜者矣。就令細瑣猥雜。其分解之。亦易易耳。或以清泉。或資鉛汞。私家密室。辦此無難。而廉察乃至不易。故礦雖富。以多盜而貧。夫銀稅之徵。既已苛碎而儉薄矣。至於金又加甚焉。由是知黃金入市。其價值之中。所函之租微矣。

金銀入市。其行銷之理。與百貨同。雖其最賤之時。其所易者必及其經價。否而求其出地。必不能也。即使有之。亦可暫而不可恆。特金銀者所以為幣。故其價若隱而難明。然若干之金。其所易之粟布他物。固時有高下多少之差。其交易之率。固可得而驗也。故金銀之值雖至賤。必有以使采者轉者。償其冶鍊輸將之勞費。而又益之以通行之常息。此之謂經價。至於騰躍之頃。則其價不繫於他物。而獨以金銀在市之多寡為歸。譬如言石炭之貴賤。其騰跌之際。不僅視石炭也。薪柴多寡亦制之。薪柴賤則石炭不能獨貴也。至於黃金則不然。少則騰。多則跌。其易權之高下。獨於本物焉取之。蓋黃金有獨具之德。以為利用。非他物與他品之金所得與故耳。

黃金之所以寶貴者三。曰利用。曰榮華。曰希有。使獨以利用言之。則群金莫若鐵。而次鐵者莫若黃金。其為物也。不鏽不澀。而恆晶瑩。以為桮棬盤盂。則不腥不蝕。故以鉛為釁。不若以錫。錫不若銀。銀不若金。所共喻矣。其采色又群金所不逮也。以為容飾。嫛婗之稚。皆悅其華。丹漆之施。不若金塗釦器之耀也。其利用而榮華如此。既已可貴矣。而黃金乃又益之以希有。希有之所以貴奈何。民既富矣。則欲有以觀其富。觀其富者。必示人無而我有。夫如是必取其希有而難得者。蓋其物勞民曠日而後出。挾此者惟富為能。不啻其豐有繁多之標幟矣。夫物徒希有。不必貴也。徒利用、徒榮華。亦不必貴也。三者奄焉。此黃金易權之所以大也。且是三德。故上幣以之。有三德可貴。而後為上幣。非為上幣。而後利用、榮華、希有也。雖然。既為幣矣。則求之者日彌多。希有而求之者多。而黃金遂由此而益貴。

至於玉石之采取。皆以其物之榮華。舍為佩飾。厥用甚希。顧徒榮華。未云寶也。則緣希有而榮華益著。縋幽梯險。勞費不貲。故其入市而索價也。價之中所函庸息至多。而租常至少。而或至於無。使玉石之地而得善租。非至腴者不能矣。往者玉工達方尼爾。嘗親至戈羅剛達。洎維芝亞甫二地。閱金剛石礦。其地那博。非上腴出石最美者不開。而餘坑多封禁者。叩其故。則以不酬勞費也。

璆琳琅玕之為物。易挾而值多。而其貴賤之情。與黃白二金相似。大抵視宇內所開最腴之礦之價以為差。是故金玉二地之名租。不自由。而必視宇內已開者。肥瘠之何若。相方為比例。而後能得之。雖肥租不必多。則雖瘠亦不必少矣。今銀礦最肥者。莫波拓實若。然使新覗之礦。其肥過波拓實。猶舊波拓實之過於歐礦。則此礦之開。可使銀日趨賤。雖波拓實之所收利。不足償勞。方西班牙之未通西印也。歐洲之礦。其收利給租。固不亞於今之波拓實也。蓋舊礦之出銀雖少。而今礦之出銀雖多。以易權言。則古今無以異。其地主之徵租也。以銀論則多寡殊。以易物較則多寡均也。然則雖多金不足以為富矣。

案。國雖多金。不必為富。此理至明。常人囿於所習。自不察耳。蓋易中為物。猶博進之籌。籌少者代多。籌多者代少。在乎所名。而非籌之實貴實賤也。國家食貨不增。而徒務金銀珠玉之為積。此何異博者見今日一籌所值者多。他日更博。則多具此籌以為富。不悟籌之既多。其所當者必以少矣。夫博者之貧富。非籌之所能為。猶國之貧富。非金銀之所能為也。不達此理。故言通商則徒爭進出之相抵。得銀則為有餘。得貨則若不足。與言礦事。聞有黃白之礦。則生歆羨。言及煤鐵之礦。則鄙夷之。此惑不解而云理財。無異不知經首之會。而從旁論割癰。其不殺人者寡矣。

是故金銀玉石之礦。雖至美極腴。日出百千。而世未嘗以之加富。彼之所以貴者在希有。今既以日出而多。則其所以為貴者喪矣。由貴而賤。有必然者。然則金玉日多。果無益歟。曰有。昔者桮棬盤盂。與夫佩飾釵彄之事。得以金寶為之。甚不易也。今者既日出而多矣。則不待有力而後樂此。前以土木。今以金玉。此其適用華美。則有間矣。其有益於世。如是而已。過是以往。所不知也。

至於田疇園囿之產。則大不然。田疇園囿之所登。以養人利用而寶者也。故不必待他所之肥瘠相方為比例。而其產與租之利自若。百頃之地。種幾許稻。收幾許芻。麻枲若干石。材木若干章。而所食、所飼、所衣、所庇覆者幾人。恆定之數也。主其地者。任土而征之。無間所取之幾何。是幾何者。常有其易貨馭功之量。民之有待於衣食。亙萬禩而無變者也。則是田疇園囿之利。亦將與為無窮。且金玉之礦。有其沃者。則确者廢。而田疇不然。磽與肥者毗。不獨無廢也。且將蒙其利焉。何則壤沃而收多。收多而民聚。民聚則磽者之產。亦有所銷。壤固各有所宜。有相資者而其利見矣。

今使以疏治糞溉之勤。而其地養人之量以進。此之所利。不止所治之田疇已也。其他地產如金玉者。亦蒙其益。而地利以增。蓋田疇治則民食豐。食豐而力有餘。夫而後有以給其餘求。養其餘欲。而一切潤屋、潤身、雕飾、紛華之端以起。起而後他產之供。有其求之者。而利出矣。蓋食者民之楨幹。不徒國之貧富以此為差。使衣食之不周。則器用、使令、文章、藻飾之為。烏從起乎。昔者西班牙人初至古巴海梯諸島。見其地民。亦用寶石黃金為頭足襟袪之飾。匄之則輒斥與。未嘗有吝容。及見班民爭欲得之。則相詫以為怪。蓋彼之視金玉也。猶吾人循山顛水涯而遇美石。以其耀目可愛之故。固不惜俯拾之勞。至有欲之者。雖非親知。亦未嘗靳而勿與。其所值於已微也。彼以其國之少食而多金。故不悟世間有如是之一境。以民食之饒。遂有斥一人一家歲月之糧。以易此熒熒然不盈匊。飢不中煮。寒不中衣之物者。使有人焉告之以所以然。則客子之所為。於彼亦無足怪爾。

以下論常得租與不常得租二產。隨世升降相待之變率。

田野治。農業精。則民食加多。而他產亦因之以得利。或以其利用。或以其可悅。其得利不同。其待農業隆。而後有利者則均也。或常得租或不常得租。治化日蒸。是二產者。常有相待之率。使國故之足徵。是固可得以表列也。雖然。常得租之產。無待於不常得租者。而不常得租者。則必依於常得租者。以為其利之盈虛焉。百工之事日脩。則凡衣裳宮室之材。與夫地中之寶藏。若渾金。若璞玉。勢必好而求者日以多。求者日多。而供者不過。其所具之易權。必以日大。其相待之變率。類如此矣。

設都會近郊有白石坑一區。僅是而無他所。則是坑之興廢。必視城中道塗之荒闢。與其戶口之盛衰為斷。又設千餘里中祗有一銀礦。則是礦之興廢。不以近邑之蕃耗為轉移。蓋石坑銷場。不逾百里。供求相待。舍此無他。至於銀礦。其為物周流寰宇。而不滯於一隅。故其利之盈虛。動以一世間為量。區區近邑。所以牽繫之者微矣。顧使世治日蒸。民之需銀日廣。而宇內新開之礦。其出銀之數。供過乎求。則銀價將亦日跌。而舊礦之利以衰。今夫銀所以為價者也。曰銀價跌者。由其易權漸微。而百貨日見貴耳。凡論銀價之騰跌。考之於穀麥之價者。其粗迹也。精言之。則極於馭力命功之量。所操之銀重同。而所御之功力。日以見少。則銀之日賤。較然可知矣。

總之宇內以銀為幣。其需銀日多者。交通國多。而工商之業奮也。其事可分三際。一、假其商務日恢。而產銀之事。不與之接武連衡而並進。銀將日以見少。而與穀食相待之率。亦以日加。銀數等而所易之穀。見多乎前。則曰穀廉。非穀之廉。銀之貴也。二、又使眾礦雲興。腴者日出。而通商之事如故。則銀之出地。溢於所需。其與穀相待之率。將日以少。

銀數等而所易穀減。則曰穀貴。非穀之貴。銀之賤也。三、又使宇內之通商日廣矣。而銀之出地。與之相副。如是銀穀相待之率。將歷久而不減不增。考銀穀盛耗之間。此其大較矣。

銀者易中。而穀者百產之程準。故求商業之盛衰。校民力之蓄耗。莫便乎於此求之。溯我生之初四百年以往。其中銀穀相待之高下。始也穀日降廉。繼也穀日趨貴。至於今則稍稍平矣。其見於英法二邦者如此。則其見於歐羅巴全洲者可知。不佞於詳論租理之餘。將旁及乎銀值。循而考之。求能明乎其所以然之故。其諸學計言食貨者有取於是歟。

案。中國以銀為易中本位。十餘載以還。金銅皆日貴。穀價亦日騰。甲午至今。其騰彌甚。無慮所增三分而一。說者謂往者西國悉棄銀準用金。獨印度、中國、日本。三者用銀。今印度日本亦用金準。用銀之國。獨有支那。故中國銀多進口。金多出口。此銀賤所由然也。顧吾聞商賈言。各口都市。見銀仍不見多。則又何說。不知自甲午以來。中國如鐵路諸事。率作者多。故需銀亦廣。以需之廣。故散而不見多。而銀之貴賤。則五洲之市。合而為之。他所既賤。則支那不能獨貴也。至於米價之貴。其故一由戶口之蕃息。一由外國之采買。大抵國進。其穀價莫不由賤趨貴。未嘗由貴趨賤也。吾聞長者言。咸同時以銀買物。已不敵雍乾時三分之一。至於今日。又不及咸同之半矣。總之各國既用金準。而中國不變。其受病之大。終有所底。而一時欲棄而從金。力又不逮。此事所關極鉅。上自朝廷之制祿。下至商賈之交通。皆蒙其害。有心宏濟者。不可不廣覽而熟籌之也。

以下旁論前去四百年中銀值之騰跌。

（以非釋租正文。故云旁論。又斯密氏生於雍正元年。是書成於乾隆四十年。為西紀一千七百七十五年。則其所稱前去四百年。當自一千三百五十年至一千七百五十年也。）

第一期（自一千三百五十年至一千五百七十年）

考英之麥價。大抵當一千三百五十年。至於前此。其每括打麥。不下臺衡銀四翁斯。當英今幣二十先令。由是漸減。至一千五百年。每括打價僅臺衡銀兩翁斯。於今幣為十先令。至一千五百七十年尚如此。

知麥價升降如此者。有數證焉。一義都活第三之二十五年。著庸錢令云。每布歇洛作十便士。不得過。以其以令限民之故。知為常價。非甚貴亦非甚賤者。而考義都活第三時圜法。十便士得銀半翁斯而每括打價當時六先令八便士者。為銀四翁斯矣。嘗謂考較前代穀價。與其取之史記。不若求之條令間。蓋史記所書。多凶歲之貴價。或穰歲之賤糴。以之取平價難。若求之條令。差無此弊。又當一千三百九年庚德伯理神甫大饗眾。其時食單。載所用酒脯麥麴之數。以所載推之。知每括打麥當時銀七先令二便士。於今幣則二十一先令六便士也。又顯理第三。五十一年。立酒均餅均。以麥價為準。而均二者之價。自每括打麥一先令至二十先令。通為表以令其民。二十先令為最貴時價。而常價三分一為六先令八便士。則四翁斯銀也。合前數者而評之。知當一千三百餘年時。麥之常價。蓋每括打。易四翁斯臺衡之銀。雖失亦不遠矣。

自此而至一千五百年。每括打麥平價。則漸減而僅及其半。二翁斯臺衡銀也。此於今幣為十先令。至一千五百七十年尚如此。此之可考者。那丹白狼爾勒家乘中。載一千五百十二年麥價兩宗。一、每括打六先令八便士。二、五先令八便士。當是時以六先令八便士為銀二翁斯。計今幣十先令也。自義都活第三之二十五年。至額理查白之初年。此二百餘年間。皆以六先令八便士。為每括打麥之平價。雜見簿書條令中。顧此價名雖同。而實則代減。而銀之易權亦代增。故當國者用之而不覺也。如當一千四百三十六年令云。麥價至六先令八便士時。販麥者無待給憑。許出口。至一千四百六十三年。則令云麥價非過六先令八便士。不准運以入口。彼以為賤如前則麥出無損。貴如後則宜納麥外方。可知此價在當時為適中平價矣。至一千五百五十八年。女王額理查白即位。麥貴逾六先令八便士者。出口有禁。第以此為限。則英麥終古無出口時。故其五載。更令以十先令為限。此所謂十先令。實與今幣相若。蓋英國之圜法。自此以來。為變甚微也。可知十先令為麥平價。與那丹白狼爾勒家乘所記。可相印也。考法國杜不黎所記。及穀食志諸書。其中穀價與此相若。大抵前貴。至一千五百六百年之間則大減。英法如此。而歐洲諸部。大致盡如此也。

由此觀之。則此二百餘年中。銀之易權日大。可以概見。而銀所以日貴之由有三。一則其地治化日蒸。工商業奮。其資泉幣以為通轉者日多。而銀之出地與前相若。一則交易之事。未嘗廣前。而銀之出地。日形其絀。一則二因之中。並有其半。今此二百餘年中。歐洲銀貴之由。則二因並有之事也。當是時歐洲諸邦。文明日啟。戰伐之相尋。刑政之不公。皆比前代為大減。夫戰伐少而刑政公。則民獲息肩。而其身家可恃。身家可恃。故樂於治生。而交易之事日廣。且既富矣。則有潤屋潤身之事。栝棬佩飾。日以華奢。此銀貴之前因也。又其時新礦未闢。而舊壟者多。自羅馬以來。地不愛寶。精華日涸。涸而猶取。勞費必多。而贏得反薄。此銀貴之後因也。二因並用。則其物日以見少。以之易物。則物價日微。而見諸民食者為尤著。

考食貨者多家。皆言本洲之銀。自威廉并英。抑自羅馬凱撒以來。降而世賤。固不待美利堅之通。腴礦蠭出。夫而後其易權以微也。此於不佞所前陳。若相反矣。顧其為說。亦得諸較列歷代之麥價若他產之價值者。又世俗成見。每謂交易日廣。國富普增。增故銀多。多必值賤。此其所據之是非。與夫操論之得失。試請得以揚搉之。

由來金銀世貴世賤。徵於前代之穀價者。有三失焉。而大抵皆失之太賤。一曰以變徵之價為市價。古者任土作貢。自麥菽以至雞豚。莫不如此。降而泉幣通流。田主常與農佃為約。惟田主所便。得依市價折色徵之。此在吾蘇號曰變徵之價。顧佃產土物。不產銀錢。且折不折一惟田主之命。故方為約時。其所定常劣於市中之經價。往往有僅過其時市價之半者。而後之考者不察。則以此為當時之市價。如佛理禿之書。往往有此。失之遠矣。二曰沿襲官書傳寫之譌。古者平價立均之法。如大小麥每括打幾先令幾便士。則每枚麮麪。每格倫酒。應價若干。其比例皆自最低之價始。由是遞加以至於所擬之最貴者。斠量畫一。以令於民。且以偏行各部。顧鈔胥潦倒。且以謂比例既定。可以類推。則所錄之價。往往僅及最下之三四價而止。如是流傳。後世考食貨者。不悟此之所載。乃發凡起例之資。而非當時價止如此。昧然據之。以折中其時市中之常價。烏得實乎。此如顯理第三五十一年。立餅均酒均。其時所錄麥價。實自一先令至二十先令止。而胥吏迻寫。僅至十二先令。於是言食貨者。遂謂每括打六先令等於今幣十八先令者。為其時常價。其惑如此。三曰不審古價騰跌之情。蓋古穀價騰跌之度甚鉅。有時而賤。過於今時之最賤者。亦有時而貴。過於今時之最貴者。由於淺化之世。往往道茀不通。而商旅滯鬻。數百千里之內。豐歉不能相通。如英國諾曼初并時。自一千二百餘年。至一千四百餘年。萑苻屢起。豪酋梗法。一部有秋。而他部以天時不齊。洊饑見告。設二者之間。有豪為阻。則其勢不相救。此以流溢而賤。彼以荒虛而貴。其貴賤之情。固不可以後世之常法論也。而後人徒見穀價最賤之時。遂謂古價跌者。至於如是之微。其常價自必方今為劣。不知尚有極貴者亦為近世之所無也。佛理禿常舉一千二百七十年時麥價二端。一為每括打四鎊十六先令。則今幣之十四鎊八先令也。一為六鎊八先令。則今幣之十九鎊四先令矣。此亦輓近所絕無之貴價。而古竟有之。又何說乎。

案。佛理禿所考一千二百七十年麥價云云。似不必然。而斯密氏據之。為所誤矣。嘗有人更考其實。知當時麥價。每括打乃六先令四便士。而洛方木及那福克二部。其年七月麥價。則九先令也。豈佛理禿所舉者。

果有一二所大饑。不通外羅。偶而然歟。不然。何相戾如此也。又斯密謂諾曼并英時。萑苻屢起後之史家。亦不謂然。蓋當日部酋分地。各私其土。督驅最密。盜無所容。而上有彊王。莫敢相侵犯者。故當日南北行旅。遇盜甚稀。道路寧謐。觀其時貨物運費之廉。可以證矣。此言正與斯密相反。存之俟更考可也。

佛理秃於古麥價。蒐討甚備。嘗取自一千二百二年。至一千五百九十七年之麥價。表而列之。每一紀則合而取其中數。今即其表觀之。知麥價實為世賤。直至其表末年。始有騰上之勢。佛所用麥價。多以其甚貴甚賤而傳。由是為推。果能得實與否。固不敢言。顧即其所表列者推之。將見銀日趨貴。與吾及法國杜不黎之說有合。與佛銀多日賤之說。轉無所合也。而彼獨云爾者。蓋其考銀值貴賤。推之於麥穀之價為少。本之於他產之價者為多。彼以謂當淺化之世。穀為人力所成。難而後獲。故常比他產為貴。難以據推。而其所謂他產者。又不外牛羊雞豚及雉兔諸物。夫當貧陋僿野之世。是諸產者。甚賤於穀無疑。然以其賤而謂為銀貴之徵。則大不可。蓋此非銀馭功易力之權大。乃諸產供過乎求。而為值少耳。使此之賤而足為銀貴之徵。則此之貴銀必賤矣。而何以銀多之國。如智利。如蒲恩諾查。是數產者。不獨不貴。且復甚賤。如烏羅阿言。蒲恩牛價僅二十一便士。又如貝來恩紀智利馬價僅十六先令。又何說以處此。可知始造之國。地太半荒。其中牛羊雞豚雉兔麋鹿之倫。既可不甚勞而獲。則其馭功之量。亦必不宏。故其賤也。以本物之莫之求而賤。而不足以為銀少而貴之徵也。

前書謂物有真值。以產之功力為程。然則論價當求之功力。乃得真矣。淺化之世。天產之鮮。其價不足為典要。蓋其為物。時方草昧。供過夫求。其價遂賤。產至嘉穀。無論世化何如。產之皆由於作苦。是以其供之數。常視求之數為盈虛。雖有豐歉之差。不能甚相越也。且使天澤地美同。則產均者其需力亦等。力等故真值同。雖有分功善器。致產之能事彌恢。而田事降以日精。其所需田器馬牛之費。粗足相抵。合之數者而言之。可知穀同量者。其馭功之量亦同。不問所居之何世。非若他土物之因所遭異矣。夫功為價程。而穀之馭功。又不隨時而異。彼論銀值者。棄穀而求之他物。烏能實乎。且勞力者之資生也。以穀為楨榦。方其由畋漁而游牧。由游牧而耕稼。地寶之湧。此為最優。其為物宜人而廉。故勞力之民。舍此莫食。至夫牛羊雞豚之美。進富之國。小民斗酒自勞。間得嘗之。然亦僅矣。英傭優於蘇傭。蘇傭優於法傭。法傭食肉。必其田事告休。與夫歲時令節。外此不食肉也。故庸率視穀價者多。視他產者少。此又見考銀值貴賤者。舍穀價莫由也。

案。此節所云田事天澤地美同。則產均者所需之人功亦等。不問所居其為何世。此語後世計學家。頗不謂然。精而論之。其失有二。蓋使農學日精。則天澤、地力、人功三者皆同。今之所收。方之於昔。倍蓰不啻。今日緣畝之民。比之五百年以往。未見其多。而所出穀食。五倍於昔。又農事有絕大地力公例。名曰小還例。小還例柰何。曰農事有一程限。過此程限。而再加功本。所收還者不能比例而增。當其未過此限時。加功本治之。其所還或過所加之比例。既過此限。加功本治之。其所還則劣於所加之比例。故名此限曰大還限。此例所及甚廣。言計務農者。不可不知者也。以此例觀之。則斯密氏言。不問所居何世。人力等則所產均者。亦未協也。

以上所言。理固明晰。而穀麥諸價。又非佛理禿諸公所不考。乃其論銀值升降。不能得實者。則世俗之說誤之也。俗謂治化進則交易廣。廣則國富。富則銀多。多則值賤。相因而起。有必然者。然而諦而論之。乃大謬矣。夫國中金銀之進。不出二塗。一由礦產之日興。一由通商之日廣。其由礦產進者。本值日賤可。其由通商進者。本值日賤不可。今使腴礦日興。金銀山積。而百產則同於往日。如是同稱等量之銀。於前易物則見多。於後易物則見少。此其事固然。故曰由礦產進者。本值日賤可也。如以工商雲興。民業殷賑之故。則交易之事。以貨易貨。各資其利。無論金銀之不必多也。即令入國甚多。將有二事焉。因之而見。其一所以給求。其一所以贍欲。其給求奈何。交易事廣。其求用易中也必多。如是則造幣圜法不可緩矣。造幣眾則金銀將不見多。其贍欲奈何。富而有餘。人欲日侈。飾觀悅目。盤盂簪珥。下於銀者不足為華。夫以金銀為脩飾之事。其理與耽翫骨董圖書之事略同。吾未聞以國中饒衍之故。而書畫珠玉之售轉狹。則既富之餘。金銀不必賤矣。

案。金銀本值貴賤之理。與百貨之所以貴賤本同。視供求之相劑。不以多少論也。夫新出之柏拉丁難。(化學作鉑。俗呼白金。)可謂少矣。而價廉於黃金。化學金類原行四十餘種。半皆取之甚難。見者甚少。而其價不高。可以見矣。大抵本國無礦。而金銀自外來者。其貴賤定於所與易之貨值。然則仍視夫供求之例也。

故自我言之。金銀本值之所以升降。與世俗之云云正相反。假使新礦不開。而二金只有此數。則生事盛旺之秋。其為值鉅。民物蕭條之日。其為值微。在工商殷賑之國。其為值鉅。在鄙陋不通之國。其為值微。必然之數也。夫黃白為物。與他貨同。常趣善價以為易。而善價非貲廣貨博之鄉。莫之與也。物之真價。在其所馭之功。故使二國食功。厚薄相等。其功庸必皆與其民食為比例。而金銀在富國。以其物博而易多。在貧國。以其生隘而易寡。使是二國者相距甚遙。其差將大見。何則。其物雖背貧而趨富。而以相隔誠懸之故。不能旦暮平也。使其壤地毗連。則其差將微或不可見。今如支那為國。富於歐羅巴者也。而二土之民食貴賤懸殊。中之稻。廉於西之麥遠矣。英倫富於蘇格蘭者也。而二土之麥價差相若。夫中稻西麥。廉費固殊。至於功庸。則高下尤甚。歐洲甚高。而支那至下。此其所以然。又在歐洲進富。而支那止而不進之故。蘇之功庸。固亦不菲。然不及英者。蘇之進遜於英也。觀蘇之勞民多南徙。而英之小人少北遷。則知二國生事之孰亟矣。夫勞力之民。其苦樂舒蹙。不以國之貧富殊。而以民業之進境中立退行異。其理吾於前章既發之矣。

金銀易權。既極多於最富之國。則亦極少於赤貧之民。赤貧之民。如土蠻生番是已。在彼金銀。幾於無所值焉。都會之穀食。常貴於邊鄙。此不得證銀在都會賤也。乃穀自貴耳。致銀於都會。其費不必輕於致邊鄙。而致穀於都會。其費過於致邊鄙多矣。是故在都會之區。若荷蘭。若稽奴亞。其穀麥皆極貴。內產不足以贍。則常資諸外供。工商之業之訇闐。他所莫及。而民食以轉漕之煩而貴。致銀於安蒙斯他丹。其費不必減於致諸丹輯克。而致穀於安蒙斯他丹。其費過致諸丹輯克遠矣。銀在二地。貴賤相埒。而穀乃大異。今使荷蘭稽奴亞之戶口如故。奪其富有之貲。絕其轉餉之道。當此之時。黃白二物。固已少矣。而穀麥之價將何如。其因銀少而值賤歟。抑將騰躍無藝。等諸饑歲之所為歟。此不待再計而後明矣。可知布帛菽粟。與珠璣金玉。為物殊科。布帛菽粟。需也。珠璣金玉。饒也。當有所需。則斥所饒。而是饒者。既富則索價高。方貧則取償狹。至於需者則不然。當貧乏而愈貴。及富溢而反賤。不賤則無以為富溢矣。

吾論第一期銀值之騰跌。而旁及其他如此。所可斷然知者。則自一千三百五十年。至於一千五百七十年。此二百餘年中。吾英之銀日進。其進也由於民業之日興。交通之日廣。故其數雖進。而其值不跌而或騰。此不獨不列顛一島國為然。實則歐洲之大。莫不如此。不知者見銀數之日進矣。而不悟其因之不同。遂妄謂銀值之世減。意非世減。不足以明其進也。此則實考二百餘年食貨之價。已足悟其非。而駕虛為說者。愈無當矣。

第二期(自一千五百七十年至一千六百四十年)

考古銀值之進退者。於第一期幾於人殊。於第二期則如出一口。蓋自一千五百七十年。至一千六百四十年。此七十年之間。銀穀相待之率。與前正反。銀之本值則日跌。其駇功易貨之權日以微。穀大騰躍。由每括打二翁斯銀。抵今十先令者。至於六若八翁斯。抵今三四十先令。此似由美利堅新礦之腴且多。而歐洲此時農工交易之事。亦與俱隆。其需銀因以日眾。而無如地產過優。川增輻湊。供之於求。所溢實多。則其值亦不能不減也。波拓實礦脈前得已二十年。而銀多之效。始驗於英國。穀價陡長。乃在一千五百七十年也。自一千五百九十五年。至一千六百二十年。通計每括打上上之麥。值一鎊十六先令十便士。去其九分一。而得中麥之價。則一鎊十二先令九便士。為銀六翁斯又三分翁斯之一也。又自一千六百二十一年。至一千六百三十六年。上上麥價乃二鎊十先令。減其九一如前。得中等麥價一鎊十九先令六便士。為銀七翁斯又三分翁斯之二也。其不數十年。進而彌上如此。

案。計學家羅哲斯言。祕魯群礦最腴。其勢固可使天下之銀。由貴忽賤。其地利固然。而人事亦與有力也。蓋當日西班牙治礦之政。橫毆土民。力作之劬。過於牛馬。使其不然。而用招募之雇工。則勞費乘除之間。其利自遜。而銀之降賤。亦不能如是之相懸也。是時西印紅種。被其虐者。戶口日稀。神甫拉客沙。目擊盡然。謀所以救其孑遺者。於是議以非洲黑人代之。此販賣黑奴之事所由昉也。噫。逐一國之私利。既奪其地矣。且將滅其種而不卹。西班牙之不振。豈天道有時而信者。

第三期（自一千六百三十六年至一千七百七十五年）

自一千六百三十六年至今。為第三期。其銀值大勢。則由賤而復騰。特所騰尚微。不及前此七十年之所跌者耳。蓋自一千六百三十年至三十六年。此六七年中。所由於美礦充溢而然者。銀賤已極其致。而穀價遂亦漸定。不可復增。直至十七稘之末年。銀值陰趨復騰之勢。而自本十八稘以還。銀乃日騰。雖其進尚微。不抵前者之所跌。而謂之為跌。則不可也。此第三期銀市之大略也。

考之前志。自一千六百三十七年至一千七百年。此六十四年之間。上麥每括打九布歐洛者。在溫則市中。平價通之。得二鎊十一先令強。較之前十六稔之平價。尚大一先令有奇。是穀價尚微趨貴。顧吾不以云銀跌者。蓋此六十四年之中。有數大事焉。皆能致食貴之效。故此之貴。不第非銀跌之所為。且非天時之所使也。其大事一曰內訌。（順康之間。英國民變。順治六年。殺其國王察理第一。英國無王者十餘年。獨有議院。至順治十七年。而察理第二復辟。）民不緣畝。商旅觝滯。蓋不必隔并之屢臻。而糴已貴矣。當是時通國皆被其殃。而倫敦為尤甚。以其仰外供也。故一千六百四十六年。上麥每括打九布歐洛者。在溫則市價四鎊五先令其次年則四鎊。祗此二年。其浮於前十六稔之中數者。已三鎊五先令矣。

均攤此於六十四稔平價之中。其數已大。況內訌十餘年。其貴賤固不僅此。二曰獎外輸。而一千六百八十八年國家以麥賤之故。特立賞格。募民運麥外售。論者或謂麥外輸而農不病。民爭緣畝。數稔之餘。穀常轉賤。此其說信否勿具論。特是獎令。二年而止。為時甚暫。穀多之效。無由得也。且粒米狼戾時。則以政毆之。使穀外注。至於饑歲。無蓋藏以補不給。焉有不益貴者耶。當前稘之末。偏災所被。固不獨英。而英乃獨酷者。即以是故。雖一千六百九十九年有出口之禁九帀月。所救微矣。三曰國幣日劣。夫幣劣而麥貴者。非麥貴也。名貴實不貴也。自察理第二復辟。而圜法大壞。鏨翦摩鉛。錢枚坐輕。而麥之入市而名價也。以實不以名。故拉安德言此時通行泉幣劣於法錢者。蓋四分而一。而麥價則緣此比例為增。至一千六百九十五年。威廉第三脩圜法（英國官銀行立於前一年七月二十七日）而始復。此則純乎名實之差。於麥少銀多兩無與者。特後世考者不詳則滋謬爾。統此三端。故麥價雖加乎前。吾不以云銀跌也。

前稘銀市之情如此。至於本稘以還。則銀市之不跌而稍勝。愈易見也。圜法既脩。幣之名實相準。無內訌之事。以害農功。沮商旅。而其獎外輸也。政行之時久。其初雖致穀貴。而產銷益遠。民勸農功。則亦有致賤之效。故此六十四稔之間。通其平價。上麥每括打九布歇洛者。在溫則市價二鎊六便士半強。此以較前去六十四稔之平價。則賤十先令六便士也。蓋過四分之一矣。以較一千六百三十六年已前之十六稔。當美礦來銀最多時之平價。則賤九先令六便士也。以比一千六百二十年已前之二十六稔。當美礦已開而效未大著於歐市時之平價。則賤一先令也。此以見銀市之入本稘而復騰。即在前稘末年。固已具飈而上行之勢矣。(已上麥價。皆舉上麥每括打九布歐洛者。欲得中麥每括打八布歐洛者。用再九折可以得之。如十八稘首六十四稔。平價再九折。得中麥八布歐洛者。三十二先令也。)

一千六百八十八年農家金古烈哥里言。其時麥價當中收之年。由田承糴者。每布歐洛三先令六便士。此所謂由田承糴者。蓋無異今之承約價。麥賈與田家立約。就田取麥。限若干年。年若干括打。如是之價。名承約價。其所以與尋常市價異者。就田取穀。則省農人運致之煩。而限以年數。則通豐歉之異。故此價常若與市價為微。若金所言。則中麥每括打八布歐洛者。價二十八先令也。於前考之。數減四先令矣。當未饑之先。承約價例如此。不足異也。所可異者。當金所指之時。正議院置賞格以獎外輸之日。且云此格。俟麥每括打價四十八先令時罷。設如此。則方之金所核承約價。蓋七而貴五矣。非至荒歉。烏從有此。顧此令之行。嘗考其由。則當是時威廉第三新自洲（英係島國。故稱歐羅巴諸國曰洲）至。國論未定。面為議紳者。多有田人。親見麥價日跌病農。則建議立此格以救之。冀當更貴。令如察理第一第二時。而威廉初立。且其時國用空虛。正議稅畝。勢不得與國中巨室異趣。此其令所以竟下也。而吾輩居今觀之。益信銀市於前稘末葉。已稍稍騰。繼入本稘其與穀相易之權日進。其所以不甚見於此者。乃為人事所力持。若任夫天時地利之自然。則其效必有異於此者。

主獎外輸之說者。必曰其政利農業。而無害於食穀之家。彼以為穰歲倉箱豐盈。來年狼藉。不外輸則穀賤病農。獎其外輸。而後農勸於田業。價常平而穀益多。此兩利之政也。至於歉歲糧乏。罷其令可耳。獨不言穰歲之穀。既競外輸。則留為蓋藏。所以待凶荒者必少。如此則歉歲之價。無由而平。然則歲無間豐饑。自獎外輸政行。而民食貴穀矣。前考本稘首六十四稔之平價。已較前稘末六十四稔為微。設無此政。則其愈微可知。議者不察銀騰之由。而徒穀賤之為懼。此持前說者之所以力也。抑議者又謂使獎政不立。則穀大賤而農病。病則財力之用於田者必儉。儉則無餘。而所以劑凶年者亦蔑有。是獎外輸者。自致其豐盈有餘。而未嘗奪凶年之穀。以輸之於外也。此其說近似。總之獎政。不獨在農。國家所以待工商者有之。此其利害因果之致。原始究終。吾將詳之於後卷。顧今所欲言者。則本稘以來。銀之騰。穀之跌。非吾國所獨然。法國之事與此正同。且比例之率亦等。杜不黎梅山斯諸家之所紀錄。可覆驗也。然而法不僅不獎外輸。且運穀出關者有禁。二國之為政迴殊。而於銀麥效同如此。若謂此間穀麥豐盈之效。必出於立獎政者之所為。則於法又何說。此真吾愚所未解者耳。

然則此穀價之變。由於銀之騰跌者多。由於麥之豐嗇者少。吾於前章不云乎。較數十百年之貨價。則穀不若銀。較數百千年之物情。則銀不若穀。穀以遠而得其通。銀以近而知其漸也。當美洲諸礦效形歐市之時。穀價之長四倍往日。人不曰穀之貴。而曰銀之多。則本稘六十餘年中穀價之跌。雖曰無多。亦當求之於銀市之中。而不當求之於穀之多寡。此說固然。特人見近十餘載中。麥價大起。而遂懷銀仍日跌之思。則於頓漸之義為不審矣。不知此政天運之偶然。十餘年來水旱偏災。歐洲幾徧。且往者凶歲諸邦。多仰食波蘭。而波蘭近以國步之艱。(波蘭第一次瓜分。於乾隆三十七年。第二次於乾隆五十八年。第三次於乾隆六十年。而波蘭亡。)其穀之登市者日寡。此麥之所大貴也。夫十餘稔隔并之災。古今所常有。見連年豐稔。則謂為固然。覩頻歲荒虛。則驚為僅見。人意自生分別耳。其實既有一千七百四十一年至五十年之有秋。則亦有輓近十年之連歉。昔十稔中穀價之賤。正可與近十稔穀價之貴。互勘而對觀也。當其賤日。上麥每括打九布歇洛者。在溫則市平價一鎊十三先令十便士弱。再九折之。得每括打八布歇洛中麥價二十六先令八便士。且此猶是獎政之所持。否不止此。實考此十稔中所外輸麥及諸穀。為八百二萬九千一百五十六括打。獎費一百五十一萬四千九百六十三鎊。而當一千七百五十年為最多。獨此一年英國家所出獎費。已三十二萬四千一百七十六鎊十先令矣。故是時宰相白蘭摹以為言。觀此則知麥價為人力所持。而不更跌者。豈淺尠哉。大抵本稘田事。五十年以前之二十稔為有秋。以後之二十稔為荒歉。故前二十稔之價則不及平。後二十稔之價則過平。雖豐中有一二稔之歉。歉中有一二稔之豐。於大數不增減也。然而後之過平者多。前之不及者少。則獎外輸之為矣。凡此騰跌之效。以其甚驟。固不能於銀市中求之。何則。麥之豐歉頓。而銀之騰跌漸也。果頓者其因頓。果漸者其因漸。

或又謂言本稘銀市不跌而漸騰固矣。穀價既為獎外輸所力持。又以天時之不齊。故雖間貴於曩者。猶不足以證其跌。然自本稘初歲以來。不列顛力役之庸。傭賃工價。皆以日起。則又何耶。應之曰。此愈不足以云銀跌也。輓近百年之中。吾島人事駸駸日隆。蓋自都會以至山海之陬。自農工以及商賈生業之進。比諸古昔。幾絕景而馳矣。夫力役猶百貨也。求之者多。則獲善價。於銀市之跌何與焉。法與英之隔。僅一海袖耳（英法中海法人呼海袖。）而法之力庸。其率與穀食之價比例遞減。而吾英乃日增。使由銀跌。效豈然哉。自前稘以至本稘。法常傭日稟。大抵二十分塞台爾麥價之一。塞台爾者。劣英之半括打也。至於英傭。不獨日稟之銀數增也。其所得享衣食生事之實。亦入本紀而漸充。名進者。銀跌之所能為。實進者。非銀跌之所能為也。則其故當求之於民業之盛衰。不當求之於銀市之騰跌也。大抵金銀之礦。新開而腴。厥利最鉅。蓋新礦入市。得以舊價易物。即稍遜亦不相遠。此美洲祕智諸礦。其初年獲利之所以多。至於源源繼至。則常索高價不能。而易權日損。損之又損。經價乃形。經價者。償其勞費之外。而益以通行之贏率也。祕魯礦稅什一。而租在其中。此什一者非遽爾也。其始嘗征其半矣。浸假而參之。浸假而伍之。終則定什一以為常。相沿至今。此可驗其利之始鉅而終微。至於今僅有以維持勿廢而已。耆考西班牙之取祕魯礦稅也。其減為五分取一者。在一千五百四年（弘治十七年）後四十一年。而波拓實之新礦出。自此至一千六百三十六年。經九十年之久。而銀多之效。遂大著於歐洲。其價亦賤極而不復更減。此之為勢。不獨在銀一物為然。無問何產。但非壟斷專利之為。

則歷茲百年。其勢必趨於經價。使降而更劣於經價。則其產不復出矣。

歐市之銀值。何為而不復減。西班牙之銀稅。何為而不同。金稅由什一而降為二十一。其所開諸礦何為利之既纖。而不大半停罷。則一言蔽之。礦尚獲利故耳。其產之多如是。其采之久又如是。何由而尚獲利。曰。用銀之事。與之俱多。用銀之事何以俱多。曰。自美洲開通以來。天下交易之場。日以廣遠。其勢不獨有以持今之銀值。使不復賤也。且即今之值。以與前稘中葉相衡。若尚覺其微進者。此其所由來遠。吾將分其事為三支而言之。

一曰歐洲之舊市日進也。自墨礦肇興。而歐治日進。進故工商業繁。此近而易見者也。若英倫、若荷蘭、若法蘭西、若日耳曼。皆大進。即至若瑞典、若丹麥、若俄羅斯。農商邑野。皆殷然異昔日。若義大利。不幸王綱解紐。民生唸咿。但事在祕魯見并之前。而其後方稍稍復。如是則亦進也。諸國之中。退者獨西班牙、波陀噶爾耳。顧波陀噶爾之在全洲。僅為一隅之小國。而西班牙之衰歇。又未若言者所云之甚也。蓋當十六稘之初。西班牙已為貧陋之國。與法國同。特法自此而國勢日張。而西班牙則止而不進。察理第五知兩國事。嘗云民業中事。凡法之所多者。正班之所乏之也。以此見二百年中。西班牙退境之無多。夫此洲民業。日以駢闐如此。則其待易中以為通轉者。自以日宏。而室家殷賑之餘。而以為藏鏹寶器盤盂彄釧之事。亦必日奢。此則所以資銀。使其值不至坐減者。一也。

二曰美洲之新市日增也。夫美本新通之壤。邇歲以來。其客民戶口之蕃滋。農工二業之競進。持較舊洲。殆過之而蔑不及矣。英民所墾。始皆狉榛叢穢之區。而西班牙、波陀噶爾之外屬。若古冷那達、若憂加坦、若巴刺軌、若巴西。未通之先。若游獵紅種之所居。不獨無文教。耕稼陶冶。亦未所知。即其中有不得純以野蠻目者。若祕魯、若墨西哥。舊為強種。無耕稼。善爭戰。其士人自詡武功奇蹟。至今弗衰。顧試讀其史書。平心而論之。則其中農功商業。殆比亞洲烏庫連之韃靼不如。夫數美洲之舊治。則當以祕魯為巨擘矣。然其用金銀也。有環珥瓔珞而無圜法。其懋遷有無也。有交易而無買賣。則分功之不宏。可以見矣。蓋其治僅及耕稼。而未覩久化之成。故民力田矣。猶自築其宮居。自削其械器。降至衣裳冠屨。無一焉不待於自為。即有一二業為工師匠作之人。則皆宮府之隸。王及巫祝部貴人之所豢畜。於編民固無與也。高曾規矩。業者相矜。而無一貨焉。中吾歐人之用。曩西旅之入其國也。多者五百人。少者半之。而儲胥芻餉。隨地而窮。非輜重自隨不可。此不僅深山大澤然也。即在通都大邑之中。莫不如此。至於清野之事。彼何曾知。此益信其所謂古極富庶者。為非事實之言矣。西班牙之於外屬。固常虜用其民。遠不若吾英之寬大。勞民勸相。尤所未能。然而地歸新主。則戶口日蕃。蓋天時地利既優。田廣價廉。民趨樂土。雖政刑峻刻。不足阻之。故佛勒芝於一千七百十三年。最賴摩戶口。不過二萬八千家。至烏羅阿於一千七百四十六年計之。過五萬戶。其餘祕智諸都會中。進率仿此。較之英屬戶口之進。不相下也。凡此皆前者銀市所本無。二百年間。從無至有。則其為美礦銷場者。又可見矣。此所以持銀值使不墜者。二也。

三曰泰東之商業日恢也。美礦產銀。其流入泰東者有二道焉。一徑紆。徑者由南美往東印之阿喀孿勒古公司。此自礦開至今。其勢固已日大。紆者由歐達亞。此其進境。尤不可以尋常比例計矣。十六稘歐羅巴所與泰東互市者。僅波陀噶爾一邦。獨享厚實。非餘國所敢望。至其末載。荷蘭踵而分之。於印度立步頭數處。迨十七稘波荷二國。若中分五印度之商利者。後來居上。波陀噶爾則日退矣。由是而英法繼起。入本稘而大盛。英法而外。則瑞典丹麥。歲月間往。此皆以海通焉者也。而莫斯科哇商民。數萬里結隊毆駝。絕鮮卑舊壤。踰葱嶺並天山。度瀚海以達於支那之燕薊。此以陸通焉者也。為海為陸。無間梯航。其商務皆降而益旺。中間退者。則法蘭西以近日戰事。印度商業。幾於掃地無餘矣。（當乾隆中葉。正英法二權。在印爭為存亡之秋。乾隆十一年。法據南印度之馬都拉斯。立步於番提車利。而歐洲以爭奧皇承襲。有七年之戰。二十一年。英失羯羅屈闍。而英酋克來福復之。敗法印合從之師。由是而英權大張。各部以次附之。然其地尚為大東公司所轄。非王有也。至四十九年始設印部大臣。而其地為外藩。）當是時歐洲所銷東產。以茶為大宗。此十七稘中葉以前。民所不識為何物者也。至於今日。則僅吾英所入口而征者。其賦過一百五十萬鎊矣。而其由荷瑞餘國闌入不稅者不計焉。其日盛可見矣。今日餘產如支那之花瓷。馬剌甲之蘇荏。孟加拉之罽毳。率皆比例而增。今日英船噸載。過前稘中全歐商船噸載矣。夫用銀之多寡。與商務之廣狹。息息相關。今商業其進如是。則美礦產銀雖至多。然其值至本稘不跌而更起。有由然矣。

歐亞始通。亞洲金銀本值。皆比歐洲為高。至於今尚相懸隔。亞洲多稻國。歲再穫或三穫。故民食以較麥國廣輪相若者為饒衍。食饒則民蕃。此亞洲之庶。所以過於歐洲也。富者厚積而有餘。其役眾馭功之權與俱大。故東方貴人。傔從輿臺。雜沓雍容。擬於歐之王者。且衣食至足之餘。遂以佩飾陳羅相炫。此珠玉錦繡。欲得者之所以多也。是故金玉諸礦。即治於二洲者。肥磽正等。而其產之入市也。亦將居東者之所易多。

居西者之所售寡。而由印度北抵葱嶺陰山。其中產玉石者多。產金銀者少。故金銀之入其地也。以之易穀食固多。即以易玉石。亦較之在歐為有贏也。金剛石。奇飾之尤者也。以其較廉。故其物嘗自東而徂西。金剛石及他玉石。饒也。稻及諸穀。需也。其在泰東以金銀易之。雖貴賤逈殊。較之泰西則皆賤。至於力役之庸。印度支那。其率皆下。勞力之所得。以易衣食之數既微。而穀食之價又賤。故二土之庸。以較歐洲之庸。再受削矣。夫民之勤巧均。則其製造諸物之價值。與工價為比例。泰東工之勤巧。不讓歐洲。而其價之廉如此。則其熟貨又廉也。至於轉運之費。歐洲東南多山國。道路險遠。轉輸綦難。其成物也。前有飭材之勤。後有致市之費。勞費既滋。物價遂長。而支那印度之為國也。滿地江湖。交輸互灌。行旅之便。倍於歐洲。則其轉運之費又減也。統前數者而論之。則是亞東物產。持較歐西需者如粟菽。饒者如珠玉。中間如製造之百產。皆此貴而彼廉。而獨金銀二品。為此廉而彼貴。則西人徂東逐利者之所宜挾。莫二品之最便利。明矣。侔色揣稱。其易權皆在泰東為大。此不僅往日之事然也。至於今猶未改。且二品固皆利矣。而金不若銀。蓋其相受之率。在彼則十與十二之於一。（中國金價。國初至乾隆間如此。）而在歐則十四十五之於一也。是以由歐赴支那印度諸船。以載銀為利市。阿喀擘勒古公司。由孟尼拉所運往者。舍銀幾無他物。則知此二百年來。新舊洲商業𦗳然。而由美徂歐。由歐徂亞。為金銀流轉之大經矣。

案。歐商行賈東方。多載銀而少餘貨。此不僅初通為然。至今未革。輓近各國用金為準。則幾加厲矣。此不僅銀得利多。而亦由吾人喜於受銀。而不欣他貨之故。故至今言商務者。尚以出口土貨多進口洋貨少為佳徵。夫出口貨多而進口貨少者。其所有餘者固皆銀也。彼若知金銀亦貨。進出之間。初無所謂有餘不及者。多少必相抵。而業進之國。在出入二者俱多耳。抵制之盲說。庶有瘳乎。

金銀為用既廣。摩損亦多。海宇交通。市場日大。每歲出礦之金銀。不特必足其用。且必有以彌其損。而後不至日消。致其價因之日貴也。蓋其物笵為泉布。與製為桮棬釵飾之微。所摩刓者。日計不覺。歲計已多。至合天下而綜之。亦甚鉅矣。吾英蒲明罕各廠。製諸種釦器。其塗金貼銀。歲不下五萬鎊資。凡此皆一散而不可復聚者也。夫天下不獨一蒲明罕也。錦繡之所緣飾。土木之所被施。以至梁楹釭鋪。圖書帷帳。積以為計。夫豈其微。且轉徙既繁。則或沉溺。藏弆之事。亦有瘞薶。假年月既湮。刻舟無跡。亦等諸銷滅而已矣。使出者無以彌其耗損。金銀有不日以見少者哉。

西班牙口曰克諦支。波陀噶爾口曰力斯彭。計此二口。每年所入金銀。無分征漏。約六百萬鎊之數。麥庚斯於此事最詳審。其言云。自一千七百四十八年。至五十三年。通六年而取其中數。計兩口所入。無分征漏。銀重一百十萬一千一百七磅。金重四萬九千九百四十磅。銀每磅值六先令。為價三百四十一萬三千四百三十一鎊十先令。金每磅值四十四幾尼有半。為價二百三十三萬三千四百四十六鎊十四先令。合計為值五百七十四萬六千八百七十八鎊四先令也。麥庚斯所覈如此。又兩印通商錄云。西班牙金銀歲進。通十一年而取其中數。得歲三百八十二萬五千鎊。波陀噶爾二百二十五萬鎊。合兩國之入。則六百七萬五千鎊也。其數微浮於前。今以六兆鎊為中數。歲增歲減。相去當不遠矣。

美礦歲出之金銀。固不盡入於二國。有由阿喀孽勒古公司。而輸之亞洲南洋各島者。有觸禁私售他國者。有留於本洲不出口者。入二國其大數耳。且天下金銀之礦。采者固不獨美。而美為獨腴。餘礦視之。若不足道。吾英蒲明罕所銷金銀。已抵美產入於二國者百二十分之一。約計天下所歲銷。與諸礦所歲出者略相抵。即有不及。所差蓋微。其供者或不及求。故近歲銀價。稍稍騰也。

銅鐵歲出之多。過金銀遠。然不得以其出之無藝。遂謂銅鐵之價將日微也。此銅鐵所與金銀異者。蓋銅鐵為麤金。其用之也。亦麤而不甚惜。以不甚惜而滋耗。顧諸金之價。其騰跌之情。皆以漸不以頓。品愈貴則其價之騰跌愈漸也。物惟金石最壽。以其值之不驟遷。故其材中為幣。若嘉穀則一歲所收。大抵濟一歲而盡。銅鐵今茲所用。出地數百年者有之。金銀出地數千年者有之。是故積大地每歲所收之田穀。其量必與一歲之民食相均。銅鐵出土歲異。歲銷之數。不必從之。至於金銀。愈相絕矣。故諸金之產。其歲收之異。比之田穀為多。而其價之相殊。比之田穀則為寡。

以下論金銀相兌之變率。

美礦未發之初。各國金銀兌率。泉局主之。大抵金一而銀十若十二。至前稘中葉。南美諸礦開。其腴富為前此所未有。於是二品之易權遞微。而出銀尤多。其微尤甚。而相兌之率。乃金一而銀十四若十五。則今日之市價也（乾隆中葉。）其亞洲金銀相兌之率。古與歐同。雖二洲互通。為變差緩。故至今日本。猶金一而銀八。（此價至道光間。額羅金、阿爾格二英使。至其國時。尚未大致。故英人來者。但以銀易金已得大利。）支那則金一銀十二。獨印度之羯羅屈闍。乃金一銀十五與歐市同。蓋銀之由美逕往。與由歐往印度者至多。故然。

麥庚斯曰。歐洲歲進之金銀。大較銀二十二而金一。然則任物情之自然。銀之易金。當二十二而兌一矣。顧今之金價不然。常以十四五而易一者。則銀之由歐而入亞者。二十二其七八矣。二物在市之多寡者其因。而相兌之多寡者其果也。吾意不然。夫二物市價之比例。不必其在市之多寡比例也。如麥庚斯所言。則今者英市牛每頭價十幾尼。而白羊之羔。則三先令六便士。是牛價之於羔。六十倍也。由是而曰英羔之數。六十倍於其牛。則牧豎笑之矣。麥論金銀。何以異此。且如麥庚斯言。歐洲金銀之多寡雖懸。夫既貴如其所寡。賤如其所多矣。則二品之值。將常相等。不知貨之在市也。設一賤而一貴。則賤者之多於貴者。不僅常過於所貴之倍數也。總二貨而衡之。則賤者之總值。亦必比貴者之總值為多。近於一家。遠則一國。莫不然矣。麪與肉較。肉貴於麪。則市中麪多於肉。且綜麪之值。必過肉值。屠肉之觔數價值。必過於雞鴨。雞鴨之觔數價值。必過於雉兔。賤而常者多其售。貴而珍者寡所購。其相過之為量。不止如其貴賤之不齊也。二品之事。固亦同此。中產之家。器用寶飾。二者兼有。然衡其重。必銀大而金微。疇其值。亦銀奢而金儉。有其二而無其一者有之矣。就令並有。為積蓋微。若時表、若鈿合、若條脫簪彄。謂其重與值。過於銀之所積者。殆無有也。家然。國何不如此。吾英國幣。銀寡金多。

此獨英爾耳。蘇格蘭未合於英之初。其金幣之值。溢於銀幣者甚微。至於他邦。皆銀幣多而金幣寡。法國以銀為本位。度支大數。皆以銀言。入市求金。常苦不足。此獨以在泉貨者論也。至於寶器儲藏。則五洲之中。無論何國。率皆銀多金寡。以衡言如是。以值言亦如是也。

執市人而問之。莫不云銀賤金貴矣。吾乃今將曰金賤而銀貴。聞者將斥以為狂。雖然有說。較物產之貴賤者。有二術焉。自其求者言之。則差其市價之低昂。自其供者言之。則程其贏得之厚薄。前可以貴賤言。後亦可以貴賤言也。物產之登。最賤必如其經價。下此則其物不來。經價云何。償勞力者之庸。酬發貯者之息。而地主之租之有無。抑其次矣。西班牙之礦稅。於銀什一。於金乃二十一。而金稅之冣。又不若銀。采金之利。方之采銀為更薄。然則產金者之贏得。劣於產銀者矣。劣則其市價去經近。去經近。故其物廉於銀也。故曰金賤銀貴也。苟用此說而推之。將天下至賤之物。莫金剛石若。夫亦以采者之勞費。而市價之去經微也。

西班牙銀稅可以減乎。曰。難言也。以稅道言之。則金銀有稅。稅之最宜。稅取饒而不取需。金銀饒也。況銀稅為西班牙歲入之大宗。減之則立乏。故難言也。雖然。稅之有無厚薄。非名稅者之所得為也。彼前者既由五一而為什一矣。則何不可以再降。且金礦之徵。既已二十而一矣。則見於金者。何不可見於銀。且凡礦之為事。始易而終難。鑿硐日以益深。積水日以益大。外與天氣相絕。扇之入礦彌難。此固言礦學者所共知者也。（采礦金多浮出。銀多沈入。故銀礦之事積久彌艱。）及是雖有腴礦。與瘠者同。開采既艱。三效遂著。一曰銀值日昂。二曰銀稅罷減。三曰銀稅雖罷減而銀值仍昂。蓋難而猶采。其費必有所出故也。且三效之中。其最後者為尤似。往者金稅減矣。而歐市之金價方騰。則後此銀稅雖蠲。其本值亦未必不大也。特蠲稅之效。終有所見耳。何則。礦之不任稅者。將以無稅而猶開。則入市者其數終多於未減。故一千七百三六十年。因西班牙減征礦稅。歐市銀價。賤者什一。可以證矣。

自我觀之。則西班牙礦稅雖遞減。而通本稘之六十年以為計。銀價猶稍稍騰。雖然。不敢固也。其事本微渺而難窺。故至今言計之家。幾於人殊。或以為進。或以為止。或以為退。此勿更論。所灼然可知者。則歐洲金銀歲進之數。終當與其歲銷之數。不久而平。蓋歲進彌廣。其銷亦彌多。而歲銷之所多。或且過於歲進之所廣。使其產不能增而無窮。則進與銷之量將相劑。至於相劑而歲進或減。則銷必過進。過進則昂。昂久則銷與進。又相劑而平。循若無端。如是而已。

彼世俗以本稘銀值為跌者。亦自有說。蓋彼見歐洲之日富。富則金銀日多。多則賤。且輓近以來。百產騰踊。故銀跌之說愈益牢也。顧吾謂金銀緣民業之盛而日多者。其本值不能退。反覆辨證。既已煩矣。金銀者百貨之二物耳。百貨常趨於善價。則二者何為獨不然。在歐洲之所易者寡。在亞洲之所易者多。則金銀常由歐而趨亞。由美趨歐。亦猶是耳。使其反賤。豈更來哉。至於百產之日騰。亦由治進民蕃。求之者多。所以如是。乃其本物之日趨於有用。非必銀與相形。日以見絀也。故銀入本稘其本值之進退。誠微渺而難言。特世俗以此為之因。而定為銀退。則吾有以知其不可也。

以下論物產區為三類。民生日進。著效之不同。

地之所產。犆而舉之。可區為三。有其多寡任於自然。而非人力所能與者。甲、有其多寡人力所能為。而其供之數。常視求之數為進退者。乙、有其多寡人力所能為矣。而或有大限而不可踰。或無定程而難預計者。丙、當民生之日進。國財之日盈也。是甲乙丙三者。甲之價將始於至微。終於至鉅。若日長而不可極者。乙之價則日長矣。而有不可逾之程率。即逾之亦難久。丙之價其大勢亦日以長。然有時而騰。有時而跌。有時而不跌不騰。視人事天時相得之何若。總地所出。盡於是三者。

物產甲

所謂物產緣民生之進而價日高。始微終鉅。若不可極者。蓋其物之蕃彫。非人力所能為。產於自然者有數。其為物又無金石之壽。可以斂儲。國日侈富。民之嗜欲日滋。求之者眾。而供之如初。不足則爭。其價遂長。長之量。隨爭之淺深為無窮。故曰不可極也。此凡珍鳥嘉魚雉兔麋鹿之屬。盡如此矣。今使吾英木雞在市。枚至二十幾尼。而木雞之歲捕。與今之數。當不甚異也。羅馬民主全盛時。嘉魚珍鳥。價至不貲。而闇者方曰其時銀賤。豈銀賤歟。吾嘗考之。羅馬古民主治。至沃古斯達乃轉而為君主。際變政之後先。其銀易權。皆比今歐洲為鉅。當是時昔昔利賦制什一。史言其麥入羅馬。一摩提價三塞斯特。一摩提當英量三格倫。而三塞斯特當英幣六便士。顧此非市價。昔昔利臣屬羅馬。法麥入國在什一內者。抑其四之一以當賦。過此方以市價糴。市價者。每摩提四塞斯特也。由是知其麥每括打為二十一先令。而英麥平價。每括打二十八先令。知羅馬時銀之易權於今猶三與四之反比例。羅馬銀之三。其易權當今銀之四矣。然則非其時之銀賤明矣。拉體諾史家柏來尼。記塞遏斯購一白鶯獻王后阿骨力畢諾。價六千塞斯特。今之五十鎊也。又阿審涅購紅鯰鰩一。（地中海嘉魚。紅色。脊有金綫三條。有鬚似河鯉。）價八千塞斯特。今之六十六鎊十三先令四便士也。奇貴驚人如此。然以真值計之。尚損三之一也。跡其所以然之故。決非銀多而賤致然。蓋物力豐盈。珍奇之產。欲得者多耳。

案。斯密氏於此。僅及地之所產言之。故所云止此。然製造之物。亦有數已定而不可加多者。民生日富之秋。其價之增亦無藝。若鍾鼎尊彝。若圖書碑版。若良藥舊醞。其在世間有數。而勢且日湮。皆此類也。蘭亭石刻。吳道元畫壁。淫於其事者所共喻矣。

產物乙

凡地產供與求偕進。民生日厚。國富日增。其價與之俱高。高至其限而不得逾者皆此屬。有樹藝之產。有畜牧之產。方其草昧。出於自然者。樊爾而多。人民鮮少。懋遷未興。以無所用。亦無價值。洎夫治化肇開。或焚之或驅之。其物乃日以見少。而民生日聚。求者轉多。物減求增。其價乃起。久之其物之利。將與民力之所專藝。腴壤之所常植者同科。而其價之日高以止。猶不止則他藝之人力。他植之壤土。將轉而藝之植之。故曰其價。有不可逾之程率也。

此之為事。最先見於牛羊。使治地為牧以飼畜。與治地為稼以養民者。厥利維均。則牛羊之價。將止而不進矣。猶不止。則為稼之場。將漸轉而為芻牧。治進之秋。田隴日闢。而天然之芻牧坐減。倉箱日富。而食肉之人民亦多。此腠膳之所以不淹。而芻豢之所以日滋。至於利均稼穡而後止。雖然。耕牧力等。其效常遲。方其未至。而民生猶蒸。則芻豢之價。高未艾也。今歐洲諸國。尚有然者。蘇格蘭多牧地而不中耕。故未合於英。牛羊之價不極。英耕牧利等者。亦但倫敦及左近之野為然。前稘之初。蓋已若此。而遠所鄙僻。尚未然也。

耕牧利均。此其關於一國者至鉅。蓋使牧之利不及耕。則其國雖有至美之田。將無由以悉墾。田距都市城集遠。無糞以蘇其地力。故鄙遠田之治否。視廬舍之糞為乘除。而廬舍之糞。又視所畜田牛之數為多寡也。糞不出二術。或縱牛於田。即收為糞。或飼牛於宮。出矢以糞。今使牛羊價微。而牧之利劣耕。則縱牛散牧。以中耕之地為之。既不可矣。欲飼之於宮。出矢以糞。則費重而力彌不逮。蓋飼牛於宮。其芻藁之所從來。必由沃壤與已治之地。而後芻美而飼者不勞。使其蘇諸荒穢。將用力鉅而所得已微。故使散牧之利不讎。宮飼之折閱乃更大也。由是一莊所擾之牛。其數必僅足於田役。過斯以往。其勢不能。然而足田役矣。其所出之糞。則不足以復其所耕之田。使地力常有餘而無竭也。於是糞之所及。農將擇其最美最便之地而加之。及其既久。則中耕之田。僅有此耳。其糞所不及者。地力既竭。無或能生。即有少芻。而瘠薄之收。取以牧病馬羸牛猶不足。是故計其所畜之數。以可耕之區言之。則太少。以所得取而飼者言之。則又過多也。逮六七稔以還。或以微糞之積。則取其少許之地而加耒焉。將亦有升斗之雀麥。與夫犓且惡者之收。既甚薄矣。乃轉盼而地力又竭。則又顧之他。置前所耕者為蕪田。以更待此微糞之積澤。更廢迭代。而終不足以言腴。此古蘇格蘭與夫今日貧國耕其下田之常法也。其常得糞而中耕者。一莊之田。不出十之二三而已。下此皆更取而竭之者也。夫使其國之田法如此。則凡民業之盛衰。物產之貧富。教化之淺深。皆可不再計而得之矣。雖然。彼農豈不欲變哉。而無如牛羊之價甚賤。牧之為利。必不足以齊耕。則勢不得不出此。所末如何者也。顧亦有牛羊之價既昂。其田法尚有循是而不改者。則以野人智下。而樂因循故也。抑事多為沮。勢不可以即變者亦有之。積畜常微。值牛羊價騰。雖欲增多。其力不可以驟辦。力可辦矣。而牧場之治闢需時。又非可苟而已也。故曰勢不可以即變也。總之畜牛之多少。與田疇之蕪治相謀。牛多欲其地之無治不能也。欲地之治而畜牛之少。亦不能也。牛稀則糞儉。糞儉則地不肥。地不肥則芻少。芻少而牛多。必飢。故曰二者相謀也。且牛羊之價既長。牧之利足以敵耕矣。然欲變舊以圖新。亦必農者之儉且勤。數十百年以往。而後其封內之地。乃皆可耕也。吾蘇南合以來。易事通功。其收益於英眾矣。顧無如牛價致昂。其惠利為最鉅。山國之日闢。田值之日高。其近效耳。工商之隱賑。文物之駸駸。可數計耶。

案。斯密氏此言乃當時實境。至蘇格蘭繼此之休明。斯密不及見矣。今者蘇境之高里洛典斯諸部。田疇之治闢。稼穡之盛美。英殆弗如。而英市有牛。其最腯碩者。問之皆北產也。百年之間。果能有為。其進如此。中國士大夫。好識空言為無補。言誠有無補者。然如斯密穆勒諸家之言。利存民生衣食之際。蓋無異慈母持嬰兒而乳之矣。其功豈可量哉。

大抵新墾之國。其地舍打牲游牧之外。無所用之。蕃息至易。畜多民少。其價自微。以其價微。耕牧之利不均。田事之弊。遂與前等。此之實事。見於美洲者也。美洲舊無牛馬。自與歐通。來者常挾與俱。十數年字乳彌多。價值至賤。即入山林。轉為野種。主者不更求也。故治場牧牛萬萬無利。田雖廣而牛則稀。糞溉不足以蘇地力。而新洲田法。遂與蘇格蘭往者如一轍矣。瑞典遊人嘎沐。嘗於一千七百四十九年親至其地。歸而著錄云。英之小民。素號知田。吾嘗偏覽北美新地。田疇楛惡。不見所謂知田者也。其耕有播穫無糞溉。得一地必盡其力而後已。劣三四稔。輒棄菑畝即新田。又竭則又徙。其犍牸皆縱牧荒莽中。然多饑羸。不任田事。緣芻草歲生。榮乃播子。方春萌芽。不可縱牧。縱而齧之。其種立盡。來歲濯濯。彌望皆惡草。而牛飢矣。北美中芻之草甚蕃。歐民初至。徧地皆然。長三四尺。可隱人。以縱牧無節。今乃掃地盡矣。前一區可以飼四牛者。今所飼不過一。前之牸牛。乳多而濃。今乳比昔。亦四而一。由此推之。則地力損者十六倍也。夫地力之衰如此。故牛種不供茁碩。降而彌羸。今之所出。大類蘇格蘭前四十年種也。然蘇自合英。得所補救。而北美之弊，則補救者誰乎。

案。北美洲自始立以來。事事長進。至今農業之盛。甲於五洲。稻麥轉輸徧天下。斯密氏此言。當時事耳。

耕牧力均。而後農之闢地殻牛。其勞費有所出。然不易至。群去草昧而進文明。凡此產乙之中。利能均耕者。尚以田畜牛羊為最蚤。設不能。則其國將終古貧陋。求如今日歐洲諸邦無由也。蓋惟民生殷賑。而膎膳價高。而後田畜牛羊。可為場圃圈牢而畜。為場圃圈牢而畜。而後糞有自來。而田疇可以盡闢。不必為轅田遞易之規也。且芻豢之族。不僅牛羊也。凡歧蹏枝觡。皆可擾而畜之。但使銷廣價昂。則殻牧之事自起。故其事見於牛羊為最蚤。見於麋鹿為最遲。英國此時鹿脯之價。其利尚不足讎治苑養鹿之費。故莫為也。昔羅馬有小鳥名鶗鶜。甚為人所豢畜。以此哇樂洎歌路默拉二家書。皆言其利之厚。今時法國有時鳥名阿拖藍。至則捕之。置幽室中。哺以黍令肥可食。國人珍之。英民珍鹿脯。使民俗日以侈富。則治苑養鹿之事。在旦暮間耳。

　　產乙之中。價之以國富而昂。昂而至於其極者。以牛羊為始。以鹿雉為終。牛羊。產之需也。鹿雉。產之饒也。始於所需。終於其饒。民生之事。莫不如此。然此二候之間。有無數物焉。價昂而極者。譬如雞鴨。農人廒倉場圃中。多滯穗餘粒。不可盡收。以飼群雞有餘。使其不飼。終於播棄。故其畜之也。於農人為無費。而所得之市價皆贏。雖或甚賤無損也。戶口未稠時。所供已足。故其價不過與他膎等耳。顧無費之所生。終較出費專營者為不及。且民俗滋奢。人情常易其所多。而珍其所寡。故物力日優。雞鴨價常趨昂。貴於牛羊之膎膳者有之。至於極高。有以讎樹柵治塒之費。畜雞之事。且為專業。而有母本贏息之可論矣。其利至於敵耕則止。不能復優也。嘗見法國數部。以畜雞為田家勝業。特斥中耕之地。種黍稷彫胡之屬。以為雞糧。中農夫畜四百餘尾。則其利之優於藝稻麥。可想見矣。英國不然。於是難者曰。既曰價昂力敵耕。則有以為專業者矣。今雞之價。英貴於法。法雞歲輸英市者。其數至多。非彼低而此昂。

不能如是。然而法獨以畜雞為專業。而英不爾。何也。曰。俗之轉變須時。而當將轉未轉之際。其物價常最高。英食法雞。不自專業。職是故耳。若夫既轉。則轂養者每從新術。能使地大小同。而所出之數加昔。產多而母輕。其價將降。使其不降。其產之數。又將復初。倫敦屠市膎膳之價。本租賤於前租。亦以用蘆菔馬莧之屬。種以為糧。餧飼之術不同故耳。

案。此言亦以各有地宜之故。英之雞價。雖貴於法。然使其地他藝。利過畜雞。則寧食法雞。不以自畜也。此類物產。英之仰於他國者至多。不僅法雞一端而已。自無遮通商法行。地各出其最宜。法之雞子售於英市者。當咸豐壬子稽冊已一百八兆枚。至光緒戊寅。則七百八十三兆枚。價雖日貴。何嘗自產乎。

彘食不躅與他畜之棄餘。故人家畜彘猶雞。為費至少。使如是而足以供。則彘肉之價。常較他膎為賤。國日富庶。供之不足。其價因起。儲豢為梱。所費自增。而其價貴賤。與牛羊肉上下之間。則又以其地產農事不同為判。法國牛彘二肉價埒。而英國則彘肉貴於牛羊也。

英國雞豚。降而愈貴，考其所由。則自田法之變零畝為縵田始。夫農業日精。則所耕之田冪彌廣。其理固然。然自斷畦零畘。前為小民所主者。無以自存於其間。則雞豚下生。必以騤貴。蓋田家雖所耕至狹。而二彘五雞。不俟費而辦者。猶邑居人家。雖窮簷猶畜貓犬也。朝脯之餕。湩酪之所棄。益之以溝塍之可獵者。常足給其糧矣。至於變為縵田。一家所耕。連仟越佰。夷蕃平壟之後。棲畝之餘糧既稀。繞屋之微生自寡。供少求多。其入市之所名亦以貴矣。使其民生猶進。則價且日騰。騰極而後區專地儲專糧。以豢畜之者。其費乃有所出。其勞乃有所酬，則其產遂源源以不竭矣。

湩酪之產。與雞豚同。始於田事之無棄。蓋有田必畜牛。而數牸所出之乳。以哺其犢。飲其主人婦子不盡。其為物易敗。一歲所出。時寡時多。春夏藏斢。不過六時。不飲可棄矣。由是而揭之為酥。挏之為腼（俗呼牛奶油。）前之不日者。今可以旬矣。入之以鹽可以年矣。更壓而堅之為爆蠡（俗呼牛奶餅）。則可以儲數歲。一家享之不盡。持之入市以售。然所得必與勞費當。夫而後可以不倦。使其甚賤而不與勞費當。則價無聊者。彼亦出之以無聊。一宅之中。無專室以為此庖湢藩溷。恣以為之。味餲色惡。有固然者。此三四十年以往。蘇格蘭之乳油乳餅。所以舉不足道也。大抵湩酪之貴賤。與膎膳相表裏。蓋惟芻牧善。而後膎膳精。亦惟芻牧善。而後湩酪美也。此由民生日進。食肉者多。多而價貴。貴而以為專業者。有以償其本息。酬其勞費。彼乃區極腴之壤。以牧以芻。畜多牛而以挏酪為專業。至於此時。其價乃極。英諸部中湩酪價極者多有。故轂牛之場多上腴之壤。蘇格蘭則不然。舍都會之旁。其價皆劣。故南北二產之高下。視其價為差。價之高下為因。產之精粗為果。由價賤而後產惡。非產惡而後價賤也。

由是而知。道國之事。欲四境之內。莫不盡闢。而有以充地力之所能生。非物產各極其善價不能。極其善價奈何。使其地所收之租。等於上田。使役財勞力者之庸息。等於為稼。蔽以一言。利必敵耕而已。夫物價極善。一事也。土地盡闢。又一事也。顧前常為因。後常為果。欲地力盡而物價未高。必無之事矣。且此物價之高。非銀多所為之謂。銀多所為。僅其名耳。非真值也。百產充溢。民業日蒸。有其求之。而後勞苦勤劬。為之致物。則其所以待而沽之者。不在虛名之銀數明矣。總之民之勤而脩業也。志以求益。不以為損。使登一產而入市取酬。不及前者所出之勞費。則損也非益也。今使道國者知田疇治闢。地力充盈。為有國者莫大之公利。則當知物價踊騰。為其事之先聲。舍此其境無由至。固當目此為幸福。而奈何轉以為憂乎。彼求國富而以物價之長為憂者。無異求一身之康強。而以加餐為大戾也。

案。華人嘗言西國稅重。中國稅輕。西國物貴。中國物賤。二皆實錄。

而常俗之情。且即以此為民生樂業之據。而豈知吾中國所以貧弱之由。即在此欲稅重而不堪。欲物貴而不能之故乎。

物產丙

此屬之物。其價亦隨民生之進而日昂。顧人力欲為之廣供。則或其勢有限而不可踰。或其情無定而難預計。以天時人事相資之不齊。故其價有時而跌。有時而騰。有時而不騰不跌。天之生是物也。常使之有所麗而後生。故其數必以其所麗者為之畛。如毛革然。國中所產之少多。常視其牛羊之數。而牛羊之數。又觀其農牧之業之何如。則前論所已詳者矣。

其為物相待之情如此。然則事之能使羰膳價善者。亦將使毛革市高。且其所高。宜相比例。是說也。使一國之牛羊。其毛革之銷場。與羰膳之銷場相盡。則必信而無疑。顧雖通商至狹之民。二者行銷。遠近絕異。則求得其情。固不能若前說之易易矣。凡羰膳之銷。以其易敗也。常域於產地而不過。愛爾蘭北美常醃之為脹膈脯臛以遠售。然為此者僅二國耳。至於毛革。雖遠可以捆致也。毛無所飭治而可行。革雖有所飭治其功亦寡。其為物。資以為材者多。故雖本國製造之業不興。而他邦工盛之時。其產亦因之而長價。

案。鮭菜果蔬。所以易敗者。緣風中有蟲。近自抽氣裝箭法行。食物不為天氣所蒙。自能經久。而一地所出。雖不必即銷。亦可致遠求售。以收大利。此法美澳二洲用之最多。近香港澳門各步。亦有此製。其為益民生甚大。亦斯密氏所不及見者也。

農事鹵莽。戶口蕭寥。往往一畜之價。所存於毛革者多。所資於肌肉者寡。吾友哲學家休蒙言。英國當撒遜之世。一羊之值。什四在毳。又吾聞西班牙往往殺羊非以為肉。為得毛毳脂胔以售。至於全體。常委積野間。飼彼鷙鳥猛獸。而南美智利蒲恩諾查。中美之海梯島。其殺牛常為皮革。較之西班牙乃或過之。肌肉之賤如此。

民生進而戶口蕃。境內牛羊。因而得價。然其價見於肌肉之價者多。見於毛革之價者少。肌肉之市。盡於本境。故人口眾而求之者增。其價以長。至於毛革。則其物本可以行遠。故不以產地之銷場為重輕也。然使民業日盛。製造功興。則前之運致於外方者。今則內銷於產地。如此則運費與折耗可省。而其利則產毛革與治製造者分得之。是故民生日進。毛革價長。雖不若肌肉之多。然亦終於所進。至有減跌。則必無之事也。

羊毛一物。其在英國。有獨異而不可以常法論者。蓋英之戶口日蕃。而製造工商之業。今亦勝古遠。獨羊毛之價。則古鉅而今微。考一千三百四十年當義都活第三之代。羊毛每拓特值十先令有奇。此為今弊三十先令。今之羊毛每拓特以二十一先令為善價。是徒以市價言。古之於今。猶十之於七。其賤固已多矣。以真值言。則相懸益遠。真值在麥。古麥每括打常價六先令八便士。故古之十先令為麥十二布歇洛也。今麥每括打常價二十八先令。故今之二十一先令。為麥六布歇洛也。然則以真值言。古之於今。猶十之於五。其相去不更懸哉。顧吾前謂毛革價跌。為理所必無之事。而英羊毛之價。乃古鉅今微如此。則知其非任物勢之自然。而必由人力之強致也。其強致奈何。曰為之法令。使不得任其自然之勢而已。其為之法令奈何。曰。禁其出口。一也。由外國至者。不加征以徠之。二也。屬地之所出。必銷本國。禁不得售之他邦。三也。以三令之行。英之羊毛。遂不得他之以趨善價。而西班牙愛爾蘭之所出。又使之常為競於國中。此英之羊毛。所以古貴今賤。而愛爾蘭罽毳之業。亦以不昌也。

案。前數令。皆於道光五年論罷。而道光二十四年。英羊毛之進出口者皆不征。

考古皮革之真值。視毛毳為尤難。蓋古毛毳。制為常貢於王。有司以時疇其價值。而皮革無此。雖然往者佛理禿以搜討之勤。常得之於鄂斯福教寺之紀載云。一千四百二十五年市價。犍牛之皮五。為價十二先令。牸牛之皮五。為價七先令三便士。二歲牂羊皮三十六。為價九先令。黃犢之皮十六。價二先令。其所標識如此。自今觀之。則此時國幣之值倍於今。其所云十二先令者。猶今之二十四矣。以五除之。得四先令九便士半。而今中等犍牛之皮。約十先令。是以市價較之。古之皮價。不及今遠矣。更試即麥以求其真值之上下。此時麥每括打常價六先令八便士。故十二先令可糴麥十四布歇洛又五分布歇洛之四。今麥價每括打二十八先令。則十四布歇洛又五分四之麥。需價五十一先令四便士。以五除之。是古一犍皮。抵今十先令三便士所糴麥也。然則執古較今。市價雖相倍不啻。而真值則微跌也。至於牸牛之皮。比例亦爾。而牂羊皮價。則古過今遠。蓋古售羊皮。常與其毳偕。其黃犢之革。在古甚賤者。牛羊價微。犢生不牧。則殺之以節乳。此在蘇格蘭三十年前尚如此也。

而其所以然之故。則亦政令之所為。其事雖未若羊毛之多。然亦未任自然之致也。如近日皮價大賤。因獺皮免征。而愛爾蘭及北美所至牛皮。皆與豁除之故。故通百年之價而取其平。則今之皮價。於前為稍貴。特無多耳。皮革為物。與毛毳殊。以之久藏行遠。皆有朽蝕之慮。苟鹽之使鹹。其品斯下而利亦減。故其物在不製造之國則廉。在製造之國則貴。在蠻野之部則廉。在文物之邦則貴。在往古之世則廉。在近今之世則貴。英皮革之不日貴者。固有或沮之者矣。國家待攻皮之工。常欲其價之歲減。

則以政為之。於是其價若反於自然之例。雖然。吾例實自行於其間。未嘗反也。

田野已闢。生齒已繁。則此令所為。於野業之民無損。毛革雖以其令而賤。而肌肉亦以其令而貴。夫民區中耕之壤而為牧。其畜之價。必有以償其租庸息者。不償於毛革。必償於肌肉。不償於肌肉。必償於毛革。二者相為消長。苟全畜之取盈。於其計為已得。而孰多孰寡之間。農牧者所不甚較也。而於食肉之眾則有殊。田野未闢。戶口彫疏。其事反此。蓋牧而不耕。一畜之利。毛革居其大分。肌肉之所出。供常過於求。故其價不能起。而皮革之價既落。租庸息與之俱微。使此時而毛革出口之禁行。其病國不僅使地力不盡。田價日微而已。民生一切進境。將從此而不興。世常謂英之此令。始於義都活第三。非其實也。

案。凡論物價。當先知其物之為正產副產。每有一正而副者不一。使副者得利。則正者可以至賤。此如今時南澳洲羊毛價大昂。其肉價則名存而已。淺人言價。往往不察其然。居今論古。徒執正產之廉以相詫。不知此正如斯密氏所云。主者但籠統計利。不較其為正產副產也。

大抵羽毛齒革之業。皆有所限而盛衰無定。不若產乙之可與民生偕進而無窮。為致力者所可操券。其有限。以其地所產之有數。其無定。以他處所產之難稽。其難稽不僅在所產之幾何。而在所不自製造而以外輸之多寡。使其自製造。又視其國進出禁令之如何。故其事純非操業者所得主。吾於此屬物產。所以云能事有窮。而其利不可預計也。

物之有限而難定者。殆莫如魚。民居距海有遠近。其地之江河湖陂有多寡。其產魚有稠稀。凡此皆限之之事矣。戶口既滋。魚之銷場益廣。捕魚者非益其勞費為之。不能副也。且所增之勞費。常降而益奢。不僅與求者之多為比例。昔者登市之魚歲千。今之登市者歲萬。則漁者之勞費。不止十倍於前而已。欲求多魚。勢須遠去。艖艀小舟。不足周事。則必有駕海之舸。而篗網帆索。舉以益繁。而或為其力所不能辦。求多供少。其價益高。此漁者所同歷之境也。其為無定。非謂得魚之數也。列笱扈。具網鉤。一日所得。即不可知。然使通四時合數歲計之。其為數當不遠矣。顧吾所謂無定者。以其事牽天繫地。不以人事為程。國富而民勤者可以得少。國貧而民窳者或以得多。其事之興衰。不必由於民生國財之進退。非所謂至無定者耶。

案。計學家羅哲斯云。斯密此謂勞費之增。出於求者加多比例之上。乃獨指此屬物產而言。至於常法。則銷場彌廣。產費彌輕。蓋求之者多。則供之者勸。且由是而分功彌密。作術彌精。故有產費彌輕之效。然羅與斯密均得一而失一也。凡地產之興。有大小還二境。二境之間。即斯密所稱之產限也。凡為地產。無慮皆有小還之日。故國土養人之量。將有所窮。而過庶所以為禍。此例所關至鉅。乃後賢所立。而斯密與羅或所未窺。故其說各明其一如此。

至於礦產。取之地腑。登諸通都。其事固與民力相引為無窮。而不必有限制。特其利至無定耳。國內金銀之多寡。不關礦之腴瘠有無。而常以二事為差。一視本國民業之盛衰。一視同時宇內所開諸礦之肥瘠。使其國工商興盛。出物繁多。則所轉以與金銀為易者自眾。而二品之出於本國。抑采自他邦。無所異矣。又使宇內之礦。產之非難。則其流轉世間。用為易中者日溢。其國中雖無一礦。黃白趨之。若眾流之匯大壑矣。支那印度。國中無礦。其去南美祕魯智利諸部。夫豈不遙。而金銀之湊於其市者。不以是而沮也。且由民業日盛者。金銀雖多。其價不跌。民庶則功力之庸率必廉。積貯多則所出以為易者眾。此金銀易權所以常大。也其由礦肥者金銀日多。價乃日跌。其所跌之數。若常與礦之所溢。多有比例。此前論所已詳。不必復贅者矣。

夫宇內民生。降而彌進。則見礦之肥磽。所采之豐儉。要亦自為一事。而與國用之盈虛。閭閻之舒蹙。所係蓋微。民智日崇。人跡所通。日以漸廣。新礦之出。今易於古。此可知者也。舊者之寶藏既竭。新者猶閟而未開。則不可知者也。采取金銀。其利最為難恃。必待其產之實興。而後可言得失。否則擲資虛牝。覆車相尋。可勝道哉。繼自今或新覓之礦大肥。出金如邱山。或降而愈艱。腴者既盡。瘠者方來。凡此皆難預計。而吾學所可言者。則民生國用。不以為殊已耳。夫謂由金銀之數有多少。泉幣之值有重輕。由泉幣之值有重輕。百貨之所名以異。說亦近似。雖然。其名可殊。而其實之多寡盈虛。不可變也。使金銀而大有。後之有一先令者。其用同於一便士。使金銀而大耗。後之有一便士者。其用等於一先令。國幣之所準。固大不同。然而當其有先令。不比便士而加富。當其無。便士不比先令而加貧。其為異將徒見於盤盂器飾之間。多而賤則增華。少而珍則反樸。舍此而外。非吾之所知矣。

案。斯密氏之論金銀也。可謂獨標先覺者矣。先是歐人覘國貧富。必以金銀之多寡為衡。自斯密論出。群迷始寤。名理之言。有裨於民生日用如此。雖然。自今觀之。亦少過矣。彼當物論晦盲。意不如是。則無以收廓清摧陷之功。故寧為其過而不暇審其平。言所為各有攸當也。顧金銀為用。其於生財。又曷可忽乎。使懋遷既廣。而易中之用。不得其宜。則在在將形其觝滯。故其物一時之甚少過多。均足為民生之大患。

今主計者求其國金銀本值之恆。則固不可得已。然而事制曲防。期於其變之漸而舒。則國家之大政也。比者中國銀值之微。較之三十年之前。幾於三而失一矣。凡吾民所前奮三倍之力而為之積累者。乃今僅有二焉。銀之所積。損之所在矣。合吾國二十餘行省而籌之。則坐銀跌而國財受削者。豈其微哉。豈其微哉。

又案。羅哲斯考金銀出地之數。自道光己酉至光緒戊寅。金總值八百五十一兆鎊。銀總值四百七十二兆鎊。

以下結論銀值進退之理。

言計者言人人殊。要皆以金銀寡少。國中物產價賤。為化淺國貧之明證。自不佞觀之。化之淺深。國之貧富。與國中金銀之多寡。判然兩事。絕不相因也。由金銀之珍少。所可推知者。不過其時宇內所治見礦。瘠而不腴。金銀猶貨也。流入人國。必有與易。貧國之物產彫稀。富國之物產盛侈。當其取易。必不能貧國之所與易者反多。而富國之所與易者反少。明矣。若謂金貴物賤。則必化淺國貧。又何解於支那金銀大貴。物產功力甚廉。而其國反富。大抵操前說者。徒見年來歐洲各國治化日亨。民業日繁。而金銀亦日多且賤。二者同時並覩故耳。而不悟二事雖同時並覩。而致然之故。則各有其原。不相涉也。金銀之日多日賤者。起於美礦之特腴。此為偶然之事。非民力所能為。而治化日亨。民業日繁。其原甚遠。往者吾洲原為據亂之世。蠹居基處。各各厲民。民奮其勤。不食其實。比者景運肇開。長夜時旦。由據亂而轉為竝治之規。無限君權。稍有所制。勞民歌詠勤苦。各食其所自生。政公刑平。而無侵牟奸欺之慮。農工商賈。浡然奮興。此國值之所以增。民業之所以繁。夫豈美礦腴瘠金銀多寡所能為哉。且必謂多金為富。則曷觀波蘭。今者各國之治皆新。而波蘭獨否。然其國所產穀麥。市價何嘗不增。其國之金銀。本值何嘗不賤。乃其貧陋。無異厥初。其金銀固日進矣。其歲收地產。則未聞緣此而加多。其農工諸業。亦未聞緣此而治巧。其敗法亂紀與凡其閭閻之所嚬蹙。又未聞緣此而蠲除也。金雖多。何益乎。若以是為不足。則請更觀之西班牙與波陀噶爾。是二邦者。非獨有南美腴礦之國乎。試入其地而訪其俗。則其貧陋。去波蘭不能以寸。若必以金銀之多寡。覘人國之盛衰。將金銀之多且賤。莫茲二邦若。何則。金銀固由彼而後散諸各國者也。美礦之所出。彼全而收之。出國則有舟車之費。保險之費。即闌出邊關。亦有偷漏之費。故至各國者。終不若在彼之廉也。其國金銀之數與歲登之物產。比例為多如此。而尚不免為貧陋之國者。何也。則其治雖離乎據亂之規。而君民相與之際。猶未進於文明之實故也。金銀之多且賤。既不足為富教之徵。反是而少且珍。亦不足為貧陋之驗矣。

雖然。有一類焉。使其價過賤。則以決其國之貧。其民之野。十可以得其七八也。如牛羊。如雞豚。如雉兔。使其物甚賤。則由之而可推者有三。知其國之田狹。而山林叢薄之廣。一也。地價甚微。而未闢之地猶多。二也。其積畜與人民之數。與其地不相副。三也。蓋物值之貴。所由來二塗。或以戶口之蕃。民生之進。或由礦產之多。易中之溢。二者不相亂也。由易中溢者。物值之騰。徧於百貨。或參而增一。或伍而增一。其所增之率。必與銀本值之所減者同。由民生進者。則入市之貨。騰跌不齊。即其悉騰。騰率亦異。此如本稘英國諸產。所貴至多。而麥價所騰者甚少。知不止因於銀跌矣。蓋麥價本稘六十四年以來。較之前稘尚為稍減。此不僅吾英溫則市紀為然。蘇格蘭各部司均（主平市價之官）之所著錄。法蘭西梅山斯杜不黎二家之所討論。皆相脗合。食貨一事。向為繁碎難稽。今之確鑿如此。殆前人之所無者。至於輓近十餘稔麥價之大。則天時使然。不由銀跌。益無疑義。觀此則知時俗之說。至為不根。而非考諸實事者矣。

或曰。同是銀也。在前稘則所易者多。在近世則所當者少。此之事效見前者也。小民勤苦。歲進幾何。乃握銀入市。終於受損。斤斤然審其事之起於銀多。抑其效之由於物貴。二者雖分。於小民固何益乎。應之曰。是固然。今夫言計者。於一物價之低昂。必明辨博咨。至於得所由然而後已者。非曰以此之為。彼小民將知買賤而售貴也。吾聞為治之道。視已成事。知所由然之故。而後有以為後事之師。故於民生之進退。務知進退之所以然。此最初之學也。今者百物之價。降而日昂。此其故或由於銀賤。或由於民業之蒸。使由於銀賤。則可推而知者。不過美礦之盛晧。而吾國財之實境。與夫地利民力之所歲登。若波蘭波陀噶爾之日退可。若荷法諸邦之漸進可。舉無以定之矣。使由於民業之蒸。則吾國百年之中。地力必盡。田野必闢。嘉穀之農必益多。倉箱之積必益盈。治化必日益休。風俗必日益美。胥可一言斷之矣。所關顧不大耶。且一國之財。土地終為其大分。而為最恆最重之民依。使吾黨之勤於此。而得其定論。有益來葉。豈可數計。不然。吾何取於勞精苦思。而為無益之分別耶。

案。後之計學家。皆謂土地人民。雖生事所必資。而不得名為國財。國財在所積貯與其民之能事。今斯密氏以土地為國財大宗。蓋當時計學家之說。後賢所不由也。

且其用不止此。輓近勞力小民。每以糧食之日貴。訟言庸率之宜加。

聽者莫衷其說。此亦今日言計者之一大事也。使前說明。則庸之宜加與否。可一言決矣。蓋使其事由於銀賤。則力庸之率。自所宜加。而加宜適如銀價之所賤。使不由此。而由於土地之日闢。農事之日精。則庸之增否。與增之比例。必審計而後得其平。不若前者之易易矣。今夫民食非他。穀與蔬肉已耳。耕牧之利既均。則膎膳之價。必昂於往日。然而肉食貴矣。而瓜蔬之價。將以其物之日穰而日賤也。彼芻豢之所以貴者。因區中耕之壤以為牧。牧之利必均耕。農與田主乃勸為之。農之贏。主之租。皆不下於耕而後可。而瓜蔬之所以賤者。因其地沃而所植蕃。地沃故畦冪省。而用力舒。植蕃故薯蕷、蹲鴟、菰蔣、印稻。（玉米西人呼為印度米。）種皆外來。移植英地。裨益民生者至鉅。且求者日多。則供者日奮。若蘆菔椰菜。昔之種以臿者。今則種以耒矣。故農事日精。民食有其不得不高。亦有其不得不賤。衡量二者之間。而審其相補之何如。何物於此民為急。何物於彼民為輕。而後有以定其庸之加率。此非靜諦之士。固不能矣。百年來吾英膎膳之價。舍彘肉而外。固莫不增。然至此殆將極而不過。設他日者他畜之價又騰。如雞豚、如鵝鴨、如雉鹿、如魚鼈。於小民固無傷也。何則。肉食之所費。不敵其蔬菜薯蕷之所贏也。最後數年。以天時不齊。麥價陡高。誠編氓之所苦。然使歲僅中收。則麥價平。有含哺之樂。他物雖貴。無害於民。故民生今日。所困於生貨價高者遂寡。而受累於熟貨稅重者轉深。若鹽、若鹻、若皮革。若氈罽、若麴蠟酒漿（謂麥酒。）之數者皆民生日用所不可無。而常困於賦稅。則人事之不臧。而非天時地利所馴致者矣。故吾乃繼今而言熟貨。

案。近百年來。英國肉價日貴。而蔬穀之價日平。戶口降而益蕃。是農事日精民食日高之言益信矣。

以下論民業日進。其效見於熟貨者。

民之生業果進。熟貨之價。莫不趨廉。此其故不難知也。手足巧習。機械益精。其分功部署之法亦日善。用力寡而成功多。不如是則無所謂進矣。雖此時功庸之率。莫不增多。而二者相較。常大有餘。此熟貨之所以賤也。有一二事焉。以其坏樸之材日貴。則民業雖進。亦有不見廉者。如梓匠之事是已。若其材所貴者微。則其價亦日落。本稘以還。熟貨之降賤者。莫著於下金之成物。時表之內機。昔之以二十鎊售者。乃今不過二十先令矣。是所減者二十倍也。他若刀劍。若鎖鑰。凡蒲明罕與薛非勒二部之所出。莫不如此。特未若時表之多耳。是二部之所產。令歐洲他國為之。雖再倍其值。所不能也。此他國工所自言者。蓋其物分功之密。機械之精。若不可加。故能成物之廉如此。

罽毳之業。價減亦微。三十年來。呢質日精。其價亦比例而貴。或謂由用西班牙羊毛。其約克沙所織。用本國羊毛。則其價見減。此皆未為定論。第其價所不見廉者。百年之中。織罽之功。進者甚少。所用機器。亦不逾前。然終有少進。其價亦稍減也。若取其遠者與今較之。則織事之精粗。呢價之廉奢。皆大可見矣。一千四百八十七年。當英王顯理第七之四載。令曰凡國中所售呢。無論上下赤經。抑他經法。其零售價。每碼不得過十六先令。違者依所售碼數。碼罰四十先令。由是知所稱每碼十六先令。抵今幣之二十四先令者。為當時常價。而市中之價過此者有之。今上上呢價。不過碼二十一先令。是即品色相等。呢價所減已多。況古佳呢不及今之中品。而以真值論。則其時之十六先令。為麥二括打有半。以今平價每括打二十八先令言。是猶三鎊六先令六便士也。是則。古今呢價之差。古三鎊有餘者。今則一鎊。其所減三倍不啻矣。

熟貨市價代減。粗者已甚。精者尤多。一千四百六十三年。當英王義都活第四之四十三載。令曰。凡田傭若僮僕若郊鄙之工。其所衣呢價。每碼不得過二先令。此今幣四先令也。今約克沙成罽。價如此者固是佳品。非當日田傭賤工之所能望。且二先令古為麥二布歇洛有半。在今值八先令九便士。然則當日每碼之呢。小民所以為易者。猶今之八先令九便士。可謂奇貴。而當時制令如此。則非不常之事可知。又同時令云。小民不得服織韈。其價乃十四便士。於今幣為二十八便士。以麥課之。則抵今五先令三便士。使今日小民。有以此數買一雙韈者。人將云何。吾聞義都活第四時。歐洲少知織韈者。其所用皆以布若罽縫合為之。此織韈之所以貴也。英人用織韈。自額理查白君王后始。聞乃西班牙使者之所獻也。觀前事知細貨之價。所降賤者尤多矣。

案。額理后始以絲縷自織韈。非始服織韈也。斯密所云少誤。

織造之業。無間精粗。皆古遜今遠。蓋二百年來。織造之業。機器之用。有大進者三。而小者不計矣。其三維何。一曰紡機。二曰經緯之機。三曰碾機。其在紡機者。則改紡輪為排籆之架。已事半而功倍矣。益以織機之用。持耑引緒。經緯理極。化織事之至繁者為極簡。又前者已成匹段。必入水躄踏。而後堅緻。需力多而歷時久。自碾機出而功省布密。蓋十六稘已前。英倫暨歐洲北部諸邦。水碓風輪。罕知其用。知者獨羅馬舊邦之義大利耳。製造之業。古窳今良在此。古貴今廉亦在此。其成物也。勞費既滋。其登市也。索賴自奢。不易之理也。當日英倫工業。與今淺化不進之國正同。一切粗确之熟貨。大抵家而為之。無店肆大廠之事。且脩之於農牧之隙。雖收成貨之利。不必視為專業以資生也。故其勢能廉。至於精細之功。則固古英所無有。必富厚鄰國如伏蘭德者而後脩之。彼則資生專業。其勢不得甚廉。且由外而入。則有邊關之稅雖其時護商之法未行。而國中長者貴兒。居養甚豫。遠方異物。欲其輻湊。未必為重征。使之裒足。而征而價增。則所不免者也。由是知織造之貨。其價精者降多。粗者降少。蓋粗者由廉降廉。所以見少。而精者本貴之賤。所以見多也。案。此與今英情境。固大不侔。今英一切熟貨。無不降而日廉。機器之用。仟佰於昔。分功之細密廣遠。幾於不可追求。且舟車大通。懋遷有無。徧諸大地。則資財坏樸。亦無由貴。故製造之事。力庸增長。雖已數倍往日。而物之廉賤自如。此其為功。豈僅計學一端而已。若測算若格物諸學。皆實為之。培庚有言。民智即為權力。豈不信哉。

以下通結本章論租。

此章本釋租之言。而益以二金消長之所旁逮。物產貴賤之所類推。遂使文辭宂長。然尚有未盡者。則謂民至合群成國。其中一切進化利民之事。凡可使地產日增。民生日裕者。無一焉非有土者之大利。其為利也。或徑而得之。或紆而後見。要皆使租稅之日多。地主馭功致物之權日重而已。

自其收利之徑者而言之。則為之而租增利饒者。莫捷於田野之治闢。田野治闢。所穫加多。所分之租。比例而鉅。此最易見者也。且此產真值增多者。田野治闢之第一效也。而地產值增。則田野亦將以愈闢。故始也地產值增。為田野治闢之果。而繼也地產值增。轉為田野治闢之因矣。二事相為因果。如牧事以牛羊價昂。而地租遂長。且其所長。常不止於價昂之比例。即此理也。夫田治。彼地主之分租既多。而產貴。則所分之真值又長。是地主之利再進也。且利之因價昂而進者。其產之固。無俟加勞費也。故發貯之農人。勞力之佃者。受其常贏常庸而已足。則農佃得其少分。而田主享其大分。又何疑焉。

更自其紓而見者言之。物產既充。國中之熟貨必賤。蓋分功繁。民增巧習。而為之者疾故也。夫云熟貨賤者。與云地主易權日充田租加多。異而無以異也。分於田者。為一身一家之奉而有餘。則出之以與國人為易。其所易者。十八九皆熟貨也。而熟貨又適廉如此。則地主之利又進。而生事必需之餘。舉凡適意娛情。華炫玩好之事。相因起矣。且積貯豐盈。生之者眾。故其國無遊民。無遊民則緣畝者多。積貯充則食功者眾。物產滋而民獲其依。則租稅雖深不病。故曰無所往而非有土者之大利也。反是而觀。則田野荒者必生貨日以賤。熟貨日以昂。積貯蕩然。而民生呰窳。其為有土之大害。豈待言哉。是故善國租重而民樂。罷國租輕而民煩。案。斯密氏此論。與前者言地產之宜貴不宜賤。皆理財精語。學者所不可不知。原富一書。其有功生民。開悟來學。大抵此等處耳。

又案。生財之術益巧益疾。如講田法、用機器、善分功之為。固通國之公利。使生齒之繁不過。則力作小民。獲益最廣。所患者民愈愚則昏嫁愈以無節。故民智未開之日。生業之進。終不敵其生齒之蕃。雖有善政良規。於國計不過暫舒而終蹙。此則雖有聖者。所無如何者矣。

今者綜而籌之。則一國之內。地利之所歲出。民力之所歲登。無論以土物言。抑以所當之泉幣言。自然之勢。實區三塗。曰有地之租。曰勞力之庸。曰發貯者之贏息。三者民之所歲入。所賴以養軀命。繕家室。長子孫者也。然而國之財賄物力。固於三塗焉取之。而三塗之利害。與通國之休戚。則有合有離。是又不可不區以別之也。夫地主之利害。與通國之休戚。相為關通。已概見於前論。國利而地主不利。國害而地主不害者。未之有也。當國家有所廢興。群喙盈廷。各自為政。用有地者之說。常多是而少非。何則。人意多出於自營。此之自營。適與公利相合故也。所慮者學識之不明。更事之太淺。則亦有時焉不可用矣。蓋三塗之眾。此最逸居。心手不勞。以租自贍。往往咨以疾苦而不知。問以盈絀而莫辨。席豐履膴。無所用心。同與論一政之施。窮源竟委。所收效於事後者云何。斯無望已。其擅利勢以陵人。自是而愎諫。則又一事也。

若夫勞而後食之氓。其利害之與一國相關者。殆與前庸無以異。大抵庸率最優。莫若進治向富之國。中立不進。所得將微。故國勢進盛之秋。大利固歸於產主。及其衰退。其蒙罰尤酷者。又莫若勞民也。顧其人智識蹇淺。難與計事。與地主所因雖異。其效則同。所謂與群休戚之理。傭者末由知也。終身勤動。固無有考道問學之一時。且由其地勢以成心習。即使慧黠過人。為其佼佼。亦難使操國論而執事權也。是故群有大議。小民之所呼籲者。世常弁髦置之。其有時挾眾喧豗。則往往為狡者之所指嗾。而其所持之說。甚且與其眾之私利相逕庭也。夫亦可閔也已。

其三則有發貯逐利之家。賃傭鳩功之主。自無母財。則贏利不生。故其眾為有國者所不可廢。操奇計贏。心計獨精。而勞力執事之夫。待其餼養指揮。而後有收利生財之效。獨是贏息之進。與租庸殊。租庸。國休俱休國戚亦戚者也。贏息之利。與國相反。民貧而後子錢加。國彌富則息率彌微。國治衰退。民生困窮。息率彌大。至其極高。其國與群。殆將亡而散矣。故彼與群相待之際。異於前者之二民也。工魁駔賈。役財最多。以其殷實。常為一國之所重。且計慮精審。為田主工傭所不及。持說巧密。

信從者多。然其意之所主。常以其業之利害為先。而一群之甘苦為後。則難用也。譬如今之大賈。常謂國宜廣銷場。而狹市競。而後國富乃蒸。不知云廣銷場。固邑野二業之大利。而狹市競。則壟斷辜榷者興。物價日騰。資物產者將失廉而得貴。而小民之生計日艱。此與無名之賦又何殊焉。於彼誠利矣。而於群何益乎。故商政之議。而出於商。不可不諦聽而深察之也。彼非樂於害群也。一家之私利。與一群之公利相違。則逐一己之利資。於群不能無損。及其已甚。顧利否耳。雖罔民病國。何憚焉。

案。斯密謂役財者之利害。常與國群之利害相反。言稍過當矣。其謂叔季末流。子錢日鉅。夫豈不然。然此特保險費多。非真贏也。至於敝極之時。則強梗詐偽。侵欺蠭起。彼役財者庸有利乎。故亂國之厚息。不若治國之薄贏。政謂此耳。總之生財之術多門。而民富必基於政美。使刑罰不中。法令冒黷。則倉庾筐篋中物。凜凜乎且不可恃。況乎所仰望而未收者耶。必謂貧國退治。而後子錢日大者。亦非摯言。進境之國。地廣物蕃。可興之利未艾。當此之時。民求母財之用最殷。以其遺利之多。故子錢之酬亦厚。此政贏息最大時也。斯密前者釋贏之章。所舉北美墾地。事政如此。豈忘之耶。吾意斯密之為此言。意中必有所指。懲議院之過聽。遂不覺其詞之失中。計學所明之理。宜為千世立程。不得以一時之用心。使其理失實而有漏也。中國此時貣貸子錢亦重。此半坐民不相任。半坐立事方多。使繼今以往。鐵路宏開。遺利歲出。子錢之率。勢必大增。使不大增。必由二故。中國自立銀號。章程詳善。民出滯財。無所疑慮。一也。殷實之民。儲財外國銀號。經其擇保出借。亦可無憂。二也。由前則中國之利。由後則中國之損。主國計者其審焉。

又案。釋租為全書最繁重之章。其中雖不乏精湛之言。而於田租源委性情。顧均未盡。其論金銀二貨之消長。物產三類之蕃滋。與租涉者蓋寡。此在後之作者。方將特起章目。未必羼之釋租之中也。故後賢揚搉此書。僉謂此章最為斯密氏綆短汲深之處。其言未盡過也。格物窮理之事。必道通為一。而後有以包括群言。故雖支葉扶疏。派流糾繚。而循條討本。則未有不歸於一極者。斯密氏之言租也。不特不見其所謂道通為一者。且多隨事立例。數段之後。或前後違反而不復知。如章首謂地有主人。租名乃起矣。是其多寡厚薄之數。純出於田主之所為。乃入後又言租以地產豐嗇農力高下為差。如是則多寡厚薄之數。又若非田主所能為矣。於一業則云。租者物價之一分。租長則價加。租因而價果也。於他業又謂租之能進。由價之昂。租果而價因也。即其區物產之有租無租。其說亦非至碻。無他。理未見極。則無以郛眾說以歸於一宗。即有奧旨名言。間見錯出。而單詞碎義。固未足以融會貫通也。後此言計之家。思所以補闕拾遺。為之標二義焉。而求其極。其一曰知物。所以究租之為物。所與他利不同者為何。其一曰求故。所以討租之厚薄升降。起於何因。其說於此。多所發明。而英之計學家。則理嘉圖與其弟子穆勒父子為職志。雖德美諸家。於理嘉圖租例。尚多掊擊。而當世碩師。如倭克爾、馬夏律諸公。為之論定折衷。而後知其例之必不可廢。今以其例之所關宏鉅。乃取穆勒雅各釋租之說。譯附是篇。以俟學者之攬擇。並以覘學問之事。講而益密。彼前賢常畏後生也。

附穆勒雅各釋租。

田腴瘠不同。自山田犖确。沙田塿疏。澤田斥鹵之幾於無所收。等而上之。黃壚黑墳。上腴之壤。性品之殊。有不可以猝數者。其產穀也。雖在同田。其多寡殊。其難易判。譬如有田。始收十石。繼而倍之。再進而三之。其最初之十石易也。其進求之十石難。其更進之十石愈難。每進之所收。其勞費必深於前者。故例曰同田增收。後收之費。深於前費。

國之始闢。土之始耕。所斥母財。收利相埒。洎夫腴田盡耕。母充其量。後有繼者。事乃異前。故國土出穀之多。其量皆有所域。過限求進。勞費加前。故田功用本之情。可區為二。一曰大還。一曰小還。大還利厚。小還利薄。

小還之由。致之者二。或母施於新田。其土之腴。次於已墾。或施之舊壤。其用母已充。二者用母同而利皆趨薄。故曰小還。民之斥財而求利也。則以新舊之難易勞逸為歸。假如施之舊耕。僅添八石。別耕次腴。可致九石。彼必舍舊謀新。無疑義也。

案。此篇所疇田品。當兼腴瘠便左而言。其義始備。

今設疇地之腴瘠。為上上、上中、上下、中上諸等。而同田先後所施之母。降而收利愈薄者。命之為初度、次度、三四等度。自其初而溯之。當一群之始合。一國之肇興也。凡無有能生之田。勢必莫之為墾。降而有墾者矣。而田餘於民。所耕者皆上上。未耕者無所出。有欲耕之者。皆可奄其地。而名為已田。當此之時。田固無租。雖已經焚闢斬刈之田。與夫萊汙荒穢者有異。民耕前田。於已作治者恆有所納。然其納者固非租也。租者緣地而後有。此之所納。緣人之勞費而後有。則等諸用人之力。而予之以庸。用人之財。而予之以息。是固庸也息也。而非租也。故曰當此之時。田固無租。

群合而孳乳寖多。民食之所耗日廣。上上之田。轉瞬盡闢。苟求足食。不能不迤耕上中。抑具次度母財。而益耕舊治之上上者。之二事起。乃入小還。

當降耕上中時。假有人焉。具若干母財以治此田。其歲收僅及八石。而治上上者例得十石。則彼或求治上上。祛二石以易用地之權。抑姑治上中。收八石而無所費。二者之事。於具母者為利正同。但設為其前。耕有主之田。率什二以償主者。則租之名物。於此基矣。

更假有人焉。以謂具母而降耕上中。不若以此為次度母財。而仍耕上上之為便。顧其受母之量已充。大還之限已至。故初度之母收十石者。次度同母。僅收八石。此其事效。與前乃同。蓋自上上諸田受母之量既充。大還之限已極。十石之贏。必無從得。則具母治田之家。勢必以八石者為贏利之通率。以八石為通率。則主上上者固可與具母治田者為約。而得其浮於八石者以為租。故曰其與前同也。

循是為推。則知租之所增。以治田遞用之母財。收利之降減為比例矣。設究其說。他日戶口愈蕃。民食愈亟。上上上中。都已墾盡。不得已而降耕上下。其所收僅及六石。如此則上中之壤。必與升科。為率二石。其上上諸租。同時必進二而為四矣。假其即舊加母。以求多收。則為第三度母。其效亦與別地降耕者同。上中之主得二。上上之主得四。然則租之物情。大可見矣。民之役財以治田也。或用之異所。而有肥磽之殊。或用之同壤。而有先後之異。其計母課還。昔有大小。時至利分。其最小者。則為役財之家。贏利之通率。彼非不欲多也。人競於求利。欲增益毫末而勢不能也。過通率而有餘。則皆主其地者之所獲。是故租者可一言而界其說也。治田之租。大小還之較云爾。

即前之三租而明之。國田迤耕上下之時。則出八石之上中。其租為二石。出十石之上上。其租為四石。使不別地為耕。而母財悉施於上上。則以初度之收十石。次度之收八石。以與三度之六石為較。則初度之贏四。次度之贏二。合而征之。得六石也。

租之為例。其賅簡如此。而為用則至閎。顧彼持論之家。尚以是為不足者。則以謂田至各有主名之世。無不租而耕者。雖蘇格蘭極觳山田。治之者必有所納。厚薄雖異。為租則同。前說謂最下之田無租。無乃有未盡歟。

一例之立。難者環生。而察其難端。有為本例所深病者。有與本例實無損者。苟其無損。則難者之蔽。恆由二因。審理未精。不悟已之所持。無關立例之宏旨。抑守舊不化。遇有新理。樂攻擊而事吹求。今如前難所云蘇境山田未嘗無租。固也。而不謂千頃之田。歲納五鎊。析而著之。每頃之租。不過一便士之數。而每頃耕播之資。不下十鎊。則執多課少。其與於無租者幾何。固知此之區區。立例者雖心知其然。不暇計矣。

矧夫難者之言。固非實耶。難者徒知蘇格蘭事耳。不知宇內他邦。不耕無租之田。所在多有。使見亞拉伯之壤。自流沙不毛。至於沃野上腴。名品差殊。不可肥列。有地能生矣。而穫不償勞。則永無墾者。有地墾矣。而歲收微薄。養傭之外。羌無餘糧。則雖耕而不租者也。

國於員輿之上。其疆域稍廣者。皆有耕而不租之田。耕而不租者。其地之所出。僅足以敷勤動者之食而不能餘也。必升其租。其田立廢。吾英境內。亦有此田。山石犖确。叢薄蒼蘚而外。無或能生。蘇格蘭藪山之甿。無不納租。固也。而不知雖至劣薄之山田。其中皆雜有甚腴之澗壑。佃者動受數百頃於其間。乃計頃而納至薄之賦。取盈補絀。通其有無。苟執此而云石田有租。不大謬耶。

卷二

引論

民群肇合。無所用於積貯。積貯者。先事而事。分功交易。所待而後行者也。今其民旦暮之急。所欲甚微。日用所需。皆仰於一己。衣食則獵鮮而皮服。室居則復穴廬幕。倚樹牽蘿。無事於交易。無待於分功。則亦無用其積貯矣。是故初民無積貯。

降而通功易事之俗興。民乃知生事之資於一己者至寡。而仰於儕偶者至多。於是或即物相貿而為交易。或取用易中而為售沽。然是不可以驟至也。必已有其物而後行。欲已有其物。必有所業。欲有所業。其治業之際。必有以養其身力者。非有前積烏以養乎。且其業繁。則所以飭材庀器者。其事亦至纖悉。方其業之未卒。其物之未售。皆有待於積貯之日也。故曰積貯先事而事。否則事無由立。而通功易事之俗。雖至今不興可也。

積貯分功。二者相為用切。而相為始微。非積貯無以為分功。亦自有分功而積貯乃富。積者益厚。分者益繁矣。作者之人數。不必加多乎前。功分則為之自疾。而需材必多。所操者簡。新機將出。其為之愈疾。其需材愈多。故功既分。欲勞民之無棄時而曠業者。非積貯甚富不能也。稟食之費。即不必增。其物材之所需者眾矣。況功分利廣。食指必加也哉。蓋食工斂材二費。視分功之疏密而並進矣。故曰相為用切。然亦食指多而後分功密。故曰相為始微。

案。人群分功之事。莫先於分治人與治於人者。故積貯既興。則或稟之以勤事。或用之以督功。不如是則事不舉。然則謂有積貯而後有分功可。謂有積貯而分功自生不可。嘗見西人經營海外新墾地。往往人工未集。所挾貲財。坐食立盡。則莫相督之故也。故國無論古今。但使未實之地過多。田價甚賤。則其勢不能用雇工。欲地利之出而興分功之制者。非用奴工不可。五洲諸國。其始莫不有奴。而南北美洲掠賣黑奴之禁。至十九稘中葉而始效。中國僮奴之制。降及元明。不禁漸寡。至於國朝。不少概見。蓋生齒日蕃。其法無所利。則其俗不待禁而自去也。

為疾。必由積貯之多。亦積貯既多而為之自疾。蓋發貯食功之家。莫不欲循最善之程。出最多之貨。功之可分者莫不分。機之宜庀者莫不庀。而其為是之量。自視其發貯之厚薄。與所雇手指之多寡以為程。故國之富者其工業必殷。

案。積貯既多。為之自疾。其言稍過。說見前案。

以上所言。聊資發端。粗及積貯功用之大略。後此所論。則積貯為物之性情。與在國財之徵驗。凡分五章。首言積貯之所為分。次究一國見財之體用。次言財利生耗之大原。次指貣貸相通之公理。而以母財異用之效終焉。總是五章。以冀於儲畜蓋藏之道。物產生耗之端。粗有發明云爾。

第一章　論積貯分殊

享而有餘。庋以待需。是曰積貯。方一夫之所積甚微。數日兼旬。不濟將竭。惴惴然固守而謹用之。幸附益以時。俾勿匱。此凡小民恃手足以贍口體者。其積貲多類此。謂彼將斥之以規後利者。無是為也。

進而所積者厚。足支數月期年。則斥其多少以規後利者。恆智之所與也。旦暮之所資。固不能無以待。區少分焉以相支持。俟新利之生。足矣。是故一家之積貯。常可分為二物。一曰母財。一曰支費。母財者。食功發業。所斥之以規後利者也。支費者。即用即享。所區之以給旦夕者也。支費所由。不外三者。舊儲之財幣。一也。隨時所附益。二也。服器儲胥。方用未艾者。三也。

發貯食功。治業求贏。是謂母財。母財亦分二物。一曰常住母財。一曰循環母財。循環母財者。主於變易流轉者也。由財殖貨。由貨鬻財。財復成貨。周流無滯。而後利生。方財之在橐。貨之在庾也。既常為其一物。斯無利之可言。故必資於循環。常住母財者。主於便事益力者也。出財治田濬溝導鹵。而所收倍前。購設機器。建立行店。居以倉廥。行以舟車。有者利優。無者利絀。以其利在保持享用而不即毀也。故曰常住。生業不齊。而二本相待之率。因以大異。行貨之商。其倉廥舟車不已有者。其母財皆循環也。若夫居肆之百工。其母財則多常住者。然亦視其業而有多寡之差。縫紝之工。所擅以售業者。不逾鍼剪斗尺。至微約也。履屨之匠。其器差精。而所多有限。至於織工。則大過矣。大匠工師。役雇傭夥。常住而外。循環亦多。其傭工之廩餼。所業之物材。皆循環。所用之以畜材鳩工。而收利於成貨者也。常住母財。大者莫若大冶卝人。陶均之爐鞴。辟灌之礁捶。破山之鑽。戽水之機。其值動以鉅萬。自縫者之鍼。至於大冶卝人之機器。其間常住母財多寡之異等。殆不可以一二數也。

其在農功。則倉廩田器為常住。田傭廩食為循環。夫常住循環皆以規後利。而所以得之之道不同。常住者。以宿留而得利。麗於主人者也。循環者。以蠲施而得利。離夫主人者也。譬之用兵。循環者所以為戰。而常住者所以為守。是故田畜馬牛。以其值言則為常住。以其食言則為循環。前以宿留。後以蠲施。而後利出也。等田畜也。養之不以力田。而以入市。盡循環矣。不以力田。不以入市。而以其毳酪孳乳為利資。又為常住。而其芻豆萁莝之屬。則循環也。至於穀種。由倉而隴。由隴復倉。可以為循環之母歟。曰非也。其為物未易主也。未蠲施也。農之所售。非其種也。售者其種之所孳生。則亦常住而已矣。蓋二者之分如此。

國之積貯。編民積貯者之積也。故亦區之而為三物。曰支費。曰常住。曰循環。一者所以養。而二者所以生。

一曰支費。凡國民所即用即享即耗即銷者是已。其異於他貲者。曰不規後利。類而言之。若積倉餱糧。若衣裳冠屨。若器械供張。若陳設玩好。久暫不同。消糜則一。即國中之居室屋廬。亦從此屬。夫居室屋廬者。國財之一大宗也。於是疑者曰。謂廬舍為支費者。若民之營築以自居是已。獨至繕宮室以賃人。其歲月所收之僦費。固明明後利也。而猶不得謂為母財者何居。曰是猶有辨。所謂宮室者。非人人所私之宮室。乃通國所有之宮室也。故雖繕以賃人。自主者之私言之。則為母財。自一國而觀之。則猶即享即用之支費耳。不得以為母財也。蓋曰母財。則有所生。彼僦屋之所歲納者。其財必由他道。若土田之租。若人力之庸。若母財之息。出之於彼。用之於此。不自屋生也。既無所生。斯不稱母。是故自通國而觀之。雖閈閎壯侈。觀闕崇隆。於其母財。不加毫末。若必自一家之私者而言之。則豈徒室居之大者而已。將衣裳器械玩設圖書。苟不自用而賃人。則皆有所收利。如常用之供張。間用之翣車。以此賃人。隨地而有。究之其物皆無取於生財。則同為國中支費已耳。支費之糜。宮室臺觀最久。數百千年者有之。降而械器之數十百年。衣裳車馬之僅以年月。肴饌酒食之盡於一餐。久暫懸殊。要為同物也。

支費而外。則皆母財。母財首常住。常住所與他母財異者。在不必易主而利生。一國之中。所可指為常住母財者。有四屬焉。一曰機器之屬。凡善事之器。益力之機。生財事均。以得其物而生之益疾者。皆此類也。二曰倉廩之屬。其為物與支費所屬之居室屋廬。物同而用異。居室屋廬雖有僦賃之利。而利不從生。倉廒屯棧。列肆行店。其僦賃費同。而用者有生財之效。則其物固與機器等耳。三曰積功。則凡綢繆修治之費是已。譬如民有土田。斥其積財。以芟夷蘊祟。濬治培壅。使其地美。有加乎前。又如國家平治道塗。削險填塹。開瀹河漕。用利舟車。凡此亦費用於一時。利收於他日。而其利用之永久。方之機器為有加。四曰能事。凡從師服習之費是已。夫民非生而巧生而習者也。固必先有其勞費者。所學所肄者其業。而工巧便習。被乎手足耳目心思之間。而生財之功。於以益疾。其為物與前三者。雖有虛實精粗之殊。而理無以異。故同為常住母財也。

其次曰循環。循環者。必經轉易而後利滋者也。一國之中。所可指為循環母財者。亦有四屬焉。一曰泉幣。一國一時之見財。所資之以為易中者也。泉幣自為流轉矣。而百貨亦待之以流佚散於國中。使民各得其所用享。各收其所分有者。故泉幣者。循環母財之魁首也。二曰食穀之在農。肉之在屠。牛羊鴨豬之在牧畜者。酒漿之在釀製者之家。皆必待售而後利出。三曰材。若布帛若金若木。凡工之所資者是矣。即如工之所致。若絺綌若械器若室廬。使其猶在織者、作者、築者之家。不以服處而以售沽。則皆此屬矣。四曰貨。凡民生之所仰。其物既成而未以用享。離乎工而入於商。或在通轉。或在屯聚。必其既售。後利乃出。皆是物矣。是故循環母財首泉幣。而其三則農工商三民之所分致者。

案。斯密氏以泉幣為循環母財之魁首。此亦本其待蠲施而後出利者言之。為義自確。顧泉幣循環矣。而亦有其可為常住之理者。蓋泉幣為物。自其在人篋笥囊褚言之。不經易主。則泚然無所能生。不名之為循環母財不可。自通國泉幣言之。則易中若干。乃流散行用之公器。所謂國中百產待之而周流俵散者。其為用正與道塗舟車等耳。磨礱耗盡。固有其期。必賴歲月之彌補。而後可相引而長。且圜法愈精。其為常住愈著。獨至兩國通商。則又為循環之母。是故同一泉幣也。以對待交易言之。則於母財為循環。以一國圜法言之。則於母財為常住。且使合宇內之所有言之。將愈為後物。而非為前物矣。在樹則為寄生。在盆下則為窶數。物固不可執一以求也。竊謂斯密氏於此。既以通國為論。固自以為常住。故後云循環中此物最與常住母財相似。銷磨措拄。其事皆同也。

國之積貯。有支費。有母財。有循環。有常住。常住四物。曰機器、倉廩、積功、能事。循環四物。曰泉、食、材、貨。泉者國家之圜法。懋遷之易中。食與材貨。農工商三民之所出也。民生之日進也。之三物者。時時由循環而化為常住。抑化為支費。繼繼繩繩。相資不匱。一群之常住母財。其未立也。待循環而後立。既立之後。尤必賴循環者為之維持補苴。而後長久。一機器之庀立。一倉廒之建造。將以善生財之業。其始也。無一不仰於農工商之所生。其繼也。非食與材貨。且無以為繕完葺治。其廢可立而俟矣。且常住母財。亦必得循環者為之輔。常住者不能自生也。雖有至精之機。最善之器。其所為使者人。其所有事者物。苟非循環之食與材貨。烏能效乎。疏瀹土壤。潟鹵為腴。所費常住母也。使非得食。為之廩耕夫飼田畜。稼穡數倍之利。將就從而播穫之。

母財者。所以致支費者也。支費。即享即用即耗即銷者也。所以養者也。常住循環二母之為用。皆以求支費之不匱而加豐。故一國貧富之實。視母財所致支費之饒儉。致之雖遠。享之則近。致之雖勤。享之則逸也。積貯三物。而支費常住二者。皆仰於循環。故循環之為母財。其勢有尾閭之洩。是非有歸墟之注。其物之不可以久。明矣。歸墟烏乎在。曰地。地之所以益母財者三。曰田曰礦曰澤。三者之所登。生貨也。被之人功為熟貨。農工商得此而後不匱。故積貯仰於地而無窮。洩之雖奢。而注之者富也。泉幣之所恃以持其空乏者。礦也。今夫一國之泉幣。其由盈趣虛。固不若食材貨三者之易索爾。然而摩毀銷湛。與散而之外國者。歲不足而紀有餘。使不得礦之所產者以持之。經數十百年。所謂圜法者。將掃地無餘。抑泯泯大亂矣。則其有待於地產之供。雖未若三者之亟亟。而亦不可緩也。

田礦澤三者之所興。皆待母財而後殖。常住循環。二者不可偏廢。至於課其所收。則不僅復其母財。益以贏利而已。一群之民。皆有利焉。是故工者一歲之所食。農者為復其糧。農者摩礱之所損。工者為復其器。此群民交易之真道也。至農載其所割穫者。工取其所作治者。以會於日中之市。猶其淺顯者耳。治化既蒸。交易之事。日賾以繁。而理則不渝於其朔。故樹畜之民。不必以其五穀牛羊。與布帛陶冶之家為易也。是之拙滯。得易中之用而已祛。至分願各得之餘。其效與初民之日中為市者正等。其究也庶績百工。皆相為用。田之所出。有以復礦澤所耗之母財。菽粟之登。有以出魚於海。牛羊之利。有以采金於山。展轉相生。有不可以數計者。大抵田礦水澤之利。其肥磽相若者。所產視斥母之廣狹。母財之廣狹等者。所產以肥磽為差。此則可知者也。

國上無矯虔。下莫侵欺。則民有固志。而貨殖利興。積貯之家。或出之以厚今日之奉。或役之以冀他日之贏。為其前歟。則即享即用之支費也。為其後歟。則循環常住之母財也。循環。渙以求贏者也。常住。萃以求贏者也。是三者。有財所莫能外也。夫使其國之政理平。刑罰中。家承儲畜。鄰可相通。三者之中。不一由焉。則敝民不惠者爾。不足算也。

若夫化淺治衰。國無兵刑。內有暴君。外有強寇。丁此者天下至不幸之民也。假有私財。往往掩瘞覆藏。以為隱固。國而如此。雖富猶貧。家而如此。雖豐猶嗇。往者分土據亂之時。英法之民。亦多行此。而今之土耳其印度。洎泰東窳國。此風尚存。則積貯之鼃聲。蓋藏之外道。吾聞中古大國名王。不知取藏鏹以益私財為可恥。遇有瘞薶畜聚。經發覆而莫徵誰屬者。見金之人。藏地之主。法皆不得名其財。必獻國主。此當日法家所目為絕重之一事。而著之令甲者也。金銀礦產同此。獨至銅鉛鐵錫硝煤礦丹。又以不足貴重之故。聽民自取。此皆稗政荒俗之尤。烏足論哉。烏足論哉。

第二章　論泉幣

前之釋物價也。謂合租庸息三物而成之。市中諸物價。合三者其常。合二者其變。即無所合而止一者。亦間有之。合二則無租。僅一則純庸。物價之所還。不能外前三物者。不租不庸。則為具母者所得之羸利矣。以一物言之如此。物物言之如此。則通國一歲所出之物盡如此。故國中歲產。其價不離三物。而分利之眾。亦不外有地之主。勞力之氓。與廢居逐利者之家。

通國歲產。其利分三民矣。顧常俗之計利入也。有總實之異。故租有總租。有實租。羸有總羸。有實羸。總租何。凡田主所受於佃者之全數也。實租何。經營之所費。培葺之所需。與一切為田而用者。則減之。減而有餘。實歸田主。而惟其所欲為。為母財可。為支費可。保持用享。凡几筵之宴設。車馬之雍容。洎夫潤屋施身娛憂遣日之事。皆得為之。故田主之富厚。於實租有比例。於總租無比例也。（實租實羸。常俗所謂淨租淨羸）。

田主如是。餘民亦然。民財如是。國殖亦然。國殖非他。民財之合者爾。是故論國財之進退也。不得徒即地之所出。民之所登。凡一歲之總殖而計之。欲等國財。必計實殖。謂實殖。國之歲進。以補苴通國常住循環二母而外。而尚有餘。得儲之以為支費。即用即享。飲食藻飾。戲豫馳驅。奢而無損。蔑不可者。夫此之謂實殖。故一國之富厚。於實殖有比例。於總殖無比例也。

國有常住母財。然必繕完而後常住。械器舍宇舟車道路之歲修。待材與功而後舉。是材與功非實殖也。其間作者所受之庸錢。則為實殖。彼固受之以即享即用者也。百工所治。成物受價。價歸之己。物歸之人。二者皆所以即用即享。則異於繕完常住者。而為國中實殖之屬。惟實殖廣。而後國富增。

故所以保持常住者。誠有損於實殖。而不保常住。實殖又無從增。田廣狹瘠沃均。其一有倉廒樊圩溝塍徑陌之用。其一蕩然無有。抑有之而圮廢不治。則田作之手指雖同。而彼之所收逸而多。此之所收勞且少。無疑義也。工之多寡巧拙均。其一得新機之用。其一無之。則有之者之所出。將仟伯於無之者。又無疑義也。是故常住之用。得其術則所費者微。所益者鉅。計其所益。彼保持之費。有不足言者矣。而論者猶以保持常住者為糜財可乎。雖然。以是為糜財固不可。而即謂之曰實殖。則又自亂其例而不可通矣。向使無保持常住之費。則是歲國民之支費。將以立舒。以今之有是。其勢不能無節嗇。而富厚之樂坐減。故曰不可謂為實殖也。由是而知。一機器出。其致物成事之效均。而價廉費省者。則其有益生民甚鉅。蓋由是則保持常住之費輕。而實殖以進。進者不用之於支費。則歸之於循環。用之支費。民生日休。歸之循環。後利彌廣。一廠之內。前者機器之費。歲必千鎊。後得新機。降為五百。則所餘之五百鎊。將以增收物材。多養匠指。此其為一群之利。不顯然易明者耶。

國中保持常住母財之經費。無異私家田宅之有歲濬歲修。蓋有歲濬歲修。而後田宅之利可久。而總實二租。皆不至於坐耗。然有時以措注得宜。能使濬修之費大減。而功效同前。則主家總租。雖不必有所增。而實租則必大過往日矣。

所以保持常住母財者。必不得闌入一國實殖為計。而所以保持循環母財者。又與所以為常住者不同。蓋循環母財。不離四物。泉幣其一。而農工商之所歲殖者其三。農工商之所歲殖。有時化為常住。轉為支費。為支費者。皆實殖也。是故凡以增益農工商歲殖者。皆與一國之實殖無所減。惟轉為常住者。於實殖乃有減也。

由此言之。通國循環之母。與私家循環之母異。私家實利。必即其贏而計之。不得指循環之母以為之也。至於通國。雖要為私家循環之積。然通而言之。固無礙其為一國之實殖。賈者行店之所居。必不得視為其家之實利。可以為即享即用之資。而自通國言之。則皆斯民之所用享。取者復母加贏為價。於售者固無損也。

是故增益保持。欲國中循環母財之常足者。獨泉幣一端。乃於國之實殖有所損。蓋泉幣為物。雖循環母財之一端。實則與常住母財有極相似者。此可分為三事而言之。

一曰其營造保持之費。有損於國之實殖同也。三民之家。期於致物阜財。於是有機器之設。有善事之資。是固不可以徒得而恆有也。待財以立之。待財以久之。而其費皆由總殖。則實殖以之坐減。泉幣亦然。始之鼓造。繼之彌補。皆仰度支。而歲殖乃因之而見少。三品之金。爐冶之作。其勞力糜財。非以使其民所即享即用飲食燕樂之物蓄也。乃以為交易便事之大器。有之而後國之歲殖。得以俵散焉。得以流轉焉。而於國之實殖。則有損矣。

二曰綜一國之歲殖。則泉幣常住二者皆不得闌入歲計也。蓋泉幣者通財之輪轂。而大異於所通之財。故綜歲計者。既會百產而得其總數矣。必勿闌入通行泉幣之數。而後得之。無角尖之微。而可謂為歲殖者也。夫曰泉幣非財。而綜國歲殖。必去此而後得其真。此正言若反。而世俗未有不大訝者也。雖然何訝。名實之淆。致有此耳。苟析而云乎。則婦孺可以解。今夫世俗之名財。而舉一數也。有專指赩然而黃。卉然而白。有輪郭文重者而言之。此意主於泉幣者也。有其意不盡主於泉幣。而兼及於其所具之易權。與其人所得取精致物者而言之。此意主於權力者也。今假有云英倫全國通行泉幣為十八兆鎊。此則專指三品見錢。為國中所行用者。假有云某甲歲入千鎊若萬鎊。此不僅專指其每歲所收之金銀銅幣已也。意乃在其備物致用之權力。何則。彼之所收。雖無角尖之金銀銅。而其備物致用之權將自若。故知常法名財之頃。名雖稱泉幣之多寡。而意實存於權力之間。而其人貧富之差。即以此權之大小為異。又如人稱某甲旬月之俸為一幾尼。意乃謂彼有此幾尼。則餔餟揄曳之量。如其所易。必不云彼有此一枚瞀爾之金。遂可為飽煖也。設異日者。彼之支俸。不以金銀而以楮契。則前之所受者在金為金。將今日之所受在楮為楮乎。苟知今之以楮。在楮之所易。則前之以金。亦在金之所易矣。夫金楮同物。皆以約行。苟無可易則皆成棄。此一人之俸然。通國之俸亦莫不然。其富有之實。皆不在幣。而在其所與易者。既為國富之所不存。斯為歲殖之所不計。又有進者。一國之泉幣。常遠遜其中所有之實財。一枚之幣。今日用之以稟中。

明日將用之以稾乙。又日將更用之以稾丙。同物也。而所代者奚啻於三。幣不虛行。將必有其所與轉者。然則知國幣一而國殖恆數倍之不啻矣。前云英幣十八兆。而吾英國殖之不囿於此。不待智者而後知也。故曰泉幣者通財之輪轂。可謂為母財之一宗。不可指為一國之經入。雖其用至重。民必得此而後利有所倈散。貨有所流轉。民以各得其分焉。而狃者遂並此以為國財。斷斷乎不可也。

案。一千八百六十八年。計學家耶方斯統核英三島國幣。金八十兆鎊。銀十四兆鎊。銅一兆鎊。共九十五兆。為在民間流行之數。而官庫銀行積貯。又十五兆鎊。則統一百一十兆也。一千八百五十六年。英國國幣。不過七十五兆鎊。十三年所進如此。遞年所增。不在二兆以下也。

三曰苟營造保持之費可省。而適用維均。則於國財有大益。此泉幣之為物。所與常住母財。又極相似者也。前論常住母財也。曰一機器出。其致物成事之效均。而價廉費省者。則其有益生民甚鉅。故國家於泉幣。能使便事效均。而營造保持之費大省者。則其國之實殖。亦將緣是而加進。二者之理同也。蓋國中常住母財。歲不能無耗損。所以修葺繕完俾常及事者。在一國歲費。常為大宗。而致減於實殖甚鉅。廢居逐利。母財之用。不出二塗。非其循環。則為常住。後消而前長者。自然之勢也。故苟有術焉。能使所以保持常住者。因之以約。則飼傭購材之母。將以日增。生業以之益進。民生以之益舒。其歲殖焉有不大進者乎。常住如是。泉幣亦然。故吾將繼今而論鈔法。

鈔法者何。國有泉幣矣。乃置三品之金而代之以楮。所代之數。如其所欲名。其為物之於泉幣也。營造之奢儉相遠。而易挾過之。通財輪轂。得此而益便益輕。而營造保持二者之費皆省。此其流轉之情。而於國殖相關之理。奧賾繁衍。所未易猝言者也。

鈔之名品繁殊。而鈔商所行者為最著。其用亦最宏。鈔商起於私家。設其人財產之豐。然諾之信。與其理財之智。為一時人之所倚任。則可造印剖符。周流無滯。與制幣均。然其所以利行者。以可立轉金銀制幣。如所名之數故耳。

設一鈔業。其行鈔貸商。至十萬鎊之數。此十萬鎊者。為用與制幣均。貸者按期納子。亦與見財無異。則行鈔者之贏得也。雖所發之鈔。不必盡行。然使立業日久。而為人所倚信漸深。終必有大分焉。常在市闤流轉。常法。出鈔萬者。儲二千以應不時之需。已足周事。如是則自國中行鈔。其見財常以二千收一萬之用。舉凡懋遷挹注之事。貨物之所以銷。屯聚之所以散。用鈔尤便。國之見財一。其為用恆五。此用鈔之實形也。

又使其國之制幣。所仰以周事者。得百萬而已足。繼而鈔業群興。其行鈔亦百萬而止。分儲二十萬以應不時之需。是則其國所流轉者通百八十萬。其八十萬為見財。而百萬為楮幣矣。顧國之歲產。又不以楮幣驟多之故。與之俱增。農工商之業。既均乎前。則其勢必用其百萬。而餘其八十萬。國之用幣也。若渠之仰水然。渠之深廣同初。而灌者之流乍長。其勢有溢而旁流而已。今者以百萬之渠。受百八十萬之注。是八十萬之不𣁋。固其所已。雖然。不𣁋矣。謂必置其財於無用。則其勢不能。不用之於國中。且用之於國外。國外楮幣不能行也。一則以支取之無從。再則以國律之不及。故不受也。其究也將楮幣處而見財行。自然之勢也。

百萬之鈔。行於國中。八十萬之真幣。行於國外。其外溢之多如此。雖然。財之外溢。豈徒然哉。以償兵費。以輸貢獻。非所論已。舍二之餘。必有所易。有易之以轉輸他邦。求贏利者。有易之以自銷本國。贍民用者。如前之所為。則貨轉他邦。利歸本國。其實殖必進。與斥新本以興新業者同科。故鈔行國中。則見財為新本於國外。而民業閎矣。如後之所為。其事有二。或以養惰民之欲。若菸酒。若綺繡。致耗物力。而靡所更生。或以給勞民之求。庀財用。峙餱糧。物不虛糜。而後利彌廣。前之所為。縱侈增華。耗而不生。國財坐消。損之事也。後之所為。獎勤勸功。

耗財所以生財。而實殖歲進。益之事也。雖然。利用厚生。民之恆性。侈靡耗財之子。國而有之。而規後利以求有餘。則人樂自致者也。故楮幣既行。見財外轉。其互市致物。雖有損益之二塗。而自事實求之。則益者常過其損者。而其國莫不因之致富也。或謂金出於地產而有限。鈔行以人意而無窮。故行鈔之家。但使可通。雖無實可以坐富。此以一二家言。則或有之。至以一國之民言之。行鈔於見財之數。無毫末之增也。故國中惰侈之家。不以鈔故而歲入驟進。歲入不進。則耗而不生之外貨。來者亦不能多。故鈔行而見財外轉。其有造於勞民者至優。其附益於惰民者蓋寡。是與前說有互相發明者矣。

由斯而言。吾謂綜計歲殖。必勿闌入泉幣者。愈可見矣。蓋勞民勸功。視國中循環之母。夫循環之母四物。泉幣與農工商三民之所輿。而民功所必待者。坏僕之材也。善事之器也。稱事之餼廩也。彼泉幣既非坏樸之材。又非善事之器。雖餼廩常以泉幣行。顧勞民之所以贍口體周家室者。非泉幣之能為。而在泉幣之所與易者。使國空虛而莫與易。則泉幣固不可衣不可食者也。曷足貴乎。是故計一國養民之實。綜糧食物材成貨三者。而不計泉幣也。

既具母財。欲計所興民功之多寡。視所贍工民之數而可知。夫贍工民云者。畀之物材也。周之器用也。頒之餼廩也。吾非不知易中既行之後。是三者皆可以泉幣而得之。則計三物不如計泉幣之為徑也。雖然。欲綜國功。計三物可。計泉幣可。已計三物。更計泉幣。必不可也。況言國財宜求之於其質。則計泉幣固不若計三物者之近真也。

是故鈔制善。則惠工之政莫大焉。蓋鈔行將使贍工之三物驟增。其所增之數。如所代三品制幣之數。鈔之未行也。是三品者。固國中通財之輪轂也。民用方殷。末由外溢。鈔之既行。三品外溢。所以致贍工之三物於國外。即以阜循環之母財於國中。昔為制幣。所以轉物。今成母財。所以惠工。此其事猶唐肆大廠之中。主人以用新機。費約於舊。即用所約。以為雇工購材之資。而業以益閎。工以益贍。此又泉幣為物。與常住母財同體之一義也。

每欲衡國中泉幣。與歲殖之較率。而苦於難知。或曰國幣一者歲殖五。或曰國幣一者歲殖十。或曰幣得國財二十之一矣。或曰三十之一矣。其逕庭如是。雖然。國幣與歲殖衡。其較率恆小。而以與贍工之母財衡。其較率恆大。何則。通國之歲殖。所區以贍工者。常居其小分故也。故楮幣既行。則見財之留。例由五而之一。設取其所餘五之四者。為物材器用餼廩之資。則其所以惠養勞民者甚鉅。而國中地利人力之所出。必緣是而大進也。

案。歲殖為每歲通國之所產。計學家耶方斯嘗核之云。英三島國幣。於其歲殖。在六七或八之一分。不能遠過也。

凡此所云。夫豈待遠求而後有以佐吾說乎。蓋即蘇格蘭蕞爾之區。可以見矣。輓近二三十載。蘇格蘭版克林起。都邑墟集。往往有之。其著效於吾蘇之民則一。國中貿易略大者。皆以楮行。而銀不概見。見者獨小小相兌餘耳。至於黃金則更少。雖諸家版克經營生業。良楛參淆。不盡可信。致議院為著特令。以杜姦欺。然總大效。其有賴於國計民依甚溥。嘗聞吾蘇故老言。格拉斯高自版克肇有。楮幣通流。十有五年。生計自倍。又額丁白拉自兩版克立。蘇格蘭全境工商之業。四於厥初。兩版克者。一蘇格蘭版克。以議院特令立於一千六百九十五年者也。一曰賴耶版克。（賴耶本梵語譯言王家）。以王命冊書立於一千七百二十七年者也。其為時之暫若此。而民業之致盛若彼。此其言之可信與否。固未易云。籍其信然。其事或不盡由於版克。天運人事。民俗教化。實兼為之。顧此三十年中。蘇之國富民勤。隆隆然如朝暾方升。不可抑遏。而版克之立。為大有造於茲土。則雖欲勿信而不能也。

一千七百七年。英之南北尚未合并。蘇格蘭令民間銀幣。輸局更鑄。

其據冊可覆案者。計四十一萬一千一百十七鎊十先令九便士。金錢以不繳故無可稽。然據舊藉覈之。所歲造者。值不下銀錢也。或謂英蘇未合之先。蘇之制幣。通轉民間者。不減一兆。其言近信。蓋下令收錢幣更造時。民或不信。未盡輸局。而英幣潛行國中者亦多。所不計也。當是時民間所用易中。多三品制幣。而楮幣絕少。此由蘇格蘭版克初立。行鈔未暀故耳。至今觀之。則蘇格蘭錢鈔並行。統計不下二兆之值。而三品制幣。不過四分之一。其餘則皆鈔矣。此雖見財降少。而物產民業。則反是而增。可以知其故矣。

版克經營之業。以收買期約。發行楮幣二者為大宗。而其事有相得之用。則倍稱之息以舉。收買期約者。假如甲乙二商。甲取乙貨。約三月若半年付價。立券與乙。名曰眦勒。（此名交易單。亦曰期票）。乙不俟期熟。以券與版克易見錢。版克則受券。以券所名之數。付乙。而逆計此時至期。其應收之子錢減之。名曰豫息。顧此所與者。雖名見錢。實非見也。特本業楮幣已耳。他日期屆。版克持眦勒向甲索償。如約收全數。如是。彼版克以財貸商而收其息。一也。豫息坐減。出母前少。而計息後多。二也。所付者乃本業之鈔。流轉市廛。取無定期。攟萃既多。可挹之以濟他業。三也。故終而計之。版克所贏。率常過於通行之市息。此鈔業之所以利行。而倍稱之息之所以舉也。

蘇小國。其商業視英。相去恆遠。當兩版克初建時。則尤索落不足道。使以常術行之。則買期既奓。而楮幣之行。抑無由廣。有能者出。乃創賒貸之法以棣通之。而商民交利。賒貸法者。民欲為賈而貣版克之財。則覓所謂保識者二家。定所貣之限。依限出納。而版克職其簿。課其息焉。如版克欲止勿貸。而貣者子母不如約還。則責償於保識。吾聞此法東西二洲。隨國多有。而吾蘇行之。獨有富民之驗者。則以規約獨周。寬大不苛。民重然諾之故。通商惠工。勵民美俗。國之受利固多矣。而版克之獲利。尤不貲也。

今如有人。與版克約千金為賒貸。其償法得隨時分納。自以百計至以十計勿拘。而版克為視母課微息。按日為之。至於子母悉完而止。若更始。自此法行。民皆以此為最便。而惟恐鈔業之不盛而僨也。則相勸為之。而樂通其鈔以為交易。交相勉為賒貸。交相誡以守約。版克以鈔與商賈。商賈以鈔與工者以求貨。工者以鈔與農牧以庀材。農枚以鈔與田主以完租。田主更以鈔與商賈以致水土百物。而商賈終以鈔納賒貸之數。通國民業。幾無往而不用鈔焉。一法立其得民多助如是。其業焉有不久大者乎。

以有賒貸。故商者得廣其業。而無冒險逐利之憂。今如倫敦額丁白拉二商。具母之多寡正等。額商賒貸。而倫商無之。由是倫商之治業也。篋笥之中。常必有見錢以應所與貿易者不時之求索。今設所儲者為五百鎊。則未應之頃。常有五百鎊之滯財。其應出之贏利。應養之人工。由是皆少。商而如是。則一國之生計。所損邱山矣。況商之所儲。不僅五百者耶。獨至額商則不然。彼以賒貸之故。有所需而後貣財應之。財無滯者。盡家之財。皆有息利。盡己之有。皆以養工。而又無爽約愆期之可慮。商而如是。則一國之獲利亦閎矣。或謂英之版克有豫息之事。其便與賒貸等。不知蘇之版克。非不豫息也。豫息之餘。益之以賒貸。故於商業尤利便耳。

案。斯密氏所言。大抵皆當時情事。不可以概論今日歐美之商業也。彼云蘇格蘭版克。豫息賒貸。兼而施之。其利商益民。過於英之版克。此其言亦未盡也。蓋版克豫息賒貸之為。其大恉皆以通鈔。而鈔之通也。近之一闤之市。遠之一國之中。其受鈔之量。皆有定限。不可過也。使昧而過之。則鈔朝出暮歸。於版克毫無毛益。而應支之煩。時有鱗萃麕至之慮。且夫鈔行既有定限如此。則微論通之以豫息。通之以賒貸。用其一而置其一。抑兩利而俱行之。期於及限而止耳。又何別乎。使其市之受鈔百萬為量。其行於豫息者既盈此數。雖不為賒貸。無損。即欲為賒貸。不行。故曰其說未盡也。獨其云得賒貸而市無滯財。則不刊之論矣。自版克楮幣之制大興。而其法降美。遂使今之商情。與古大異。古惟斥母多者而後贏利厚。乃今不然。今有甲乙二商。甲多財而乙寡。二人治業。各斥母財十萬。甲之為母。悉出於家。而乙之為母。則出於其家者僅二。而出於賒貸者八焉。賒貸之息。值百納五。至於歲終計贏。各萬五千。是甲以十萬出己之財。獲萬五千之利。而乙之母賒貸什八。其息四千。償是之餘。得萬一千。然則甲以十萬贏萬五千。乙以二萬贏萬一千。夫萬五千之於十萬。百得十五之率也。萬一千之於二萬。百得五十有五之率也。疇而較之。乙之贏率。過甲贏率。蓋三倍不啻矣。多財之賈。何必善乎。此則古今商情之大異者也。要之鈔業之利。取通滯財。竊嘗謂滯財之致貧。其害烈於侈靡。昔者之印度。今日之中國。以庶富之國。而有貧乏之形者。害端在此。大之則國家之府庫。官司之度支。小之極於商賈之囊橐。閭閻之蓋藏。蓋無所往而非不生不息之積聚。而至國有興作調發。則又以甚重之息。漏卮於敵國外人。循是為計。國焉有不大困者乎。輓近十餘年。歐美諸邦。皆有積纍版克。積纍版克者。其受人寄賄而與之息也。其數極於甚微。其時極於至暫。此所以勸小民之節畜。而袪滯財之害。至於錙銖者也。往者小民有財。謂其數微。每不甚惜。則費之於不償之地。自積纍版克興。於是乎民樂畜聚。數稔之後。往往由窮簷而為中產之家。既富方穀。風俗漸美。由是觀之。則版克者不徒富國之至術。而教化之行寓之矣。後有君子起而施其政於中國。功不在后稷下也。豈特轉貧弱以為富強也哉。

夫易事通功之始。貨以易貨已矣。降而後有易中。易中由粗而精。於是乎有三品之圜法。至於行鈔。則以然諾行。而通財輪轂。至精至簡。不可以復加矣。雖然。其為物取代三品而用者也。三品之行於國中。其量有所止而不過。故代之行者。其數亦不可過量而無窮。蘇格蘭之鈔。最下者名數二十先令。其幣施諸國中。常有定額。大抵以歲中交易所需此數之見財為量。雖欲過此。所不能也。設不幸造鈔者不審其然。謂惟所欲為而強過之。則得鈔之民。將立覺其過多而無用。轉之國中則不容。輸之四方又不可。彼將持是安歸乎。則有反之版克以求見財而已矣。得見財則可通於四方。此所以坌集沓來。必盡其過量之鈔而後止。當是之時。使應者微示之以難。則來者愈疑。而索之愈亟。鈔業之僨。類如此矣。經商之業。不能無費。屋肆有租。帳夥僮役有庸。舟車關梁。有儎有榷。其大較也。鈔業獨多者二。儲待支之鉅款。而亡其息利。費一也。復俄空之囊橐。出賫之子錢。費二也。行溢量之鈔。則二者皆增。而後費尤重。何以明之。

行鈔溢量者。其儲以待支之數。比之不溢者不止比例為增也。既曰溢矣。則出而輒歸。前所謂以一待五者。此所不能也。亡息於儲峙者必多。則前費重矣。索支者亟。則待者之囊橐雖富而旋虛。其彌縫榰柱展轉取盈之為。用力常殆而無間。則後費重矣。且尤病者。其待支之儲峙既煩。而所支之見財。又不留於國中。而常若外注。蓋其財乃以支溢量之鈔。其在鈔既為溢量之鈔。斯在財亦為溢量之財。非國中所資以通轉百貨者也。而見財為物不居。勢且輸之國外以求利。故版克雖致之甚不易。而其物乃常外注而不留。外注之勢無窮。而致者之力易竭。則所謂展轉取盈之術。將降而益難益殆。而其費益奢。故曰二者皆增。後費尤重也。

即事為喻。今設一鈔業。其所行鈔為四萬鎊。恰及國中受鈔之量。則儲萬鎊以待支。無竭蹶者。乃浸假而欲行四萬四千之鈔。其四千為溢量。出則輒歸。於是所儲不止於比例為增之萬一千。必至於萬四千而後可以及事。然則彼於四千鎊已亡息而無所贏。且時時有調集四千見財。儲以待支之勞費。是四千者。既集方散。不能留也。

使操是業者常明此理。則國中無溢量之鈔。而市廛亦安。惟其明此者希。而每為其無所利而自損者。此鈔之所由溢。商賈騷然。而國家亦受其敝也。往者英倫版克。坐是弊故。歷年籌款造幣。至八十萬鎊洎百萬鎊之多。又緣其時國中通行金鎊。磨損虧重者多。故買金造錢。每翁斯價常四鎊。及成新幣。則每翁斯僅及三鎊十七先令十便士半。如此則造幣者常值百虧三抑二五也。其造幣之數。既已宏大如彼。所失豈少也哉。雖泉局不取爐火之費。造幣眾。則國實受其虧。然於英倫版克。究何補乎。

蘇格蘭版克亦然。以行鈔溢額。應支難給。則置人倫敦。以調集見錢。費不在百二百一五以下。既集則輦以致蘇。行運保險之費。每百鎊加十五先令。其煩重如此。猶不給。則與倫敦之版克鈔商為期。以取見錢。他日期熟。計息財。加中儈。索償。又不能。則往往以期償期。額丁白拉倫敦之間。一毗勒常四五返。其中息儈之遞加。一出於貣者。蘇格蘭鈔商號謹慎持重。顧其中以溢鈔致敗。不乏人也。

故版克僨仆之多。其厲皆階於溢鈔。此可以尋源竟委而論者也。自溢鈔既行之後。由前之說。其常儲以待支索者必充。不然且敗。而無如鈔溢則其所支之見錢亦溢。故其物恆外洩。注之以畎澮。洩之以尾閭。其勢非致竭不止矣。每見如此之時。民多聚銷金幣。範之成鋌。施行異邦。或即售版克以規厚利。所聚銷者。例選最新極重之制幣。蓋未離為幣。則新故輕重同值。至幣銷成鋌。不以枚而以重言。斯二者之差數覩矣。往者英倫版克以儲支之急。歲造新幣。降以益多。而國中通寶。匱乏如故。其摩損輕薄亦過前。事效相反。常群訝而莫知其由。又市中錢輕。則金鋌之價愈騰。每翁斯過於四鎊者有之。其斂金造幣之費。亦以彌鉅。英倫版克。所造幣於泉局者。本以自供儲峙應支需也。而其勢乃以富姦利。廣漏巵。蘇格蘭諸鈔業。以行鈔不審。其受罰已不輕矣。而英倫鈔業。受罰過之。何則自受其罰之餘。又代蘇之鈔業。兼受其罰故也。

鈔之所以溢。其源皆起於國中駔商輕剽逐利之故。今夫版克以財貸商。非曰為之出本。亦非曰彼之本微。而助之使鉅也。不過俾有賒貸應支之便。而囊橐無滯財。得用全力經營云耳。使其不忘此義。則鈔之所發。必不逾國中制幣之數。不逾制幣之數。則出而利行。必無浮溢觝滯之弊。亦自無鈔出輒反之憂。是故版克買期者。賒貸之變術也。彼豫期給財。而減之以應收之息。至於期熟。版克收回毗勒中所載全數。而母子悉在其中。此亦不過與之利便。使不必儲財待期。有所停滯。其事與賒貸異而未嘗異也。而版克之儲峙。則如積水之壺池。其出入二孔相敵。不待勞挈壺者之智力。而水常盈平。烏所謂楮柱維持之煩費乎。自以輕剽逐利之商。藉賒貸以為其業之母財。而鈔始溢。鈔溢而前所指之弊端見。而版克乃終受其殃。故版克與人為賒貸。務常責償入之以時。常法為期。自三月以至八月。於此期內。償入者宜等於付出之數。則賒貸之事雖相引而長無患也。假其常有逋負。而繼繩更賖。則其勢必至於危失。譬之池水。出鉅入微。其勢非竭不止。就令他術取盈。其困殆終不免爾。

故蘇格蘭版克章程。皆以所與為貸之家時復其財為最要。否其人雖號饒財。不願貸也。蓋以時復所賖貸之財。則版克緣此而收甚便者二。不止省其所謂第二費而已也。

所謂甚便二者。一曰審市情。夫私家以財貸人。而不欲其有失。則時時詗貣者生業之盛耗。為作之當否。然其勢可及者。以其財之所寄。不過數家十數家已耳。至於版克鈔商所與往還。動輒數百千家。業異人庬。烏從而盡察之。不察又常有失。而其業以危。惟責貣者不逾時而復其所貸。而後一市之情。可不出戶而盡悉也。日展簿互稽。而其人生業之盛衰。為作之當否。十八九如指掌矣。此其甚便一也。

一曰節溢鈔。蓋曰鈔溢者。鈔之為數。溢於國中所資為通轉之見錢之數也。而見錢之數。又即諸商所儲以應非時支索之數。故使所賖貸之鈔。僅使有應支之便。不使有無實之母財。則鈔之為數。將不逾於國之見錢。不逾於國之見錢。則其額無由溢。而版克安矣。今使貣者之復所賖。應期按節。散總相侔。由此可知其所貣之財。乃以應支。而未嘗以為母。故曰責以時復。鈔無由溢也。此其便有過於前。而知之者鮮矣。

版克正業。所以使通國無滯財。過此則其業或失而危。故法不當以其財為人循環之母。雖循環為物。由貨而錢。由錢復貨。然而轉變雖速。尚不足以為按節應期之償也。至於常住之母。愈不可以版克之財為之。蓋常住之復。雖極利之業。常在數年而外。其萬不能應數月之限期明矣。今夫經商興業之家。母財固不盡由己出。然其稱貸必有所質。多財者據質斥母。出以貸人。而坐食其息。此則質假之正業。與無所質而為通者。大有異矣。

案。今日版克。亦為據質斥母。出以貸人之事。此實兼兩業。不可緄也。

前是二十五年。蘇格蘭諸版克行鈔。已極國中受鈔之量。商賈受無窮之益。而於版克無損。使其競競以持滿戒溢為心。雖至今無弊可也。顧逐利常情。每以是為未足。動則謂鈔商職在資人母本。其出納之廣狹。宜與市廛生計之擴充相副。要之彼所謂擴充者。非真擴充也。居奇貪得之情炎於中。而力不足以舉。又不能指真產為質。則盡於賒貸之可暫通而不可久假者求之。求不能得。且不悼後害。造偽贗以取之。此買空賣空。與夫造期之事所由昉也。夫經商之業。至不幸而用造期。則引鴆作脯。取快目前。其去僨敗之日不遠矣。此術英市久已行之。而近者大陸戰事方殷（似指普魯士三十年之戰）。行賈多邀厚利。於是用者愈多。蘇格蘭母財既微。商業較隘。以貧國而行偽道。其受害為尤深矣。

案。西人質劑。粗分四種。一交易單。二鈔票。三支條。四借券。甲負乙財。署券載所負若干。行息幾許。約某月日還。此質劑之最簡者。則借券也。寄財版克。用則揭條取之。是曰支條。版克之所行用。以楮代金。則鈔票是已。而商業之中。獨毗勒之用為最鉅。毗勒此云交易單。則中國商賈所用之期票也。單中用事。例有三家。出單者甲。照單付款者乙。及期受銀者丙。其式如下。距今若干月日。親取或憑押。付某人丙銀若干。其款收訖。某月日某人甲於某所立。某人乙照付。其及期受銀之丙得此單。則以時送付款之乙令照驗。若不誤。乙則於單面斜簽其名。曰某人受訖。而乙從此為受期付款之家。有時甲丙同人。亦無不可。惟單中如不載憑押二字。則為不可通轉之單。必丙家自取而後付。如載明憑押。則丙只於單背署名。此後單行市中。及時憑單取銀。與尋常楮幣無異。是曰通署。如不通署。則丙於單背署名矣。而並載所付丁家之名。丁以付戊仿此。有時至數十家。皆書牘背者。通曰簽保。洎期熟。受期之乙付見銀。此單作廢。設乙不能。則乙為倒帳。執單者限一日二十四鐘之內。告簽保與出單諸家。遞責所負。一或不能。皆為償敗。此西人商業通例也。如執單逾十二時不赴告。與簽保出單者無涉矣。

買空賣空之事。商賈所熟知。似可存而不論。顧吾之為書。觀者未必盡商賈人。且其事於國計民生效驗繁賾。即在經商之家。亦未必盡知其所以。則晰而論之。不容已也。往在歐洲中古。君上橫征暴取。而未嘗為民責然諾。故商賈之民。往往自成風氣。二百年來。新治日出。政漸趨平。則轉取賈人之規則章程。脩之以為理財之政。今昔雖殊。要皆視毗勒為最謹。禁欺責償。議不旋踵。假有三月之單。期熟而認受者不能立付。其業於時即為倒閉。單經聲明負約。乃終索之於出單之家。如亦不能立還。相隨俱仆。又設其期未滿之先。單經流轉。用以購貨取財。而各家署背簽保。遇有是事簽保者轉相責逋。如不立還。則亦為倒。蓋毗勒限期甚短。

故每有出單認受簽保三家。其財力久不為人所任信。而人猶行用之者。利於其便。而冀幸其事之或不然也。此猶將傾之屋。而走避風雨者。猶仰一昔之庥。曰此屋之傾。固也。然而何必今夕耶。

假令額丁白拉有賈人甲。出單向倫敦賈人乙。期限兩月。付銀若干。乙之於甲。本無所負。然而願樂承受者。以豫約兩月未滿之先。乙得出單向甲。責其付銀若干。同於甲單所支之數。且加息錢中儈耑。故樂為也。

夫毗勒者。以先有貨物之交割。而及期所取者。物之價也。今則本無貨物之懋遷。而亦為此。故在出單者為賣空。在認受者為買空。其質劑名曰方便毗勒。亦名造期之票。與真毗勒虛實懸矣。於是當第一期未熟之先。乙乃出單向甲。而甲又於第二期未熟之先。出單向乙。乙復為此於第三期。大抵皆期兩月。出此入彼。緜延至數閱月者有之。至數歲者有之。而每單向甲之時。皆加息儈。甲固出單之原主也。常法子錢值百加五。而每次儈費常不下一分五釐。假使歲中往復六周。則其息率。不在每年八分以下。抑且有時過之。蓋當市情竭蹶。則儈息二者同時並增故也。邇來通行贏率。以百中得。六至百中得十為歸。使賈者仰母財於前術。而歲終課獲。能既償所負之外。又有贏利以酬其勞。此不數遨之幸也。然而鉅商駔賈。常赤手入市。操此累年。不恤厚費。彼固謂吾業所收之利。不啻倍蓰為酬。及其究也。如寐初覺。大異所圖。則蹶於中道者比比也。

市有造期。則版克受其敝。即如前事。當甲乙造期之頃。其旨本以求見財也。故當甲出此方便毗勒向乙之時。其毗勒必售於額丁白拉之版克。用豫息而取見財。及乙復出方便毗勒向甲之時。必以售於倫敦之版克。亦豫息而取見財矣。凡此所謂見財者。率皆額倫二地所行之楮幣。雖云期熟二地版克得持毗勒索全數於認受者之家。而無如第一期未熟之頃。已先有第二期之豫息者來。其數大於前數。使版克於此靳而不為。彼認受者且無以待第一期之熟矣。然則所謂第一期者。造期甲與認受乙者。實皆未嘗還也。而皆還於版克之鈔商。此如儲水之塘。舀其一鍾之後。繼欲復之。乃先更取其一鍾。以為復之之地。且鍾之為量。降乃稍大。循是以往。有竭而已。

自有輕剽逐利之商。用造期之術以具母財。則版克本旨。所謂使經營之家。有賒貸應支之便。不必別儲滯財者。其事廢矣。曩者英蘇兩境所行楮幣至多。其時耕墾製造轉運諸公司。有其母全由於此者。其多也如此。則國中受鈔之量自溢。而前指種種之弊端。紛然皆見。民生國計。悉被其殃。然而彼輕剽逐利者之所為。其術至為巧密。往往不獨為鈔商所不知。抑且為鈔商所不疑。

今使甲乙二家。狼狽相倚。互出方便呲勒。而以豫息專售其期於一家之版克。則歷時未久。鈔商雖至瞶瞶，亦將知甲乙所為。乃無本之業。所待以經營者。特吾所貸與者耳。顧甲乙不如是拙也。其方便呲勒之所售者。必不囿於一家。而出單與認受者。亦將不囿於二人。彼且使多人者。淆而為之。同利則相濟。一時而聯十數家者有之矣。此則尤不易察者也。蓋造期者之所為。自其外而觀之。固與真交易之呲勒無以異。異者存於先事之懋遷。就令鈔商中道覺之。往往覺之已遲。所侵已鉅。設靳於此。僥者必多。而鈔商亦無由免。則為自全之計。勢不得不虛與委蛇。以力圖補救於其後。明告前期未熟。不復為豫息買期之事。使虛偽者日覺其難。而設法於他塗籌款。抑別求他所版克以與為通。俾此一家無害。或受害稍輕而已。然使鈔商微露其難。彼造期者勢且狼顧。常以彼數家之竭蹶。指為一國貿易衰微。或言市肆艱難。版克出納之吝實致之。然而版克固無罪也。無論為一業計。抑為一時之民生計。彼版克之致謹出入。有不得不然者。

當彼事窮勢屈之時。而蘇格蘭一新鈔商出。其版克以接濟諸商為主義。（版克名得格利士公司。以一千七百六十九年十一月興於蘇格蘭之愛爾。延至一千七百七十二年六月歇業候支。事後總計虧折共四十萬鎊有奇。）用意甚美。惜其闇於事理。不察市廛所以涸竭之故。徒操豐亨豫大之說。而不知何道之從。故於賒貸豫息諸事。一主於寬綽不苛。其豫息買期。無論虛實。歸斯受之。即至貸本治地。收利最遲。而彼尤樂借貲。以為有益國計。雖所出貸。皆其楮幣。絕少見錢。但其鈔之行。頃刻逾額。所行雖廣。朝出暮歸。應支滋憊。其庫儲雖極力聚斂。未嘗或盈。始創之母以十六萬鎊為額。集者十分之八。餘議以數番續收。而具母之家。於第一屆母財既交之後。又躬與本業為賒貸。無異他商。故後番所交。名為續收。實則先取。其出納之際。既已寬假如是。群商競趨。雖極力掊聚。猶無以應也。事不得已。則惟躬與倫敦各版克造期。而後可以集事。蓋興未數月。而已循此必敗之轍矣。先是母財家田產。所指為此業之資者。不下數百萬鎊。惟其財力優裕如此。故猶足以勉支二年。至於停業候支。通計出鈔二十萬鎊。倫敦各版克毗勒出者共六十萬。合計二年之間。其濟蘇商以本者。共八十萬餘鎊。前之二十萬鎊。年以五分為息。中去經營之費，則所贏也。而後之六十萬鎊乃與倫敦版克造期。息儈兼之。則年八分之率也。故四分全母之三。皆值百折三云。

然則事後之所得。乃正反其始之所期。蓋彼謂民方競業。所少者財。得彼所為。可期有濟。又欲取鈔商之利權而壟斷之。故盡反其謹約之為。而出之以樂易。乃彼之所濟於諸商者。則亦暫耳。而卒之二年之後。所失彌奢。直不如其早已。名為愛之。適以害之。害不止於貣貸二家。而國亦以耗。獨前此之版克。實受其益。使無此新者出而代受其敝。欲免於轕轇而不相隨俱仆。難矣。病所欲濟者。利所欲傾者。此商之所為如此。

方其事之締造也。或謂出鈔貸商。皆有實質。則無論支索之勤。儲峙之亟。是所質者皆可轉之以為應也。卒之履而後艱。知周轉之緩不及事。其始積既不豐。其外流又甚銳。欲其逮事。勢惟有交倫敦之版克造期。而後見財可得。顧雖勉與支持。而每有造期。必受大損。此與買空賣空之商異而實未嘗異也。所出之鈔。反而不留。利於何有。而每次造期貸銀。一切覓主剖券會合交質之費。皆貸者之損也。雖若至微。積且以鉅。矧乎其非微也。此猶挈壺氏水時時流。盈之無術。乃倩人持斗具車。調於遠岸之井。幾何其不蹶也。

前術之無所利而不可行如此。顧即使其術可行。而於行者有大利。而其於國財無所利而大害。又灼然可知也。蓋楮幣可代財。而不可為財之實。故彼之所為。於通國母財為無益。不外變鈔商為通國稱貸母本之公司。欲舉債者不之私家而之鈔商。然私家畀人以財。例不出數人十數人而止。則於其人之才行智力。皆所深知。而版克所與交者動數百家。視然諾契徵為往來。必不如私家之審慎。且強半皆挾持空質周流剜補之徒。其力小而圖大。則多敗衄而少成功。其事勞而費奢。則無贏利而常折閱。此其給養勞民之力所以日促也。私家之所貸者則不然。其事雖不若前者之閎壯。而守約踐實。歲計有餘。故其養工之力日舒。夫國之所以求多母財者。無他。為養民耳。而二者之殊如此。故就令前術可行。亦不過取私家之貸者以歸鈔商。徒見其害。未見其利也。

昔有言利之家名羅約翰者。閔蘇格蘭之貧困。坐母財隘而民功不興。

倡為通民鈔業之制。欲令所行之鈔與全蘇土地之價值相等。以此撼蘇之議院。議院壯其策而不敢行。當是時。鄂里安獨克適攝法蘭西朝政。見則議而行之。此所謂密昔斯皮財政。至今猶在人口耳者也。其宗旨非他。以為鈔權者上之所操。可行之於無窮而已。其說壯侈詭奇。自民知理財以來。所未曾有者也。法士都托德著商政錄。論其事。而圖華尼考其始末尤昭晰。無俟不佞贅言。先是羅載其說為書。行於蘇。其中瑰瑋之論。讀之令人自失。顧辨澤矣。而頗謬事情。是用卒底於敗。前所謂得格利士版克者。亦誤於其說者也。

案。羅約翰。蘇格蘭人。生於一千六百七十一年。父為鈔商。少年鬪狠殺人。避罪走歐洲。飲博無業。時時以鈔策干時主。至一千六百七十六年用於法。創總銀號。其鈔大行。又說法王以美洲之盧夷鮮那諸部為殖民地。大開商業集公司。而法之印度支那非洲諸商業。皆為所兼并。財政悉歸羅一人掌握矣。是時國用驟舒。一千七百二十年為主藏。官五月。以鈔溢敗。家產沒官。屏逐出國。而俄王大彼得猶招之欲使治財賦。羅辭焉。後倘佯英義間。以一千七百二十九年。死於義之威匿斯。論曰吾讀史至鼂錯言爵者上之所擅。出於口而無窮。粟者民之所種。生於地而不乏。未嘗不歎後世人主之所以輕用名器。橫征民力者。錯此言禍之也。彼羅約翰之用鈔何以異此。往者奈端之學不明。人昧全力恆住之理。於是有欲為恆動機者。今則五尺童子。知其不可矣。彼鼂錯羅約翰。皆欲為恆動機者也。治平之道。始於格物。不其信歟。

英倫版克者。歐洲財幣所輻湊者也。一千六百九十四年七月二十七日。議院合辭以璽書冊立之。皆是時英國家舉債一百二十萬鎊。歲息十萬。其版克經理之費四千。而九萬六千為出財者息。蓋其時朝廷新建。民心猶疑。故所舉債。息重如此。越三年版克增母一百萬一千一百七十一鎊十先令。合前數為母二百二十萬一千一百七十一鎊十先令。而鈔乃愈通。至一千七百八年。納太府者四十萬鎊。而其息如故。知基扃稍牢。為民所任。故其息不過百六。與民間舉貣等矣。繼而國家又有所貣。而版克亦裒增母財。蓋至一千七百一十年。總計五百五十五萬九千九百九十五鎊十四先令八便士。而國債則三百三十七萬五千二十七鎊十七先令十便士半也。至若耳治立之三年。更納太府二百萬。一千七百二十二年。收南海公司券四兆。而增母三百四十萬。都八百九十五萬九千九百九十五鎊十四先令八便士。行銷九百三十七萬五千二十七鎊十七先令十便士半。蓋行鈔始過其母矣。迨一千七百四十六年。計母一千七十八萬鎊。而國債及行國中者。總一千一百六十八萬六千八百鎊。至於今猶如此。若耳治第三之四載。以更定冊書。所獻於國者一十一萬鎊也。

案。乾隆末年。法國拿破崙畫持英之策。其時英倫上下皇皇。君民相救。於是英倫版克許以三百萬鎊輸助國費。不收子錢。至一千八百三十三年而止。光緒初年國家償者已三百萬有奇。其國債猶餘一千一百一萬五千一百鎊。而歲息則百三云。

國鈔業具母執券主人。分利歲有高下。視國債所收息財及他關涉者以為斷。國債息高者歲百八。下者歲百三。而版克券息以百五半行者。蓋累年也。

必其所貸於國者皆亡。而後有虧折之事。故英倫國鈔業之安固不傾。其勢與英之國家等。議院不得更立新業。其他小業新立者。股主不得過六人。皆載盟府者。故其物為國之大器。不僅區區鈔商也。國債子錢之聚散。受之國。施之民。府藏契券之流通。田穀諸賦。先代納而後按收。皆其業之事也。故有時以挹注故。行鈔稍溢額。雖主者深知之。不得已矣。至於商賈之事。其豫息賒貸。與他版克同。英之大商洎日耳曼荷蘭之巨賈。恃其緩急。時至於百萬鎊之多。然亦有時而困。乃以零瑣銀幣。應支大數。以為綴緩待轉之圖。特不數見耳。

國有鈔業。極主者之智計。不能轉無為有。亦不能益寡為多。為之得其術。不過使無用者有用。使不生者能生耳。無鈔業。則經商者儲待用之滯財。有鈔業與之為通。前之滯者皆可不滯而為母。或為物材。或為器資。或為餼廩。而皆有生財之效。三品者。通財之輪轂也。而商賈儲之。以為見財。得此而後地利之所出。人力之所生。其俵散於民者無窒。然三品亦滯而不生者耳。是故一國之財。其中常有大分為之息幣。自鈔業興而治之得其術。易三品以楮幣質劑。夫而後滯而不生者。皆通而能生矣。是故三品之於國也。猶之徑陌塗術焉。有之而後野之所生國之所業者。周流而無壅。而徑陌塗術之內。未嘗長一莖茁一穗也。雖然。其無所生固也。而非有之。又必蕩平坦直焉。必不可也。故王者謹圜法。而鈔業之楮幣。則棄尋常之道路。而駕空為複道。御風為飛車者也。通之事自若且益疾。而向之徑陌塗術。皆可加耰耡為甽畝。則生者滋多矣。雖然。有其利者又未嘗無其害也。無行地神矣。而絕迹者又未嘗不危也。故鈔之為業。不僅不得其術者之未或不敗也。就令致謹而為之。亦有時焉禍發於所慮之外。雖有智巧。未如之何也已。

假使國受外侵。而都會失守。夫都會固鈔業之所在。而鈔業又三品之所儲也。一旦蒼黃。悉歸敵有。則國之楮幣。皆為空券。其紊紛錯亂。較之無鈔而用三品者。相去懸矣。貿易之事。無以為中。賦稅所存。半皆寶鈔。神京易主。所持者舉不足以為軍興兵食之資。則較之用三品而未嘗行銷者光復愈難。故有國之主。欲其地之可保。抑其地之或失而易復。不獨宜令行鈔不得溢額已也。又當使國中通財輪轂。用鈔者不得過多。則亦思患豫防之一端云爾。

案。斯密氏此言。出於乾隆中葉。而當時歐洲內地各國所為。常冒其所切誡者。故法蘭西革命。拿破崙力征諸邦。民生塗炭。而元氣不甦者幾五十年。當是時英以島國。自完其間。坐享厚利。竊得祿兵威之震。則亦財力之有餘也。又嘉道間德人理斯特嘗發憤而論理財。於斯密氏之說多所出入。而所大聲疾呼。則誡洲中人勿戰。令英國利權坐大而已。至今英人哆口動目。輒言商戰夸海權。而其實非英之自致。皆歐洲各國使之然也。古者六國紛爭。秦人得蓄其全力以制天下。近者甲午之役。東亞之勢。坐以魚爛。古今東西世局。若重規矩如此。列強林立之世。勞於戰守者。皆善內政而不輕言戰者之資也。區區制鈔。抑末耳。

鈔之可以酌盈劑虛者。以國幣所通。常有二塗之故。有行貨與行貨者之通。有行貨與用貨者之通。今夫或為金。或為楮。行貨與用貨者所通之財幣。固未嘗或殊也。然以日用之各有所急需。故同時所儲之財異物。在市之貨。商賈之所供。與民所分購而用者。其值等耳。顧貨之轉於商賈者其聚。而貨之銷於國民者其散也。貨聚者值亦聚。貨散者值亦散。聚。故所通者多完幣重寶。散。故所通者多輕品小圜。編戶之家。淩雜米鹽。日用所不可無者。皆甚輕之品。若先令。若便士。若半便士。其最急者也。且輕幣流轉之疾。什伯重者。故先令之流轉。疾於幾尼。而半便士之流轉。又疾於先令也。夫貨萃通國之所雜求。與商賈之所總供者正等。而其中交易之事。用無多之泉幣而已周。蓋品輕而流轉甚疾。一枚之用。當數枚也。

案。通幣分二塗。此斯密氏所獨明而關繫者鉅。所謂商與商通。又有本國異邦之分。大抵銀市之變。起於本國商群者為最多。而異邦商業變動。則多由用準不齊。朝暮騰趺之故。至於民間通行錢鈔。時有窒通。則由市井制錢之多寡。三者其原各異。言計者所宜分別者也。

審此。則知所以酌劑楮幣之術矣。蓋制鈔輕重大小不同。能使之僅通於行貨者之家。抑兼通於用貨者之眾也。今日倫敦之鈔。皆十鎊以上。故其用多在行貨之商賈。常民得一十鎊之鈔。欲購五先令之物。則須出而易之。然則此鈔用者方四十之一。其物已歸於行貨者之手矣。蘇格蘭行一鎊之鈔。則編民家而有之。往者有十先令五先令之鈔。則楮幣盈市廛間。北美初墾。鈔有一先令者。英國之約克沙有半先令者。則交易之事。無往非鈔。而三品益寥寥爾。

楮幣名數小輕如此。則治鈔業者不必多財。嗜利窮子。皆爭為之。其人署五鎊一鎊之券。持以入市。莫或受之。及以一先令若六便士散而行之。則受者無為齗齗矣。然其勢。必多敗負。且所負者多貧露小民。則於國有大害。不僅小小不便也。故為規中制。宜令鈔行無下五鎊者。此在吾蘇則將與倫敦之十鎊者同功。而前指之弊。可以免矣。

案。英倫版克於前稘行十鎊五鎊二鎊之鈔。至一千八百四十四年。則議院禁五鎊以下者。蘇格蘭愛爾蘭禁一鎊以下。民皆便之。

一國之鈔。行其大重而禁其小輕。如倫敦然。則市中金銀可常不乏。如北美如蘇格蘭。其政反此。無幾何金銀蕩然。至禁輕行重。真幣又稍稍出。近者蘇格蘭收五先令十先令鈔。金銀稍復也。若並收其一鎊者。金銀真幣。勢將更多。北美近事同此。

楮幣雖行大數而禁瑣小者。諸商之受益自若也。方未有鈔業時。商賈藏庋見財。本以待他商非時之支索。非以待購貨而用之者也。購貨而用者。皆予商者以見財。而非取見財於彼。故雖鈔之行者皆大無小。版克之豫息賒貸自若。商之不必藏弃見財自若。其受版克鈔商之益自若。

夫民與民交。不相強而各得自由者。人道之正也。故或謂鈔商具券剖符。無論其數之微鉅。而有其樂受之者。國而立法。沮其為此。則為侵民自由。而非絜矩之治。不知自由之義。重在於人無損。今使一二家恣所欲為。而不顧一國一群之大損。則是一二家者。誠自由矣。而如通國之不自由何哉。故罔利而害市廛。有國者所必禁。而鈔商之舉動必率由議院之所定而後行也。

夫署楮以為財。而署者之財力為民之所任。又無論何時持請真幣皆有以應而不虛。則其物固與真幣等。而物之以是易者。其貴賤亦當與以三品易者同也。乃或謂國之泉幣得鈔忽多。財多而物產如故。則物價將貴於其初。驟聆其言。似若可信。不知鈔之所益。彼金銀之去而他用者如之。則物價無由貴也。蘇之穀價。以一千七百五十九年為最賤。當此時鈔之行者獨多。而自前稘初年迄於今日。穀價未嘗更賤。英蘇二境。鈔業眾寡。今昔不同。而穀價之比例相若。英多楮幣。法乃無之。而英之麥價同法。至如休蒙所指糧食極貴之二年。則天時之為。以與鈔業之多。適相合耳。烏可援為證論乎。

至於私家所署之諸券。則大不然。蓋鈔之所以無異見財者。以隨時可轉故也。至於諸券。或署者成約不同。或守者事情中變。或年限未至。券不可宣。而此時又無所得息。如是之楮。雖亦名財。其所值自與真財迴別。特其相差之數。則亦視情事難易期限遲速之不同。而因為高下耳。

數年前蘇格蘭版克每於所發鈔票。別加標識。或見票即支。或及期始付。期則按加息利。行而漸濫。致有鈔者大抵不能即得見錢。行之市間。遂以折減。嗣議院倡禁半鎊及五先令鈔。同時並禁鈔中不得另加標識。於是英蘇鈔值始平。而民便之。約克沙行極瑣之鈔。有六便士者。民欲持至索真。則須積至一幾尼之數而後總付。於是市間亦折用之。嗣英議院禁之。而并廢二十先令以下之鈔。

北美。英之屬國也。其行鈔與英異制。政府設局頒鈔。令民行用。同為法償。約若干年後。始可轉真。而是若干年者。又空行無息。雖官局堅固不傾。然以通行歲百息六計之。十五年百鎊之息。則四十鎊也。國而奪此於民。雖亞洲專制之治。其取民無藝。不如是矣。故論者以為攘奪之政。殆無以自解於人言也。又彭斯爾花尼亞政府。於一千七百二十二年行鈔。患民折扣。則著令用鈔而與真幣法償歧視者。罰作之。亦暴政也。然其令無效者。蓋國家苟不顧理義。強取於民。即以一先令為一幾尼。蔑不可者。上有所負。以是償之。民雖狼顧。無如何也。特欲使民持一幾尼之貨入市。鬻以價一先令者。即峻法痛繩。不能得此矣。當是時。英倫貨幣行美洲者。於英百者。於美乃百三十至千一百不等。視其地行鈔眾寡。與轉真年歲遠近為差。而本國議院。令屬國鈔入英者。皆不得為法償。固其所矣。而屬國輒訾其不公。何耶。

彭斯爾政府出鈔。視他部為持重。故以抵通行金銀。未嘗折減。然亦有術。官局未出鈔。先令國中諸見錢皆故昂其值。往日五先令者作六先令三便士。俄而增至六先令八便士。故雖未行鈔而用真幣。其地之所名。已減什三。鈔之所折。罕過此數者。不折於鈔。先折於錢。是不折猶折也。方其令國中增昂錢值也。當軸意謂。如此則鈔行之後。金銀泉幣。不至外輸。輸之將虧折。獨不悟從此外來貨物。皆將與泉幣之所昂者比例增價。則外輸如故矣。此真物情常同。而人意自變者也。

屬國之鈔。許民用之以納征徭。完賦稅。無所減。與初名者同科。則其鈔雖不可即轉。然亦不廢。惟所頒之鈔。其數過征徭糧稅之數者。則其值又不能不比例折矣。今使為民上者。行不轉之鈔。而定民之納稅。必得幾分為鈔。布此令者。常能使鈔值轉高。又使造鈔之局。其出鈔之數常不及其納稅者。則鈔值之逾真幣。與所不及者比例。荷蘭國鈔。以兌換金銀。多者常百四五。名曰亞驕。其故以此。然其事於國計無益也。

鈔制多端。漲折互有。顧鈔自變耳。於百貨相待之情。無能變者。故每緣鈔賤。物價或昂人乃驟駭。此兒童之見也。大抵金銀之貴賤。而物價因之有低昂者。一視礦產之肥磽。入市之多寡。二視人功之奢約。轉輸之便難。二者之外。物值無由變也。

鈔商造幣有節而應支信。則國家可一任其所為。無動為大。擾斯害矣。輓近三島之內。版克如林而起。民或相驚。而商業反以益安。蓋同業日多。則經營者益慎。長慮卻顧。不能行溢額之鈔。而常防坌集之支索。由是造期者寡。而商有垣域。分之既眾。而獨任者輕。即有倒閉。所波及者狹。又以競者之眾也。故商賈之賒貸滋無難。而息率趨薄。若夫通功易事。果一業利民。則宜縱令自由。廣其競趨。而後風氣日上者。固不僅鈔業一端然也。

案。斯密氏之言鈔也。其所指便民利用之由。若專專於其物之不費者。雖然。此不足以盡鈔之美也。治化之天演日深。商群之懋遷日廣。易中為物。欲專用三品之泉幣而不能。多則滯重。難以轉輸。一也。秤量計數。繁瑣啟姦。二也。藏弃不周。動輒誨盜。三也。凡此皆三品泉幣之所短矣。是以東西二洲。不謀而合。場市略廣。質劑自生。蓋即使楮金二物。製費維均。民猶舍金從楮也。又有便者。楮幣製發多寡。可以應時而立具。通商盛大之區。貿易進退如潮汐。然其有待於易中也。時急時緩。三品之幣。鑄造需時。使市業必待此而後通。則常不及之勢也。

往者北美諸部。常以其地鈔業之有無。為商業所向背。往往以創立稍遲。坐失大利。理嘉圖曰。鈔者易中之極則。但使為制信而操縱得其術。舉國行鈔。民乃愈休。蓋鈔之所可慮者二端。而大抵皆形於差數。一曰用方亟而少發之。則鈔之值將過於所名。一曰徒行用而不可轉。則鈔之值必劣於所名者。二皆病民。而其後尤劇。故其擬英倫版克章程。謂宜定制民持一翁斯法金易鈔。常得三鎊十七先令。不得勒勿予。而持鈔易真者。版克金鎊即少。得以金鋌兌付。按泉局所定衡色（每翁斯值三鎊十七先令十便士半。與買入者稍別。）與之。如此則鈔常足用。而亦無溢額時矣。理言如此。後有議鈔者。可鑒觀焉。

又案。今天下無真易中。理嘉圖謂鈔為易中極則。然鈔必準金以行。而金之本值無定。至於銀為本位。愈難言矣。中國今日易中之患最烈。且無及其餘。但以田賦官祿言之。則可見矣。夫忠信重祿。所以勸士。國未有祿不足以恤其私。而可責人以廉潔奉職者。至其人以他道自輔。吏治尚可問耶。彼西人言我內政。咸謂中國官吏無廉恥。嘻笑唾罵無不至。嗚呼。豈真中國有貪泉耶。國家沿元明制祿。時殊世異。已五百年。而用其易中不改。故以詔糈言。使今日仕者而廉。必非人而後可耳。然則居今而言治理。不自更定田賦官祿始者。雖聖者為之。猶無裨也。英計學家斯古略言。易中求無變者必不可得。然時時知其升降舒蹙之度。而謹劑之。則道國者所不可不圖者也。其術取國中百產每歲平價。列之為表。十年以往。前後相方。易中之情。可以粗得。為之既久。至於曲線可推。而後據之以定田賦官祿。與易中進退相衡。田賦官祿既定。則其他度支。皆可比例升降。嗚呼。此真今世當務之急也。

第三章　論人功有生利有不生利

舉世皆勞。而收效各異。有致力於物而物值以增。有用力雖勤。而無後效。前曰能生之功。後曰不生之功。今如製造之夫。以其功力。被於物材。成器之後。其值遂長。己之生業以進。主人之贏利以多。皆生利者也。至於便辟使令之人。其勞亦至。而功不被物。去而無跡。是不生利者也。工師廠主。出財雇傭。其財無損。過時而復。且有贏利。便辟使令之功。雖勞無所復也。人以多雇工傭而富。而以多畜便辟使令之人而貧。其明驗矣。雖然。必謂使令者為無功。抑其功為無所值。則不可。是故其受餼廩與生利者同。獨製作者被其功於有形。可以轉售交易。其成物歷時甚久。猶存人間。今者以功成物。他日由物又轉為功。二者之量。常若相等。至於使令者之功。固匪所寄。則莫可轉。事竟力消。不可得復。

由斯言之。則所謂不生之功。不僅便辟使令之賤者已也。王侯君公。降至執法司理之官吏。稱戈擐甲之武夫。皆此屬矣。夫國之設官治兵。質以云乎。實皆在公之隸。而仰食於生利之民者也。非不知其業之可貴。亦非不知其人之不可無。而謂其功存有形。食而無耗。則不然矣。彼之所職者。一國之治平。民生之安集也。然而今年之治平安集。不可轉為明年之治平安集也。其去而無跡。乃與前之所謂便辟使令者同科。品上者若官吏師儒若醫巫若文章之士。品下者若倡優侏儒鬬力走馬。其功雖貴賤迥殊。輕重各異。而皆去不復留。當生即毀。則皆不生利而致貧者矣。

案。斯密此言。大為後賢所聚訟。徒尚有形之利。而不數無形之利。知民力之生財。而不察民德民智之有關於生財尤鉅。於義似為未安。然其言蓋有為而發。二百年以往。歐洲竭國財耗民力者。大害在武人教師。處貴位尊勢。食祿至優。而於群無補。苟諒其心。孰謂其言無當耶。不然。斯密豈不知國治而後可富。理明而後功審也哉。

總一國之民。無論或勞力或不勞力。勞力矣。或生利或不生利。其待養於地之所產民之所出則均。顧一國歲殖。只有此數。惟其養徒食者數寡。而後贍能生者數多。贍能生者數多。而後國之所殖乃歲進。彼一歲之中地之所自生者微論已。至於其餘。則固勞力而為生利之功者之所出也。

國之歲殖。雖以其終事言之。不外贍民衣食與益貲財而已。而方其乍殖之初。則其用大抵有二。一曰補復母財。或聚糧食。或鳩物材。或庀器用。缺者彌之。舊者新之。此其最鉅也。一曰分給息租。息者。役財興業者之所得也。租者。斥地植作者之所收也。其為分於農功最易見。每歲秋成。具母治田者取其大分。以復其前費之母。而其餘利則息利與夫有土者之租。農既如此。工亦有焉。成貨入市。其得利之大分。乃以復母。其次則息利也。

總此歲殖。其補復母財者。常仍為母財之用。頒餼廩。具物材。皆以贍生利之功者也。至於分給息租之一分。則或養生利或養不生利之功。難以定矣。人有財產而斥其多寡以為母財者。無不企其復而更益贏利也。故其所養。必皆生利之功。在彼則為母財。在勞力者則為歲進。如所養者為不生利之手指。則其財不名為母。而為即享即用之支費。

不事事之民。不生利之功。固皆仰給於歲殖。其給之也。或在分償息租之歲進。或即在補復之母財。蓋母財所以贍工。而工者取資衣食之餘。亦或費於不生利者。今如畜豢奴廝。不必有地之世家。役財之鉅賈也。廩優之匠。固亦為之。或以為作劇觀伎之資。或以納狗馬菸醪之稅。二者雖有滋侈急公之殊。而以資不生利者一也。惟既曰補復母財。則必先為生利之用。而後有以及不生利者之家。勞力者之得財以供諸費也。必其力之既盡。業之既成。而後能之。且其數常不奢。勞力者衣食日用之外。所餘固有限也。然而中工以上。常有少餘。故其供賦也數微而積多。則亦可恃也。總之不生利之功之所待。待於分償息租者多。待於補復母財者少。息租所贍多不急者。故可出入於生利不生利二者之間。而人意常樂出於不生利之一途。接陌連阡之主。歌舞之樂。俳優之笑。不絕於前。素封豪賈之家。車騎之都。賓從之遊。無間於日。則知租息二者費於無所復者多矣。

案。由此觀之。則國家責賦於民。必有道矣。國中富民少而食力者多。必其一歲之入。有以資口體供事畜而有餘。而後有以應國課。使勞力者之所得。倮然僅足以贍生。則雖桑孔之心計。秦隋之刑威。適足啟亂而已矣。故曰民不畏賦。在使之出重而輕。

是故欲和國中民功生利與不生利二者之比例。視每歲國殖補復母財與分給息租二者之比例。其比例率。富國之於貧國。有懸殊者。譬如今日歐洲富國。其土地歲殖。太半皆以復母財。而其餘乃分償田主之租與治田者之財息。往古小侯眾建。各私其地之時。田事斥母不多。以少半復。則為已足。其所謂田費者。不過數頭羸畜。縱之不治之地。飼以不藝之芻。況此區區。亦多田主之所界。則舉地所出。皆田主之息租矣。耕者多地主之奴僕。身家產業。舉非已有。時平則為役屬。戰爭則為卒徒。古之農事如此。今歐洲田主所收。無過三四分之一者。而田野治闢。地產日優。即此四分一之收。過古常三四倍。蓋農功日進。故其率日減而其實能日增如此也。

案。羅哲斯云前文所言。稍乖事實。考之英國去今五百年前。農母與田價相比。約三之於一。及今反是。農之用母。與田價相比。殆一之於三。蓋田功進而地力優。事固宜爾。至於歐洲田租增古。則五六十倍。而所收麥及他穀。不過方古九倍。則斯密所謂率減而實增。亦失考也。大抵英之地產。殆七倍於五百年前。而田租之增。則比例為進也。

至於商賈之業。在歐洲繁富諸部。其用母亦於古為多。古者商織工陋。需母固微。而贏率或厚。考當時息率什一。則贏者必甚充。而後有以償此。至於今日。中富之國。息率無過百六者。而尤富厚者。則自百四至百二不等。故商利雖厚。其用母財亦鉅。非若前者之母輕而利重也。案。謂古之贏率必先。以其時息大之故。則須證古之經商皆貸母為之而後可。否則一時息大。不足以云贏率與俱優也。息率之大。生於二故。一視貸貣二家之民數相待之多寡。二視其當時民信之何如。與贏率不相涉也。

故富國之歲殖。用之以補復母財者。過於分給息租之數。其比例既大。而為數亦多。故其歲殖以養生利之功者。亦過於以養不生利者。蓋使養不生利者多。則必分給息租之數先大。非不知分給息租之財。於二者之養。不必有所擇。然以養不生利者數終多也。

今若取其簡而易明。則試謂補復母財之款為母財。謂分給息租之款為支費。則母財支費二者相待之比例。大為民風勤惰敦薄之所關。譬如吾英。今日之民。勤於昔者。緣今日國財。區之為母以贍勞民者。多於三百年以往也。三百年以往之民。勞而無獲。乃多惰遊。其言曰。與其作苦而無獲。不若嬉戲而無餘。大抵工商業廣之區。其民皆母財之所贍雇。故其用力恆勤。而志存夫求進。酣嬉飲博。自以日銷。英與荷蘭之民。多如此者。設其地為都會。而為王侯甲第之所州處。養小民者不在母財。而在豪族貴人之支費。則其民皆窳婾生。美衣豐食。而無積聚。如義之羅馬。法之華賽爾、康邊尼、方得不洛諸郡是已。法之幕府諸郡。（此係當日國制。與今絕異。）司理居之。為訟獄之所輻湊。小民生計。仰於官吏與赴愬者之支費。其民乃佚而貧矣。惟鄂盧恩皤爾多二郡。以地勢形便。為商賈要區。其民稍異。鄂盧恩者。巴黎門戶。受外來之百貨。皤爾多者。法南歲釀之所聚。前者內輸。後者外轉也。其所便如此。故商賈就之而民業興。他如巴黎如班京之馬得立。如奧京之維也納。民風皆澆矣。歐洲京邑若倫敦若力斯彭若葛彭赫根。為都會而其民不偷者。亦以所處最優。舟車走天下。百貨所轉輸。故其效能如此。至他京師。雖有商賈。所通轉者不外本邑之所銷售。欲斥母經營其地。令如製造處所物產行天下難矣。無他。民惰難用。故也。英蘇未合之先。額丁白拉非製造商賈之邑也。自議院廢。國之王公貴人不居其地。而後民業稍稍興焉。而法司榷部猶在。故民勤不及格拉斯高（格拉斯高於一千八百八十年上計富庶次倫敦。）嘗見大鄉之民。於農工之業已甚進矣。嗣一公侯貴人。起宅移住其中。鄉之民業。乃復就耗。而編戶貧窳如初。由此觀之。欲知一地居民之勤惰。察其生計之仰於母財支費二者之孰多。足矣。仰母財者民興。仰費者民窳。民窳則生利之業自微。生利業微。則歲殖日退。而庶富之象寖以衰矣。

一國母財之增。必由儉。其損也。則由豪侈與妄為。所以曰由儉而不曰由勤者。蓋民雖必勤。而後儉有所施。然使徒勤不儉。其增無由。故儉者增之切因。而其先之勤與否。可勿論也。今有人於此。節一己之支費。而益之於母財。是母財者。彼自用之以勤生利之功可也。或以資人使畜生利之功亦可。前之所為。則收其全贏。後之所為。則分其財息。夫一人母財之增。舍節用無由得。則知一國母財之進。非眾民之儉約莫由來。

案。穆勒約翰曰。凡母財。非節用。其物不生。非斥之以規後利。其用不著。故其界說曰。母財者。節用成積。而用之以規後利者也。雖然。一國之富。不必盡為母財也。必有蓋藏。以待非常之費。

是故惟儉有以獎勤。蓋儉而後母增。母增而後勤者有所藉手而致力。以其有所致力。而勤民乃以日多。一國之地產。由生轉熟。所殖日優由此。勞力之民多而不壅由此。

案。由此言之。則富庶之源。皆發於儉矣。然計學家則謂民增之限視食。而庶之為量。又視日用飲食所謂民質之崇卑。使民質崇。則過庶不易。而所患或稀。若民質甚卑。則過庶易成。而所患眾矣。徒儉菲不足以救之也。民儉之患如此。此又當與前說參觀者也。

每歲之所蠲。其耗而不留固也。乃每歲之所畜。亦耗而無遺。其耗一也。特耗之之民異耳。今如富家之支費。或以待賓客。或以養僮奴。誠食焉而無所復。乃即斥所畜以規後利。而既斥為母之後亦欲無耗不能。而耗之之人大異。若傭工。若匠師。若將作。皆耗者也。惟耗盡之後。復其母於所成。而贏利附之耳。故節嗇之家。歲有所餘。區以為母。以養勞力生利之功。其所養不僅當歲之業已也。一養之後。歲歲無窮。母轉為貨。貨復轉母。且此不必國有刑憲。工有盟約。以開其為此禁其為彼也。利實顯然。民自守之而不變也。是故財一為母之後。其繼今所養。必皆生利之功。而永永無絕者。自然之勢也。

至於不終為母者。亦有之矣。豪縱之家。歲入不足。則蝕其母。蝕母則移生利之財。以從其不生利者。蝕者其母。遂並其所生之子而亡之。於是歲產以微。而國財坐減。故一國之豪侈。使無節嗇之民以與之相捄。勢將奪勞民之食。以贍無所出之惰民。其敝不止自貧而已。浸假必貧其國。縱豪家所糜。舉非外來。而皆為其國之本產。其有害於一國之母財。而使生利之民失養者一也。蓋母財既虧。則必奪生利者之食。以贍無益之功。生利之民日寡。則國之歲殖亦微者。勢也。議者謂豪侈所銷。非外貨而本產。則金銀不出境。貨雖銷。而金銀仍留於國。故為無損。不知使此財不耗於無益之功。而以養生利者。彼將復母於成物。而贏利附之。金銀之不出境同。而已費之財。變其形而猶在。不見少而加多。前者一而後者二。夫豈豪侈者之所敢望乎。

且使國之歲殖日微。則所謂仍留於國之金銀。其勢亦不可久也。夫金銀者。通轉百貨之易中。得此而後散樂售。予欲得。農工商所出之交易便也。是故一國易中之多寡。常以轉農工商所出之多寡為歸。不能遠過。亦不能甚不及。顧所轉之貨。烏從來乎。非其土地人民之所自殖。則必殖之於外邦。易以本產而得者。然則國之歲殖微者。其所轉之貨必與俱微。所用易中亦以減少。而舊有之金銀有曠不用者矣。然此曠不用之金銀。不終曠也。主者必將役之以求利。求利而國中無所用之。則雖嚴刑峻典。禁勿外流。彼必輸之外邦。而致本國可銷之物。歲殖所不足者幾何。此金銀之外流者。必與之同其值。當其盛旺。出內產所有餘。以易外邦之財幣。及其衰耗。則出財易貨。以補所待銷者。故非金銀出境。而後國貧。乃因貧而後有金銀出境之事。出境者所以救貧也。但歲殖不增。則金銀之能救者。亦無幾耳。

富而進盛之國。其農工商之歲殖日多。多則所待以為通轉之易中亦進。其勢必祛歲殖之一分以取易中。無論何所有金銀。皆其所與易貨者矣。惟國富而後金銀歸之。非金銀多而後國富也。夫金銀之價。大地一耳。礦工有衣食。轉運有舟車。更費之餘。必益之以贏率。凡國能具價而需某物。則微論產於何地。其物自來。此不關金銀抑他物也。使其國不需是物。是謂綴旒。綴旒而久不去者。未之有也。

是故國富之實。存乎歲殖。而世俗淺夫則指其中所用之黃白。究之無間為此為彼。其豪侈者日為貧國之事。為群之仇讐。其節嗇者日有富國之功。為群之父母。意不必存。而功效自爾。不易之理也。

案。道家以儉為寶。豈不然哉。乃今日時務之士。反惡其說而譏排之。吾不知其所據之何理也。斯密言儉者群之父母。雖然。但儉不足以當之也。所貴乎儉者。儉將以有所養。儉將以有所生也。使不養不生。則財之蠡賊而已。烏能有富國足民之效乎。或又云奢實自損。而有裨民業。此目論也。奢者之所裨。裨於受惠之數家而已。至於合一群而論之。則財耗而不復。必竭之道也。雖然。一家之用財。欲立之程謂必如是而後於群為無損。則至難定也。於此國為小費者。於彼可為窮奢。法之巴斯獺。英之耶方斯。皆論之矣。大抵國於天地。耗民財以養不生利之功者。蓋亦有所不得已。奇技淫巧。峻宇雕牆。恆舞酣歌。服妖婦飾。此可已者也。而兵刑之設。官師之隸。則不可無者也。使其無之。將長亂而所喪滋多。吾聞天演家之言曰。民德猶下。郅治云遙。其不生之功必眾。而民生從以不舒。今夫各國歲糜萬萬。張海軍而治陸師者。大抵欲自為其無道。而禁人之無道耳。司李之官。歲祿最厚。督工之俸。優於執功。凡此皆民德之不可恃。而侵欺者繁致之也。使其不然。則省之以厚民生者。豈不鉅乎。雖然。兵刑官師之必不可廢。固也。而必立為之制。於國之四民。賤其三而貴其一。使一國之聰明才力。不爭出於生利養民之農工商。而皆出於耗財治民之士大夫。而又雜冗而不精。濫多而無用。使前言而信。其國之日趨於貧弱且亂。非其所歟。且夫兵廣不精。其害尤烈。此學操兵而業殺人者。固皆操耒耜而業食人者也。一云募兵。則使生者益寡。食者益眾。已甚病矣。然猶曰此所以衛生民而保積聚者也。而今日之兵。其衛生民保積聚。又何如乎。時平則糜糧餉。臨事則乏軍興。事後又有兵費之賠償。哀哀下民。遘此天罰。竊以為國之額兵。宜居小數。蓋今日軍旅之事。難在訓將。不在練兵。誠使軍制齊均。將由學問。則臨事之時。固可化一以為十也。使其不然。多乃益棼。一挫之餘。不可收拾。徒竭國力。復何益乎。

前謂損國母財。在豪侈妄為二者。夫豪侈之害既如彼矣。若乃妄為者之害母財。與豪侈者常無異也。其智之不周。其功之不濟。若田農礦功漁務洎夫他工賈之業。坐是敗者。皆足以耗國財。而令生利之功匪所養也。雖此數者之用財。必皆耗於生利者之衆。而因其鹵莽。利末由復。抑復之減前。則日月之後。國之母本。寖微寖亡。故曰害與豪侈者無異也。

廣土衆民之國。基扃既牢。雖有豪侈妄為之民。其害常伏而難見。夫樂由勤儉以求善其生者。民之恆情也。前者之所損。常不敵後者之所加。此其勢之所以不傾也。

案。當同治之世。俄羅斯貧乏特甚。小民之所勤積。每不敵貴人富賈之所虛糜虧折者。故其時母財耗而外債日增。然則斯密氏所云。亦有不盡然者矣。

蓋縱侈放流之失。根於一時之情欲。方其盛熾。遏抑固難。然其勢每不可以持久。至於勤儉積畜之事。則起於人心求進之所同。孜孜然如掘井之求泉。閔閔爾若嬰兒之望長。自有知識至於蓋棺。未嘗或已也。夫謂一身之中。有怡然自足之一時。不復望進。不復願餘者。其人寡矣。既樂求進矣。則太半之民。常以加富為進境之最實。而加富之術。又莫若撙節歲入之常可行也。故縱侈揮霍之事。雖為常人所或有。抑為一二人所常有者。而察之眾民之中。求之畢生之際。則一國之內。儉嗇之用。常倍蓰於奢侈之行也。即以妄為而論。經營之事。民智厲而愈優。亦善而有功者多。不善而敗仆者少。今者市中人語。動曰倒閉歲多。然試合一國而言之。則千賈之中。倒閉者殆不過一人而止。商群日廣。倒閉之禍。乃人生受罰最酷之端。中智之夫。莫不知避。若夫人情之變。鼎鑊如飴。是固不可以常理論矣。

是故國家之傾敗貧蹙也。恆由官吏之放恣。而不由民庶之驕奢。夫一國之租稅。每歲之度支。已為不生之費矣。宮寢朝廷之美富。百爾執事之雍容。神甫牧師之嚴重。步騎樓船之張皇。當其隆平。既非生財之眾。四郊多壘。又有軍興之煩。就令有取於敵。而以比居平養兵之所糜。敻乎遠矣。故王侯君公大夫將卒者。不能養人而常待養者也。使制治者不念其為竭民膏脂耗損國力之眾。使之相乘益蕃。浮虛宂從。其國歲殖。所費日多。勢且無所孑遺。以贍來歲勞民之食。則乙歲之殖。不及於甲。丙年之計。更遜乙年。夫上供之費。法宜止於支費之中。苟浮律之餘。國之度支。盡此而猶不足。則其勢不能不侵母財。母財既侵。息租益乏。民雖極於勤奮。而損下者終不足於益上。此叔季之世。所以流離者眾。而國月削日微也。

雖然。國至於此極者。蓋亦罕矣。大抵國中儉勤之民。為數常多。而其力至大。其勢不獨有以補惰民之侈靡。且有以救君上之驕奢。修業厚生之意。清淨純一而無間。其力常流於閭閻畎畝之間。始也一國之進化以此。民生之樂利以此。而美俗既成之後。毀之亦難。故雖為上者不幸敗度亂常。其民力猶足自完而彌縫其敝。此如生人之身。既成丁壯之後。雖偶有陰陽之沴災。庸醫之誤治。而元氣未漓。終有以自復其常體也。

夫欲一國歲殖之益多。舍生者益眾。為者益疾。無他術矣。欲生者之益眾。道在食功庀材之母財廣。欲為者之益疾。道在利其善事之器而分功密。然則二者皆益母財而已。利其器者。益常住之母財也。密分功者。益循環之母財也。故國有紀乘。苟取其二時之富厚而較之。顯然見後之歲殖過前時。田野加闢。工業愈繁。商域彌廣。則知此二時之中。母財所增眾矣。彼勤民之所濟。較之惰民與在上之所耗者。必倍蓰不啻無疑焉。國殖之進。各國同之。使無內訌外侵。而民生樂業。則雖制治未善。其進而加富自若也。特欲考其實。所取二時。宜略相遠。蓋國財進境。恆漸而進。

使二時太近。則不特為進難知。而人情聳於目前。往往因數業之失利。幾處之偏災。遂愀然謂生計之日促。而其實乃大不然也。

譬如今日英國之饒富。凡土地民人之所歲登者。持較百餘年以往當察理第二復辟之英國。其遠過之。固無疑也。而乃居今之日。不五載以前。有人著書。極言民庶之流離。田疇之瀦廢。百工衰少。商業耗虧者。此其見非出於黨私門戶之忌嫉。而故為呼籲以聳當途也。彼方深信極喻其為然。故不惜號詔聲嘶。以諷同國。其本於至誠如此。而其所采之說。乃大謬於事實如彼。吾故曰較二時之國財。其取點不宜太近也。

若夫世治降而彌隆。國財降而彌進。大都皆然。無或爽者。今若以察理復辟之英國持較額理查白之代。則又進矣。以額理查白之富庶。持較約克與蘭克斯特互爭之時。則又進矣。而以此時較之威廉開國之世。以威廉之世。較之撒遜七部之世。其差數又將顯然。夫當撒遜七部之世。英之貧僿。可謂極矣。然以比凱撒至止之時。英之土著。與北美之原種無以異者。又未嘗不大異也。草昧降開。民生漸裕。有灼然無可疑者。

其有害民生之事。世而有之。蓋不止公家之暴殄。民庶之豪奢。與夫黷武窮兵。致國財不養能生之功。徒資不復之費而已也。甚至內訌方深。國民廢業。虔劉矯奪。蕩無孑遺者。亦世有之。即如自察理第二復辟至今。吾英號為幸國矣。然其間棼亂敗危之事。夫亦何可勝書。使其前知。必將謂繼斯以遙。不可為國。若倫敦之大火。半城盡為灰燼（康熙二十七年。）不旋踵而大疫。民亡其什二三。其後英荷之兩戰。雅各之民訌。愛爾蘭之內亂。法蘭西之四戰。民變之再興。此皆復辟後事也。英法之難不解。國以負債者百四十五兆。合之前後籌防善敗之費。蓋糜者不下二京。凡此皆國本之所以致虛。民生之所以無賴者也。假令天福吾民。幸無此孽。則將移此為厚生之事。不知歲進之數。增者幾何。是中宮室之加多。畎畝之加闢。工之所造。商之所通。百年以遙。雖有精計之夫。不能算矣。

案。自拿破崙放流絕島之後。英之無大兵革者。殆百年矣。而美利堅自華盛頓建國以還。四封晏謐。故至今英美之富厚。遂甲五洲。斯密之論。所謂縣諸日月不刊者矣。顧其間如亞洲之波斯土耳其諸國。歐洲之義大利西班牙。平靖者亦數十百年。其國不能稱富。則何耶。豈皆天時地利之不若耶。羅哲斯曰。國家害富之事。邦國外侵。不若庶民之內訌。庶民內訌。不若秕政之時行。蓋邦國外侵之費。待之以帑藏民賦。猶不足。則借貸以償之。皆歲殖也。故其害在子而不在母。至於內訌。則不特勞民罷業。而戕賊殘毀。所謂常住母財者。往往罄數百年之所締造。然猶不及秕政之害也。秕政行。民之身家不保。將群之所待以立者。舉以蕩然。尚何論於財富乎。

國家用財不節。致吾民進富厚生之事。緩而難期。則有之矣。而欲絕民財進長之機。又不能也。今吾英士宜民巧之所出。固遠過於百年以往者。由是而知其所用母財。必亦遠過。百年中彼操柄之人。朘削吾民。可謂不遺餘力。幸厚生之性。民有秉彝。上之所糜。終不敵吾民之所積。又幸英律差平。下民之執業治生。可惟所欲為。非其上所得過問。此則英國所以阜財致富之命脈。但使此制長存。民之生計。可無慮也。獨是英自開國以來。從未蒙君上恭儉為民之福。上行下效。故亦無崇尚儉德之民。昔政府嘗鰓鰓然慮其民之不節致嗟。為之頒立法令曲防事制。非徒無益。顛倒甚矣。彼謂民飲食衣服。須有等差毋許僭濫。又禁外國奇物。勿入邊境。諸如所為。多可笑者。不知國有侈民。即存公等。誠欲崇儉。理從上先。使上而儉。吾未見小民之以奢自累也。

案。羅哲斯曰。斯密所指。蓋先英之日用律。今則廢不用矣。當斯密時。尚為民害。故其言如此。考古今所至不同者。今謂國家民之公隸。古謂君上民之父母。既曰父母。則匡拂勞來之政。樊然興矣。卒之元后聰明。不必首出於庶物。其為顓愚計者。名曰輔之。適以錮之。名曰撫之。適以苦之。生於其政。害於其事。此五洲國史。可徧徵以知其然者也。是故後之政家。僉謂民之生計。祇宜聽民自謀上惟無擾。為禆已多。而一切上之所應享。下之所宜貢者。則定之以公約。如此則上下相安而以富。史遷申老之言曰。善者因之。其次利導之。其次教誨之。其次整齊之。最下與之爭。又曰此豈有政教發徵期會哉。各勸其業。樂其事。若水之趨下。日夜無休時。不召而自來。不求而民出之。豈非道之所符。而自然之驗耶。其丁寧反復之意。可謂至明切矣。

儉則國之母財增。奢則國之母財減。所出正如其所入者。其母財不減亦不增。而有同為奢矣。以其用之不同。而於國有異效。蓋物有耗之今日。而明日所耗如今日者。有其物可久。今日既耗。則明日不必耗者。譬之多財之家。日食萬億。賓客豪飲。群奴大嚼。多畜狗馬。外作禽荒。此一術也。其有斧藻楹桷。闢治林墅。几榻精緻。廣羅圖書。此又一術也。其有加意致飾。明璫瓔珞。金剛瑊功。灼爍滿前。此雖更鄙。亦一術也。其有綺繡金羽。衣裳滿箱。宛死之日。誰復揄曳。此雖最劣。亦一術也。今設甲乙二富郎。甲之侈靡。出後三術。乙之恣肆。用前一術。將甲之所為。日見其積。今日所有。較昨為多。而乙則不然。事終所有。較之方始。無所多也。故日月之後。甲將比乙為富。凡甲之物。固不必悉如其原值。而乙之所費。乃無一餘者。

家既如此。國亦有然。若宮室。若器皿。富者之所有也。年月之後。將為中戶之所資。富者既久而厭之。他人購取。不必原價也。故一國之室居器物。將以漸美。國久不被水火刀兵者。往往中下之民。享富貴者之奉。其物尚完善也。而其主已易。使非人情之厭故而喜新。則中下之民。勢必不能自作而自享之也。賽摩爾之舊第。今為旅館。雅各第一之昏牀。其后攏之丹麥者。今在丹和林酒肆中。每經數百年古邑。見其中無一宅焉為居者所自建。廣宮華墅。數十萬卷藏書。石像圖畫。及他骨董。充牣紛羅。皆前人之所遺棄者。此其物不僅飾觀而已。實一地一國之所永寶。而為聲明文物之徵者也。如法之華賽爾。英之威勒登斯突是已。義大利之財力。不足道矣。然猶以舊國多寶藏之故。尚為文物之邦。問當日為此之人。致此之力。則無有存者矣。

然則費其財於可久之物者。有形而易積。糜其力於一昔之奉者。旋滅而無餘。明矣。且費於可久者易於改行。糜於旋滅者難於更張也。今使有人於此。前者僮指百千矣。忽裁其數於甚少。前者廣筵盛設矣。而忽變為數簋之陳。前者車騎雍容衣服都麗矣。而忽徒步杖藜。冠履純素。若此有不為旁人之所訝。而謂其事有失意者耶。故侈習既成。不可卒變。變必有所迫而後為之。而費財於可久之物者則不然。事土木羅金石。收圖書。一旦覺其所為之過。為力所不任。幡然而改。固無難也。旁觀者亦不從而議其後也。即有議者。將不曰其財之不供。而曰其意之已闌也。

又有進者。費財於可久之物。則其所養者常多。費財於即消之事。雖日膳百人。惠亦徧也。夫一夕之宴。脟割百筵。旨酒千罍。所餔可謂廣矣。然其究也。饗者半。毀者半。饗而贅者。半之中又有半焉。向使如是之費。用之雇梓匠。攻瓦石。將涓塵之施。皆有受者。且其所養者多生利之功。則於國有益富之效。雖侈而未嘗侈也。

是章所論。不過推事勢功用之所極。而於心固無所偏主也。如曰養生利之功者。為仁人。為義舉。耗於不生利者。為不仁。為非義。則大不然。吾所言者事效。而用意之美惡。非吾書所有事也。即如前事。費財於一昔之奉者。其人可為仁人長者。而為積於可久之物者。用財必求其反。或為封靡刻酷之小人也。第自一國而論之。前之為事。其用意雖美。於國財為耗。而主於致貧。後之為事。其人雖不仁。於國財為利。而主於加富。讀者幸勿輕用其訾謷也。

案。此章分功之生利不生利。正與本卷第一章之分歲殖為支費母財相表裏。斯密意主進富。故其用意措詞。於第一章則重為母之財多。於此章則求生利之功眾。然此皆致富之由。而非享富之實也。今使一國之民。

舉孜孜於求富。既富矣。又不願為享用之隆。則亦敝民而已。況無享用則物產豐盈之後。民將緩然止足。而所以勵其求益之情者。不其廢乎。是故理富之術。在一國之母財支費。相酌劑為盈虛。支費非不可多也。實且以多為貴。而後其國之文物聲明。可以日盛。民生樂而教化行也。夫求財所以足用。生民之品量。與夫相生相養之事。有必財而後能盡其美善者。故曰倉廩實而知禮節。衣食足而知榮辱。禮生於有而廢於無。由此觀之。國之務富者。所以輔民善治也。家之務富者。所以厚生進種也。皆必財之既用而後得之。藉曰不用。則務富之本旨荒矣。此支費之所以以多為貴也。顧事必求其可長。而養必期其無竭。且國之戶口。既以日滋。則財之為物。亦必日進以與之相副。此憂深慮遠務蓋藏積聚之民。所以又為一群之母也。約而論之。財如粟然。其專尚支費而不知母財之用者。穫而盡食者也。其獨重母財而甚嗇支費者。罄所收以為子種者也。二者皆譏。獨酌劑於母財支費二者之間。使財不失其用。而其用且降而愈舒者。則庶乎其近之矣。

第四章　論貣貸息債

以所積貸人而課其息。此貸者之母財也。貣貸必有期。期熟。其財復於貸者。而視期長短課子錢焉。此舉債之常法也。貣者用此以為母財可也。用此以為支費可也。以為母財。則所養者生利之功。故其費可復。且有後利。其償債也責之原財。不他仰也。以為支費。則所養者多不生利之功。而奪生利者之食。故其費不可復。而償債也。必仰於他財。其原財則銷而無餘矣。

夫稱貸之事。為母財。為支費。固皆有之。然而為母者其常。不為母者其偶也。仰支費於貣財。其勢不可久。而貸者常至於悔。於兩家莫利也。故其事難常。

以產為質。則雖貣財不為母。而人猶樂貸之。然以產質財者。不必盡以為支費也。使其費之。則費先於貣。鄉邑舊家。其家室口體之需。半由賒貰。索債者亟。則質貣以了之。故其所貣者。所以復市肆工賈之母財。而益之以利也。求於其租入而不足。而後為此耳。

所貣貸取與者。泉幣也。或金銀焉。或鈔券焉。而指其實則貣者之所取。貸者之所予。皆非泉幣也。其泉幣所當之物耳。彼貣之以為支費乎。則所易以即享即用之貨物也。彼貣之以為母財乎。則生利之功所資之物材器用與餼廩也。是故以財貸人者。畀之以御物之權。取己所得役之物力以與人也。

所以云貣貸者。泉幣而非泉幣。必為所當之貨物者。非故為此無用之別異也。言國財力。不如是將不明。蓋一國之內。相貣貸以錢鈔。而錢鈔者不過相轉之器耳。而其中可轉之物力。不得以錢鈔之數限也。錢鈔一而物或百十焉。何以明之。甲乙丙三人為貸者。辛壬癸三人為貣者。始也甲以千金貸辛。辛用之以購千金之貨於乙。乙無所用是財也。以之貸壬。壬用之以購千金之貨於丙。丙又以貸癸。癸又以購貨如所值焉。夫如是之為。同此千金之錢若鈔。數日之頃。以為貸者三。以購貨者三。每皆千金之數。甲乙丙之所畀者。御千金之物權也。辛壬癸之所受者。千金之物值也。所用以轉此權者一也。而所轉之物三之。甲乙丙之財常復以息。辛壬癸之經營。各有贏利。且此不限於三而止也。雖三十三百可也。而所為千金者。則猶故物也。是以知一國之物力。其可斥以貸人者。視歲殖之所出。與主者所不欲自事者。而所以通之財。為無與矣。以其無與。故不得準之以論母財之盈虛也。且其所出息錢。亦與農工商之贏利異。息者。所以得權之資也。贏利者自用母財。勞而後獲者也。

故以母財貸人者。與畫其歲殖之一分以借人者無以異。其為此也必有期。當期。貣者歲有所納。是謂之息。及其期盡。貣者之復。如所貸者。是謂還母。若還母。若納息。之二事也。世皆以金銀楮幣為之。故習而不察。不知二物之殊。苟諦其實。則母息二者之所當固大異也。

國之歲殖。必有大分以復母財。惟母財之待復者愈多。其國中之息率乃愈大。富民之歲費。責出於所有之母財。又不願自役其財。以自求其贏利。國饒如是之財者。而後齎貣易而息率輕。

國富積多。願貸者眾。則息錢世輕。此如物矣。供者日多。求者無變。則其價漸廉。然尚有他故。母財日廣。則贏率日微。有母財者。求善業而用之難。難故其勢競。競則相排。排之之道。在售賤而買貴。所售者馭物之權也。所買者生利之功也。夫如是。則息日廉而庸日增。息廉者始於贏薄。庸增者始於母多。此富國勞民之所以日休也。

往者洛克羅約翰孟德斯鳩及他數公。皆謂自西印度礦產日闢。世之金銀緊多。多故賤。賤故其息率降微。此其說初若甚當。然乃大謬。休蒙大闢駮之。宜矣。若無待不佞贅言者。然有簡而易明之說。使數公明此。不至墜雲霧矣。

案。息亦以金銀為之。此眼前理。不審洛克諸人之何以誤。宜其蒙後人排擊也。

美礦未開之前。貸百歲十。歐洲息率。大致如此。既開之後。則歲息降為六分五分四分至於三分者有之。今設銀值之降。與此比例。譬如歲息由十降五。其國以銀購貨。前得一者。今亦半之。此不必事勢之誠然。特以借喻。以見銀值之高下。與息率微鉅。絕不相關已耳。其國銀值。既以減半。則今之百不過前之五十。今之十鎊。不過抵前五鎊。如此則無論銀值因何而賤。其母之賤如是。而其子之賤亦如是也。大小固異。比例則同。故使息率同前。無論銀值之如何不同。則其母子相待之數。終無有異。而息率稍變。則母子相待者因之亦變。今之百鎊。僅抵前之五十。則今之五鎊。僅抵古之二鎊十先令。明矣。故息率之變。由十至五。而銀值之減。亦半於前。則今以百鎊得五鎊之息者。猶古以五十鎊行二鎊十先令之息也。如此則與百之得五。所謂名實未虧者也。

大抵國中之三品驟進。而物產如初。則三品必緣以減值。然其效不見於三品之賤。而見於百物之貴。名貴。實則同也。其物之易錢雖多。而其馭功養人之量。必同乎昔。故其國之易中。雖若加多。而其國之母財。未或增減。且其所當同而名數眾。則交易之事轉以贅重。未見其益。反不便矣。國中所以養生利之功之母財如故。物價工庸雖貴。而出以易物之所得。亦與舊均。二者以金銀之多寡言。故實同而名或進。至於贏利。以比例言。則名實舉不異前矣。贏利者。子錢之所從出也。贏率無變。故息率亦無變。

反是則物產加多。而泉幣如故者。可以見矣。不僅三品之值進也。將亦有他效焉。母財之數。名同而實多。其名價無殊。而馭功致物之權則進。母財既多。工市自廣。故其庸雖或見少而實增。而贏率則日退。贏率既退。則息率必與俱微矣。統前後觀之。息率進退之情如此。夫豈如前數公之所論礦產大出而息率遂微也哉。

有國焉。以貸財取息為不義。則制為律令以禁之。然而得人財而用者。其勢將有所生。則其分利於主人。亦物理人情之至正。是以其法雖立。而常不行。且事反所期。而息率為之加大。蓋方其未立禁例也。通財取息之家。為所當為。無懷刑之慮。及其禁之。則為犯憲而其身有刑。夫犯憲有刑。人情所至不願也。則欲貣其財者。其利必加優。而後其財可得以貣也。此以計學之理言之。則常息之外。加以保險者也。息未嘗加。所加者乃保險費耳。

有國焉。不禁貸財取息而禁過重之息。名過重之息為剝利。犯剝利者有刑。此禁為愈於前。然其所限之息率分數。宜大於市中通行最輕者。乃可行也。夫同為稱貸。而息則此重彼輕者。其相任之情異耳。故償最信者息最輕。使律為之限制欲一切取最輕者。抑猶不及。則其敝與全禁取息。無以異也。貸者之所取。必準時酌勢。不肯劣於所應得者。而貣者於此之外。又必保險焉。法愈重。則其所謂保險之費愈多。又使一切用最輕之息率。則謹愿之民。將被其殃。愿者畏法。而力又不能出穩質。則其勢且折入於剝利之家。英國貸財。常息國債歲百三。私家相貣貸。有穩質者。率歲四分若四分五釐。使律定五分為通行息。庶乎近之。

國家之制通行息率也。宜略過於市中之最輕者。而不宜遠過。假如今日吾英息率。議院定之為歲八分或歲百十。則國中母財。將歸於輕銳喜功之人。蓋惟此曹而後舉重息而不恤也。謹審持重之人。計獲圖全而後舉債。必不與輕銳者競也。然而成事謹審持重者居什七八。而債事輕銳喜功者亦什七八。以制重息之故。輕銳者之舉貣易。持重者之舉貣難。則國財之不復者亦什七八矣。使制息略過最輕之率。則有財之家。將擇謹審持重者而貸之。輕銳者之事疑。故為之者少。持重者之事信。故為之者多。則息輕重雖殊。究之所得亦正等耳。而國財少失多復。則民生之大利也。

案。後人謂斯密氏此節為贅言。蓋國家之所制息者。防剝利也。故為之制輕。則有前者之事驗。至於制為重率。無所效矣。夫有財者以之貸人。不以制息甚重之故也。所留意者。債之必復否耳。凡民之貣貸。以息重輕皆有其所以然之故。大抵成於時勢。而非民所能為。為國者所宜一任自然。乃無流弊。即欲補救。亦當討本清源。而後有益。徒制末流。鮮不病也。中國雖禁盤剝。然其律若虛懸不用。英與法德美諸邦。輓近乃廢。夫亦知其無益爾。

國中行息有率。為上者欲以法使之更輕。必不能也。往者法國當一千七百六十六年。息率最小者五分。而著令不得過四。一時莫有行者。有貣貸皆五分以上。而為之多立名目。以與法相遁。又何益乎。國中地價高下。與稱貸之息率重輕相表裏。所以然者。人有餘財而求歲有所入。則躕審擇於二者之間。買田宅乎。抑舉以貸人取利息乎。田宅安而可恃。且有地者人情所重。故租入雖稍微。猶樂為之。而地價漸以高。然使所差過鉅。財息甚優。而地租甚微。則人爭出貸。而地價漸降。大抵財息什一之時。地價常法十年十二年而復。使財息日薄。降至百四五者。地價亦進貴。三十年二十五年乃復也。英與法相比。法之財息重於英。而英之地價大於法。英人售地之價。大率三十年復。法則二十年復。乃得售也。

案。世界降而愈通。則生業息利之事。其不齊者日寡。民所擇者。在各適其才地而已。外是無所擇也。然而業終以有地為貴者。其故有二。一曰地日降貴。此或由智巧之進。所收日多。抑生齒之繁。曠者日寡。二曰有地之榮。同居一國之中。有地籍者。其聲氣權力。常大於無地籍者。然以地業變轉之遲而難。故逐利者或不喜。而究之前之二便。以敵後之一不便有餘。則地利常優於他業。為子孫計。莫此長矣。

第五章　論役財治生之不同

凡財號母。皆以養生利之功。雖然。以其業之不同。故同此財而其所鼓舞興發之人功大有異。而所生後利。所以增進地產之價值者。亦以不同。大抵母財為用。分為四塗。一曰登成生貨。取之自然（此農之事。）二曰製造攻修。轉生為熟（此工之事。）三曰轉運百產。挹盈注虛（此商之事。）四曰披整售零。周給民用（此賈之事。）一之用財治業。如耕田。如采卝。如畋漁。是已。二之用財。則凡開廠設肆。以居百工者。是已。三之用財。凡以舟車漕輓大宗貨物者也。四之用財。坐列行市。沽售細瑣者也。今總而名之曰農工商賈四業。則天下母財之用。大率不外是已。

案。此外尚有具資習業之事。應為第五。後之計學家謂民巧為國富之一。其始亦斥母積勞。而後能得其事。於斯密氏所列四端。又難定何屬。固應更列一門。國富攸關。殆不可略也。

農工商賈。雖分四業而不可偏廢。亡其一則三者不能獨存。亂其一則三者不能獨治。對待相生。而後群理遂焉。此可累指而明吾說者也。

使民不斥財以修農業。則地產不登。民食物材。舉以無有。則工商賈三業廢矣。又使民不斥財以修工業。則地產之待人力修治而後可用者。舉以不供。始於不供。終於不求。其生將絕。即有不待人力而能生者。然其物以易則無價。而於一群財力生事。靡所加也。又使民不斥財以治商業。則生熟二貨。棄地不遷。生成之家。自享有限。而所謂懋遷有無之事舉廢。而民不勸功矣。終之又使民不斥財以修賈業。則生熟二貨。合而不分。聚而不散。民之生事。非其無有。即其過多。無有則害生。過多則糜財。富者已窘。貧者益病。商無所為通。工無所為作。即農之所出。其利亦微矣。故曰不可偏廢。而對待相生也。

嘗觀俗論之於民業也。於農工商常恕。於賈常苛。雖然。無謂甚矣。試舉其一。屠肆者。肉之賈也。設一地無屠肆。將食肉者非得全畜不可。其不便為何如。勞力小民。動須購偫半年三月之糧食。則其人之所區以為母財望贏利者。愈益寡矣。是故商民之所便。莫若日出財以取其時需者。日索其所需。則有資皆為母財。其滯而無所生者寡矣。雖零購之物價高。而相抵之餘。猶有利也。古之言治者。以賈人逐利之近而易見也。則相與鄙惡其行。以為汙處。厚征以困之。著之市籍以辱之。若惟慮民業賈之多也者。雖然。賈多於國何病乎。賈多自病。則有之矣。百家之邑。所資日用之物。固有限也。物有限。則其斥母也不可以過。使業之者多。則其勢當出於競。競則購者之便。而賈者之不便也。故曰賈雖多。於群無所損也。且一業之多也。當有其所由多之故。方其趨少。法不能為之多。及其降多。法亦不能為之少。有見醉人之眾者。曰是由酒肆之多致之。不知以嗜酒者之多而後開肆者夥耳。

案。謂賈多自病。意謂多則競。競則價廉也。顧其事不盡然。同業人多。價轉以重者有之。故計學家謂競市可。共市而競不可。此說見前卷矣。

農工商賈。皆生財之民。被力於物而物值長。故其用母也。勢常可復。而且有贏利之進焉。農之贏利。出於所生。工之贏利。待於所成。商賈之贏利。取於所鬻。雖然。是四業者。其用母同。其所鼓之民功多寡殊。而物產經夫四者之家。其所增之值亦異也。

故賈者之母財。所以復商者之所費。而益之以贏利也。商得此而其業可以久。顧其所鼓之功。舍行衙坐列之眾。無他民焉。而其所益於物值者。亦即賈者之贏也。故四業之中。賈之母財所食之功最少。而物值之所進最微。

洎夫商者之母財。則以復農與工者之所費。而益之以贏利。農工得此而其業以久。故有商而後生者之眾得所養。而百產之值以優。其所鼓之功。不僅懋遷之眾也。既通有無。斯漕輓舟車用矣。故其所益於物值者。

商贏而外。猶有轉運之庸焉。然則其進於賈業之所為遠矣。

工之母財。有常住循環之異用。用於常住者。以善器也。則以復他工之所費。而益以贏矣。用於循環者。以餙材也。則以復農者之所費。而益以贏矣。顧循環之中。常必有其大分焉。以為食功之餼廩。是故工成物。而物值之進也。常總此數者之費而疇之。其所增物值之多。其所鼓人功之眾。方之於商。又倍蓰矣。

若夫用其母財。而所鼓之民功眾。所增之物值多。則莫若農業爾。其所鼓之功。不僅民之手足也。乃至禽獸之筋力不僅人畜之為用也。乃至天地風日雨露膏澤之自然。夫自然之功。收之者不必費也。及其成物。利與勞民手足之所致者無以異也。田事之大者。非生也致也非益也導也。一隴之田。縱其自生。蓬蒿荊棘靡不有。今不此之生。而必嘉穀嘉實之殖者。則真農之事也。加犁擊坺之後。土之穠沃。未加乎前。而繼者之所生。必在此而不在彼。且種既播矣。穎既分矣。則終之者皆自然之天功也。民何力之有焉。取天功以副己力。故農之所復。常大過其所前費者。不若工商賈之僅復母財。而益之以贏利也。所謂過其前費者。則於租見之矣。故租者。所以酬地力也。力有厚薄之差。而租有高下之異。上者參其所收。下者亦四而一。凡此皆復農所前費。加贏率而尚有餘者也。其餘利之大如此。雖在工業。所未嘗有也。蓋工之利皆準人力為多寡。而無自然之功。而農則天事處其太半。故母財之施於農業也。不特所鼓之民功多也。而所增之物值亦至廣。故農之利。非工商賈所得同。而以之進富乃最速。

案。所謂工之利皆準人力為比例。無自然之進若農者。斯密此語常為後世之所駁。水碓風帆。至於一斗之煤。一篙之汽。苟非自然。誰之力耶。且人非得自然之助。勢且無從以有功。何則。人力必仰於食。是亦所謂自然之力也。其言固是。然斯密之意。特指其粗而易見者言之耳。非若後之格物家。推一切功力之原。而悉本之於日輪也。

母財有內外之異。農賈母財。大抵皆內。而其用之也。亦常聚而不散。一家具母。以贍一莊一肆之中。不外騖也。至於商之母財則不然。逐利而移。常無定所。其所注意者買賤鬻貴而已。

工業用母。必在製作之地。固矣。然而製作之所則無定也。不必在其物材之所自出。亦不必在成貨銷售之區。法之理安。非蠶桑之地也。其成貨行銷。尤多遠所。昔昔利蠶桑矣。而民所服絹帛。乃非其地所自織者。西班牙羊毛大分入英。成罽而後復於其國。

國有餘產而商為之通。其為地著為旅人。於吾國無以異也。假為旅人。於國所損者。不過少一勤民。與其所歲進之贏利耳。至其所雇用之操舟將車與夫轉移執事之手指。為內為外。亦無以異。蓋商之職。在出其母財。以易地產。繼乃以是與他所之有餘者為易。運致本地。以供吾民。其有以復產貨之所費而益以贏利同。其有以使農功之久於其業又同也。地著旅人。何必辨乎。

若夫工之母財。則以不出境為國之利。其所鼓之人功。其所增之物值。皆有關於國殖。雖然。出境矣而利於其國者亦有之。波羅特近海地。多出麻枲。英國之工。致而治之。以轉售焉。其所用非產國之母財也。然不可謂於其國為無利。使吾國之工不求則莫為通。其利將廢。自英工受之。而有以復商之利。而後商為之通。而有以復產者之利也。

案。此所謂不得已而思其次者耳。誠使繞波羅特諸國。民既生麻枲矣。而又自治之使成布。以通天下。其利國不亦厚乎。中國生貨甚多。而工場皆在外國。民業不進。殆亦由此。各國相忌。立條約。不許外人設製造所於是邦。一切機器之用。工作之巧。愈無由見而習之矣。

人有連阡接陌之地。而坐無財不能治墾者矣。惟國亦然。母財常少。封內之地。不能盡闢。水利不修。土壤瘠确。或地有所生矣。工業糙劣。不足成貨。有時地力人功。所出不少。自享之餘。末由運致遠方。以所多易所鮮。誠如是。則其國農工商三業病矣。不列顛境內地以少財。蕪者尚眾。蘇格蘭南境之羊毛。無力自織。則閒關走數千里。棘道荒塗。致約克沙而織之。英倫製造小部。皆以不能遠銷。致成貨劣少。旋踵塞滯。民之貧困。由於母財之隘者多矣。

案。當斯密時。英國內景如是。此其與今日之英。真霄壤異矣。所云農工商三業之困。求之中國。幾於無地無之。地之不闢。不必西北。雖吳楚財富之區。往往而是。二十餘口所出。大抵生貨。則工業幾於無有。不但衰也。彼有來舟。我無去筏。即至絲茶大利。亦聽他國之奪其市。未嘗一考其由然。官不為民謀。民不為己謀。國日以庶。而養民理財之計。若一任天運之自然者。其貧且弱。非不幸也。竊謂補救之施。在農工難而在商易。國家於東西各國。既遣使臣各居其國矣。及其閒暇。訪求其國所可銷售之華貨。數年之後。自置輪舟。運銷各國。母財誠少。不妨先為其微者。俟其利可恃。而後徐擴充之。祛他族之壟斷。開無窮之利源。不能不有望於後之人也。

使其國見有之母財。取以周農工商三業而不足。則莫若用之於農。蓋用之於農。其所鼓國內之民功最眾。而所增歲產之價值最多也。次農莫若工。至於商。則所鼓之人功。所增之物值。儉矣。

案。此說理嘉圖不以為然。說見其書之第二十六篇。

夫國之母財。欲以徧周三業而不給。則未為富國。抑富矣而未充其量無疑。然使取不足之母財。而盡治三者。其於求富之道。未必當也。蓋國猶家然。其母財常有限也。故可以周其一而不可以及其餘。欲家之財進者。在節其所進而積之。國之母財。則積眾積而為之者也。故欲其國母財之進者。必使其民之各有餘。有餘視歲殖。而歲殖視通國所鼓之人功。所增之物值。

北美英屬。自開通以還。駸駸富盛者。實由專注農業而然其工業至不足道。若夫田家械器。淺制粗材。成於婦孺之手者。固無論矣。通國所外輸。與夫沿海之運漕。皆英商為之。甚至行店屯棧。如威占尼亞、馬理蘭各部。其主人亦居英國。夫農賈而用外母。此最希有者。而吾於北美見之。今假北美寓民。約禁他國熟貨不令人口。而令國中取前治農業母財。移營工業。以贍其民。則此舉於富盛之機。為助為沮。正未易言。又設區其母財。以壟斷商業。商工之厚。農之薄也。則害富愈可見爾。

國之繁富無極。其母財周農工商三業而有餘者。史傳中殆不概見。嘗聞東亞支那隱賑闐實甲天下。他若古之埃及印度。皆稱繁盛。然皆以農工二業聞。不聞以商也。埃及民視海為畏途。印度不喜浮海。殆與之埒。而支那之民。又從古未嘗以通商外國稱也。故其國物產。凡內銷所有餘。皆外國互市者為之轉輸。取其所有。而復之以其所無。所復者又惟金銀二貨為多。

故同一母財之用。其於國也。所鼓之人功有多寡。所增之物值有微鉅。無他。其用於農工商三業者不同焉耳。且即用於商業矣。而商業殊致。則富國之效。亦從而異。此又不可不論也。蓋商業為異者三。國中貿易。一也。境外貿易。二也。國中與境外貿易。三也。國中貿易者。受貨之地與售貨之地。均在商者之本國也。境外貿易者。受貨售貨之地。皆在外國也。國中與境外貿易者。受貨售貨。一在本國。一在外國也。其不同如此。

斥母財以事國中貿易者。其所易或耕牧漁礦之農貨。或制作之工貨。凡有一易。必復二家之母。而所復者皆居國中。以為更始贍功之用。蓋供貨者之所收。雖至觳必如其母。前也斥母食功以出貨矣。後也售貨受價。更以食功。而其業以久。此常道也。譬如一商具本。收農工之貨於額丁白拉。致之倫敦。易彼所之貨。以反於額。如是而額與倫二家之母皆復。而不出英倫之境。

國中與境外為易。所復者亦二家之母財。而其一在境外。其一在國中。其復母所贍之民功亦然。此如致英貨於波陀噶爾。易波貨以返英。其所復之本。英一而已。其他則波有也。故中外懋遷之事。就令母財之復。

與國中貿易之遲速正同。其業之有益於本國之民功者。僅能半之。

案。此說理嘉圖亦持異同。不盡合也。

況乎其復也常不若國中為易之速耶。國中貿易之償價也。大抵不逾歲。而歲中三四度償者有之。至於中外互易。速者必期歲盡。甚者度二三歲。然則同一母財。為國中之易者已十二次。而為中外互易者。止於一次。并前事而言。則母財數同。為國中之易者。其獎進本國勞民之效。二十四倍於為中外互易者矣。

國中與境外貿易。有徑有紆。紆者奈何。其取境外之貨也。不以國中之所產。而以他國所產與之轉易也。其事必其本國之所有。夫戰勝攻取之所得者無論已。舍此則外國之貨。未有不本之國中之民力物產而可以徒得者也。故自本國觀之。中外貿易之事。其效紆與徑同。所異者紆之終利愈益遠耳。蓋其轉折繁矣。今使運英之熟貨。以易威占尼亞之菸葉。復運威占尼亞之菸葉。以易力嘉之麻枲。是商欲更用其母以舉他事者。其必俟前二易之各復其利。明矣。又謂易威之菸葉者。非英熟貨而為雅墨嘉之糖與蔗酒。則前二易者。今乃三易。商之收利。不愈遙乎。又使其事不出於一商。二商三商。分而業之。以轉相授受。如是彼各商之收利。徑於前矣。而終利之歸。賒如故也。故貿易從其紆道。其中所用之母財。出於一商可也。出於數商可也。其收利自商視之則異。自國視之則同。如前之二事。其動母必三倍於徑者。究其中皆以英之熟貨。易俄之麻枲耳。自所鼓之國中人功而言之。徑與紆之貿易。用本同。而利國紆不若徑也。

中外貿易。紆徑二塗不同之效如此。苟其從紆。則不論轉相易者之為何貨。即如巴西之金。祕魯之銀。原其得之。亦猶威之菸葉。必以國中之地產或國中地產之所轉易者易之。外是則彼二土之金銀末由至。故自效見本國者言之。苟二礦不出於國中。出金銀以易人貨者。皆紆道之一端。其所鼓之功。所復之母。皆不如徑以為易者之大且速也。雖然。用金銀而便利者亦有之。蓋其物易挾而本值多。其不受震盪磨礱之傷。甲於百貨。占位少而運費微。不蝕不騫而保險易。故以之為易最便。而於國之所費最廉。或曰常出金銀以與他國易貨者。其弊為漏卮。國將漸貧。此則卷四所詳論而明辨者也。

惟境外貿易所斥之母財。於本國人功為無所鼓。其每番為易。必復二本。與前者同。顧所復者皆在境外。本國所得。獨本商之贏利耳。譬如德意志（日耳曼未合之先。英人稱荷蘭民為德種。與今之德人異）商斥其積畜為母。以運穀於波蘭。致之波陀噶爾。其回船則運波陀噶爾之果酒。以致於波蘭。此其所復之二母。於荷蘭皆無與。荷蘭得者。獨其贏利。其國歲殖。所增僅此。然使所用之海船水手皆德產。則母財中所用以造舟雇傭者。亦荷之所收也。大抵為境外交易者。皆操此術。用本國之船人。轉他國之貨物。故俗呼操此業者為捎商。以其具人船為他捎物。若轉移執事者也。顧亦有不盡然者。即如前事。母出德人。而用英之海船水手。蔑不可也。英本島國。其四封之固。守險之資。視船舶與走海之民之多寡為疏密。故捎商之業。於英尤宜。然欲船舶水手之多。不必待境外之捎業也。為本國沿海轉運者。亦能得之。蓋母本既同。則人舟多寡。不以境外國中為異。異者視運貨之精粗。與步口之遠近。而其視運貨精粗者尤多。此如紐喀所與倫敦煤運。所用人舟至多。二地相距非遙。而其人舟之數則過諸捎業者。可以見矣。故以法勤民。使斥母以強事捎業者。其所益之船舶水手。不必多也。

由斯而談。是三塗之商業。自其鼓本國人功之多寡。增本國物值之微鉅言之。將境外之貿易。不如中外之貿易。中外之貿易。不若國中之自為貿易。明矣。其所用之母財同。而效之及國者異。夫國期於強。強必由富。富者必由一國歲殖之加多。歲殖者。賦稅之所從出也。計學之所講求。凡為富強而已。今三塗之損益。既講而明之如此。則有國者不可設為政法。使境外貿易。加乎中外貿易之上。尤不可使二者貿易。加乎國中貿易之上也。利之所在。民將自趨。立法以禁其為此開其為彼者。什八九不必利也。夫苟一任其自趨。而不加之以束縛與馳驟。則三塗之商。當乎其宜。皆為大利。且有時民之舍此塗而適彼者。誠亦有其不容已者焉。蓋土有所最宜。民有所偏習。國中之供而不售求而不得者。往往有之。夫供之而過。至於不售。非有易者。其生將廢。廢則歲殖微矣。今如英之物產。若穀麥。若氈罽。若鐵功。三者皆過求之供也。故必出之境外以為易。而後所欲得者至也。又必有為之通者。而後兩得其平。而產者不致虧折也。是故所居近海。瀕於可漕之河者。皆利治生。無他。亦便於轉有餘易不足耳。

且中外易矣。而有時民之舍徑而為紆。亦出於不容已也。國有過求之供。則出之以易外貨。而外貨至者。又過本國之所求也。則不得不更出而易之。以致其所欲得者。此中外貿易之所以有紆道也。今如用英產所易威占尼亞、馬理蘭二地之菸葉。歲蓋九萬六千嬴首。而英之所能銷者。僅一萬四千嬴首焉。使所浮之八萬二千嬴首者。不可轉而他易。則一溢之餘。其業立仆。而前之英產。所以與此八萬二千為易者。亦必相隨而俱去。其於歲殖民功。非大損耶。故有時此紆者之所為。其不容已與徑者之所為等。有之而民功興。無之而民功廢。

誠使國中之積畜甚饒。而斥為治生母財者。又不足以盡之。夫如是。

其溢為境外貿易之母財。以豐佐他國之民功物產者。固其所矣。是故國有捐商者。民財充斥之徵驗也。而非民財充斥之所由然。彼秉國成者。常欲以術毆民。使操是業。則所謂以果為因者矣。今之荷蘭以幅員戶口比例為言。其民力豐饒。過諸國遠。是以為捐商者多德人。次荷蘭而言富則英倫也。故其民亦多治捐業者。雖然。彼之所為。質而言之。則中外貿易而紓者耳。非真捐業也。運東西印度與夫美利堅之物產。而致之歐洲之市矣。然其始易也。常以英產為權輿。其終事也。常以英市所銷為歸宿。故曰非捐業也。若夫用英之人船。以往來以地中海之諸步。與夫天竺東西沿海諸捐商。則吾英之真為捐業者矣。

案。母財充斥。用之國中不盡。此所謂過富者也。過富則將為境外商業。斯密所指誠有然者。今日中國沿海沿江諸步輪船公司。皆西人而治捐業者也。雖然。謂過富而治捐業可。謂治捐業即其過富者不可也。十餘年前。歐洲捐商多瑞典人。瑞典非富國也。大抵生業之道。民各擇其所最宜者為之。不可以一概量也。斯密所云。亦指大凡而已。

三塗商業之廣狹。何所限乎。國中之貿易。其母財所用之微鉅。視國中諸部物產有餘可通之多寡。中外之貿易。視通國物產有餘可以出國之多寡。境外之貿易。視列國物產有餘可通之多寡。此其大較也。故境外貿易。方之前二塗為無限。而其中可用母財之數亦無限。

人有蓋藏。可斥為母將為農乎。為工乎。抑為商賈乎。大抵各計身家私利而從之耳。至於所居之國。緣彼擇業之殊。其所鼓之人功有多寡。所增長之物殖有微鉅。則未嘗煩其神慮者也。使其國農利誠最優。執耙荷耒之功。一朝可以覬大富。則國人之用本。與通國之公利。將不期合而自合。民各騖私。而國亦不期而進富。而無如吾歐今世畎畝之利。不較他業為優。雖近者持論之家。奮舌揚衡。極言濬墾之得利。此富而擇業者所饜聞也。然粗觀事跡。已足證其說之誣矣。每見壯年涉世。操至微之積畜。甚或赤手無藉。以肩撞肘拒於買賤賣貴工賈商業之間。朝為無賴。暮號素封者蓋比比也。而百年以來。所謂勤本業以致富者。寂寂無聞焉。又何說耶。且此又非地已盡耕。耕已盡善之故也。歐洲大國之提封。曠而蕪者。行一日之程。可以數遘而甽而播者。又不必皆盡地力也。橅略而計之。將見土壤之上。尚可以受無限之母財。而使民與國交相利。然而終莫之利者。則逐末之優。必有激而使爾者矣。故歐洲政俗。前何所施。而使民於邑業大便。且寧挾眾多之財。以從事於亞美之商業。至於畎澮耕耘之事。雖在井里之近。有室家之娛。莫勸為之。此則不佞於是書餘卷所勉思而竊議者也。

案。羅哲斯云。斯密之言。固亦稍過。至此中所以然之故。粗可得言。蓋農業恆有畛畔。不若工業之易擴充也。一廠既立之後。使求者日多。其為廣供至易。農則勢有不能。故工之加母。多多益辦。農業則視地之界冪力澤以為功。不可過也。且工之為利。視求作供。皆歸己有。而農則有田主之征。而常得其大分。至於田主。則以土地治闢之故。由貧窶而為素封者。亦比比矣。

又案。此章分斥母治生之事。為農工商賈矣。繼又分商之事為三塗。有內易。有外易。有內外易。其大指似首農業而以外易之商為最下。後人則謂斯密既云農工商賈四者不可偏廢。則七者之事。皆民生所必資。不應有高下之別也。苟謂事雖不可偏廢。而富國之效則殊。殊者奈何。以其所鼓本國之人功有多寡。所增本國物產之價有微鉅。是亦不必盡爾。斯密索證。獨舉北美英屬。以為用母於農致富奇速之徵。顧獨不見同時之波蘭、俄羅斯、西班牙、波陀噶爾諸邦。舍農而外。幾無餘業。而皆不富。且進治極遲。又何說耶。大抵斯密品第民業。多偏於農。往往有時而過。而後人遂指其言為失。則又不可耳。蓋地為百產之宗。使耕牧樹畜者。斥母治業而不得贏。則宇內之財。只有此數。行且日微而盡。其他工商之業。烏得立乎。此易見者也。

卷三

第一章　論進富自然之序

夫有化之民。其邑野為通者。自然之勢也。淺者以物為市易。進則泉幣鈔楮用。而野之物材穀畜通邑。邑之所製造轉運者通野。夫邑非生物之地也。故其食與材皆本野而後有。雖然。謂邑資於野而野損則不可。其事兩利而俱生。蓋猶分功相用之一端。各脩其業。而有交養之效焉。野出其所產以求百貨於邑。其所得者。使自供之。其勞費將不止於所出者。況邑之所貿而去者。皆野之所餘乎。故邑之戶口愈稠。積畜愈富。則野之收利愈多。而其市亦愈廣。背郭二三里之所出。其得價與來自百里者同科。而遠者轉輸加煩。其出入均不能無所費。使二者之贏率平。則近者大進矣。觀二者之異。則知凡有近邑與之為通者。皆野之厚利也。論交易之短長益損者多矣。至於邑野之互通。從未聞有云其或損者也。前謂民生之事。有需有饒。方其有求。先需後饒。自然之理。野之所產多需者。邑之所致多饒者。故一國之進也。必野實而後邑供。而邑之所供。必皆野之所餘衍而波及者。然則邑之虛實。視其野之所餘以為量矣。顧有時不然。則其邑之所取供。必從他道遠方。而不必盡由其野。此雖不足以亂吾例。而古今諸國邑野進富之不同事。往往由之。

由是而知國之進富所以不齊者。大抵生於人事。而不出於自然。使其悉出自然。則其富之次第。必野先而邑後。野未盡闢。邑無由實也。且民之擇業也。使贏利維均。將樂農業而工商次之。蓋彼斥其所積累者以為母財。在農其事為耳目之所及。無風波之險。少變詐之虞。其收利之可恃。比之遠通商旅。常與不可知而難信之民伍者。相去遠矣。有所治闢。所費之財。土壤受之。不猝失也。況夫田疇之景物。心神之安帖。倉廩既盈。百求無缺。苟其國無催科厲農之政。則耕稼之事。人生之樂。無逾於此。吾意天生斯民。意若使之治地以自養者。故其好農。出天性也。

然耕矣而必有待於工。否則其業煩而屢作輟。若冶、若梓、若輪人、若為耜、若圬者、若石工、若甓人、若為屨。皆農者之所仰也。而諸工又自相待焉。故其處也。自然為群。而市邑以立。市既立矣。而屠釀餅師與他賈者附。附則其邑日大。故邑野者。相為養者也。野之所乏。必求諸邑。邑與野易。得其食材。其得之數。視所通於野者以為率。其通之數。又視野之農功優劣以為率。使人事不儳於其間。凡一群之生。市邑之繁庶。必以野之治否為高下者。殆不可易矣。

如美新闢。地餘於農。則其地有工賈而無商。大抵皆地著矣。諸工勤動經年。家有饒積。則相率治地。未嘗求恢其業廣其市也。故其民多由工而農。雖厚糈優利不顧也。彼之意以謂工利雖厚。然待售而後得食。至於農則業之即以得食。有主傭之分焉。故勸為之如此。

國之民餘於地者則不然。地狹而欲得者多。則田價異。故工之有積儲者。多務恢其業而廣其市。始於鐵工。終於大冶。始於手織。終於以機。一人為師。僮指仟佰。蓋比比矣。其分功也益密。其用器也益精。時至則欻然興。不待煩言也。

民之斥母而擇業也。農先而工次。地之既盡。則工先而商次。此其所以然之故蓋同。贏利既等。財用之於農工者。耳目可及。而察防易周。故常擇此而舍彼也。獨至地產充牣。民用有餘。則不得不通於遠方。以易其所欲得者矣。且國之商業既興。而餘衍者有所注而不棄地。則用本群之母者固佳。即不然。而用他群之母者亦甚善也。蓋使民之積畜未充。而野有餘地。工有餘業。則藉他群之母。以通溢貨。而本群之力。得專用於農工二業之尤重者。固亦此群之大利也。由此。故古者若埃及、若印度、若支那。皆國無通商。而其民大富。曰無通商者。非無通商也。他人為通。用者非其群之母本耳。使北美西印之民。不專其財於地著之業。而分用於轉輸。吾恐其致富之機。不能如是之速也。

是故民群既合。其進富必有自然之序。首曰農。次曰工。又次乃商賈。此國而如是者也。畎畝易而後爐治張。金木攻而後舟車運。先本後末。大體然矣。顧此自歐洲之事而觀之。若相反者。每有通商日隆。其地之大工以起。制作日盛。其野之溝塍以脩。察其始之致然。固皆由於治制。繼則治制已改。而舊俗仍存。以一時人事。遂矯物理之自然。又可得而論也。

案。威克非曰。分功之局。與易事之局。本相對待。故農工商三業。皆有相因之機。不得謂此順而彼逆也。即在北美新地。亦有邑集既創。而後近野以闢者。要之二者之事。皆出自然。不見所謂矯致者。此其言甚辨。竊謂中土今日變局。將以鐵軌通達。為之大因。鐵軌所經既定之後。農工商三業。循軌繞驛而興。不及十稔。而天下之都會形勢重輕。徧地異矣。至於道通而民之動者日眾。耳目所觸。日以殊前。其智慮云為。不得不從之而亦變。此不待甚智之士而後能決也。及今閒暇。不早為之所。至其時。猶欲循舊為治。強方鑿而函員柄。其不大亂而敗者。不其寡歟。鐵軌既不能不開。則變法之事。不期自至。智者先事以為防。則無往而不福。闇者時至而不及為。將終蒙其大殃。天不為不裘者不寒。地不為不舟者不水。惠吉逆凶。如是而已。法之變不變。豈吾人之所能為哉。

第二章　論羅馬解紐歐洲厲農之政

自日耳曼與斯吉地亞兩種人擾羅馬西部。政隳群亂。搶攘者蓋數百年。民不安生。而邑野之業胥廢。方羅馬治隆。西部最為庶富。他日城邑空虛。田疇荊杞。其國殘民貧亦極。酋豪篡奪。悉籍其地以自封。地盡新主。而耕者至稀。一酋之地。動數百千里。各務廣土為大而已。

案。羅馬舊民主治。至沃古斯達而極盛。東界亞洲之波斯。北抵達牛河。循鄂林河。左轉達北海。而英法皆隸之。西盡大西海。南適地中海。而苞加達、埃及。號羅馬帝國焉。蓋沃古斯達挾戰勝之威。遂改民主稱帝制也。盛極而衰。羅馬之日紛自此始。日耳曼者。始於亞洲之安息。與印度、波斯。同為阿利安種。夏周之間西徙。據今德意志、那威、瑞典諸國地。於羅馬為北陲。羅馬解紐。日耳曼種人之力最多。而其沾被羅馬之教化亦最深也。斯吉地亞者。游牧種民。當春秋時。居蔥嶺以西。今波斯地。後乃西徙。據芬蘭、波蘭、俄羅斯諸部。至漢、與亞之波斯。同為羅馬東陲之勁敵。蓋終羅馬之世。千數百年之間。所不為羅馬并兼者。日耳曼、斯吉地亞、波斯三者而已。至於蕭梁之代。則峨特為日耳曼之別種。而土耳其為斯吉地亞之餘裔。彼角其西。此掎其東。而羅馬東西兩帝國。遂化為今日歐洲之形勢。此其大略也。又有渾諾者。其王名阿諦剌。父蒙朮。於劉宋永初元嘉之間。入歐絕達牛河以西。所向風靡。斯吉地亞日耳曼二種人。皆伏之。當是時幾霸歐洲。西紀言其為匈奴遺孽。為中國所逐而西竄。其言或有考耶。

豪酋廣地自封。群之大害也。顧其勢亦暫耳。分建子弟。封錫功臣。則始之全而大者。繼且析而小矣。惟其國有大宗傳長之制。與用斷分律者。乃歷久無散耳。今夫以地相傳。或析或不析者。是亦有故。蓋使視地為財產之大物。子孫居食用享所必資。則法宜降而遞析。使累葉以往。無畸貧偏富之憂。蓋子孫自父祖視之。其用享無差等也。往者羅馬嘗用此法矣。其地之相傳也。不以長幼男女為別異。平均為分。與他財物同。獨至其人視地。不僅為衣食用享之資。而為權力強弱之所繫者。則其法宜完而守之。以專歸於一人。蓋時方據亂。人而有地。勢均王侯。封內之民。皆其臣庶。有訟獄則為之理。有戰爭則為之將。禮俗彼則制之。賦稅彼則收之。至於外交之事。有時而侵其鄰封。有時而抗其共主。縱橫合散。惟所欲為。是故有封域之限。而民居其中。安危之機。存乎幅員之大小。析則敗矣。於是乎有大宗傳長之制焉。此其意與國君傳業之事。豈二致哉。蓋疇貧富則地可以析。計強弱則國不可分。不可分則有所專歸。專歸矣。則得不得之為異鉅。必有一定至明之制。而後可以泯爭也。在子則擇男。在男則擇長。而其人之勇怯、賢不肖、智愚。所關於家國者甚重。轉無有論焉者。無他。凡以別嫌明微。慮爭之難定故也。此大宗傳長之意也。

法之既行也。往往法之所為立者已亡。而其法自若。法之始立。固有所宜。所宜苟亡。斯法為敝。此久故之國。其中政俗。所由多觝滯。而沮其進境者蓄也。今夫大宗傳長之制。所以防降弱而杜并兼也。粤在當時。固為宜法。乃今歐洲之情。則大異矣。一畝之主人。其安固不傾。勢與接陌連阡者埒。則何為守大宗傳長之制而猶用之。顧其制在今雖無裨於強弱。而豪宗大姓。譜牒之尊貴視之。則此制雖更數百年不墜。又可知也。苟舍此而言法意。將見同為一父母之所生。徒以先後之差。必富其一人。使餘子孤露流離。無一畝之宮以自庇。長驕奢。損志業。起不平。皆此制階之厲矣。

案。世家土田。大宗傳長。英國至今尚爾。其所謂斷分律者。亦造於諸曼威廉并英之日。豪酋以地予人。為之約曰。地畀某甲與其親子。甲無子若子死者。地歸舊主人。然此律滋疑議甚眾。法家以謂予地者已明言地畀某甲與其親子矣。必甲無子若子死而後歸之舊主人。則當其有子而未死。地固明明屬甲而為之主人矣。為之主人。則可以售。可因有罪而沒官。可以租。可以質也。於是此律名存而實則幾廢。繼而國中有地者害之。乃申之曰。約之所畀。必甲與子。則其業固不可以外移。於是其律又復。而後之法家。又以術調停之。分所畀者為基冪。冪屬甲。名曰斷分。基屬予者。名曰復業。其轇葛不通乃愈甚矣。

即如斷分律。亦緣大宗傳長之制而起。察其意。皆不過欲全有其地。而禁其業之外分。恐後世子孫。性質闇愚。抑遭逢不幸。而有分裂土田賜予售致之事。乃設為禁防如此。凡此皆羅馬舊制之所無。法蘭西言律之家。好以羅馬舊律傅會今制。以謂羅馬律某某條。即今之斷分律。雖然。非其實也。

今使其地為食采受封。收其租賦。治其人民。則既有所受之矣。固不得私以售人。則斷分律之用宜也。此亦如歐洲各國之立國盟約然。所以止有國者一人之輕舉妄為。而使一國之人受其禍也。獨至今日則法律脩明。凡有地者無間幅員之大小。其所得為者。惟律是依。其猶用此。使產不可分。乃大謬耳。同為有地之主。而權力之所得施於地者。子孫之與父祖。何以不同。時各有所宜。宜各有所制。而必令生今之世者。其立產食毛之事。一受制於五百年以往之人。斯已悖爾。察歐洲諸國。其猶守斷分之律者。大抵皆重門第。高名厚實。軍國大柄。歸於食租衣稅之家。舍此雖有才賢。莫由自拔也。夫同為齊民。此生而貴。彼常為賤。已不平而非天理矣。又慮其貧。使必不勞而食。又何說耶。吾英他律。嘗惡世業世祿之政。而立禁防矣。獨至斷分。則與他國相若。蘇格蘭地畝。參國之一。皆制於斷分律而不可析售者也。

不可通。不可析。完而守之。終於世世。則其地亙古荒蕪宜耳。有廣地者。絕少知田殖壤之家。溯其業所由來。率本據亂紛爭之世。豪暴者力征。佞幸者恩澤。以有此分地焉。其肇有之也。弱則煩於守禦。強則罷於并兼。所謂勞筋役志以闢萊污。進地力。教稼穡者。無其事矣。及夫紛擾已定。政法脩明。雖時可以治地。而彼又無其志。不習其事。使其壤之所收。僅周其一身一家之費。抑不及焉。雖欲治地。亦無其財。即令躬儉約而家有盈餘。彼之所為。將益謀其新。而不以脩其舊也。今夫培田息土之業。閔閔然斥母望贏。與商賈等耳。其計利消長。在析錙銖。此類非豪子之所能為也。飾衣裳。盛車馬。宮居極崇閎。陳列極華美。彼自少及長。所用心者。悅目適情之事耳。至於勞手足而盡自然之利。率非所圖。故無論其不為之也。就令為之。必倍其術。彼將於四五百畝近居之地。十倍其所宜用者而為之。如此則其所培壅者未及什一。而其財盡矣。今者英蘇二國之田。自分封以來。未易主而全者。所在猶廣且多也。試入其境。而舉以與其左近之小業相較。則吾廣田病國之說。可無覼縷而共喻矣。

封地之中。其居而耕之者。則地主之臣妾也。夫培田息土之事。於其主既無望矣。而於其臣妾又何如。中古歐洲之奴。其受制於主人。雖未若上古希臘、羅馬。與今西印黑奴之狹隘而酷烈。上古之奴屬主人。中古之奴與地俱。地易主則田奴在焉。而不可以孤鬻。奴昏嫁者必受命於主人。易主則夫婦偕去。斷奴支體。戕奴軀命者。國有常典。特至輕耳。至於奴私貨財。律有厲禁。奴之所出。主人悉有之。故治田之費。必出主人。奴不能也。若子種、若田畜、若械器。惟主之供。而奴之所得者。仰口待哺而已。故奴之於田若牛馬然。牛馬不能責其進地力也。俄羅斯、波蘭、匈噶利、布希美亞、摩拉維亞、洎夫日耳曼之東南諸小部。至今田政尚如此。耕不以奴者。歐洲之西及西南諸國。輓近稍稍廢耳。

案。斯密所言田政傭奴。皆英國當北宋時如此。降至義都活第一時。今制大體已立。三權操政。曰國王。曰封君。曰齊民。而造律成賦。下議院齊民之權特重。其制如此。故其君權雖世重世輕。而不至於甚暴。而民生雖時舒時蹙。終不至於流亡。而法則否。君民懸隔。而貴賤之等懍然。此英法二邦政體之大異者。故其變趨今制也。英易而法難。英順而法逆。易以順。則潛移而相安。難以逆。故決裂而大亂。此乾隆末年。法國所以有革政之民訌。而其禍之烈。為史傳所未有也。

是故培田息土。治鬬澮墾之事。望之田主既不能。責之耕者愈不可也。夫僮奴之廩。雖其儉僅足以資生。而自其後觀之。乃較之雇傭為尤費。此各國言計者所共知矣。其人既不得為儲畜。則食殘而功必盬。潦倒塞責。設求其善。必峻以驅之。何則。田於勞力者無所利也。古義大利田功用奴。而主者之利何若。觀之柏來尼與歌路默拉二家之言。斷可識矣。即在亞理斯多德之世。方之古希臘。亦進者無多。故柏拉圖民主主客論。(希臘舊籍。乃柏拉圖假其師蘇格拉第。主客設難。以論民主設治諸政要者。)謂國養額兵五千。不耕而待戰。則求贍此兵與其妻子者。必用至廣極腴之田。若巴比倫之原隰而後可。則知其亦用奴耕者矣。

人情常樂淩駕。而以平等相需求助為恥。故喜用奴隸。而不喜雇功。其用雇功者。非律禁僮奴。即事情不同。用則虧折者也。蔗菸二業。餘利甚厚。可以用僮奴而不虧。則所在用之。而種嘉穀者不能。英屬海外地。凡稼穡者皆雇功。近事北美之彭斯爾花尼亞人。立約去奴工。其事之成。亦以黑奴少耳。假使黑奴甚多。將見約行。田主富人。所損不少。必難成也。蔗田概用奴工。菸隴用者過半。蓋西印蔗田利厚。甲諸農業。而菸業雖遜。尚較稼田為優。故用黑奴耕者。首蔗。菸次之。穀田最少。

歐洲僮奴之廢。不知古自何時。顧僮奴非一蹴即為雇功也。蓋由僮奴而先變為法國之麥太耶。其俗始於羅馬。而英國則其俗久亡。今有舉其名而不識為何物者矣。麥太耶者。受子種、牲畜、田具。於田主人。而為之耕。秋收復所費者而盈。則耕者與田主均分利。麥太耶逐。或自去勿耕。則復其所前受者於田主也。

用麥太耶法者。其田費悉出田主。與奴耕同。然有大異者。奴不得私畜。而麥太耶不然。有私利於所收。則望其進。非若奴之僅得所食。不問收之豐歉矣。考奴工之所以廢。大都由於田主利遜。而國主亦害巨室畜奴之過多。奴廢。為世治中之一大進境。而其時地所始。欲稽之史策無由。往者羅馬教徒。常以此為教宗之功。蓋一千二百餘年時。教皇亞烈山大第三。有特詔教民縱奴事。然不縱者固無罰也。故繼斯以降。奴用猶四百年。其終廢者。則前二事為之耳。奴初去主。無積聚為母以自活。其勢必有所附。而後可以力作。此麥太耶之制所以興也。

用麥太耶。固較奴耕勝矣。然欲其出財治地則不能。彼見田主不費一錢而坐食。則何所利而出財以培地力脩溝洫乎。往者教士之稅。僅什一耳。已為耕者大厲。有以沮田疇易闢之機。矧乎半取之耶。陳力見田。求無遺利。則或有之。益以己財。邈其遠矣。法蘭西六分其地。五為麥太耶之所耕。法田主常云。以畜與農。以耕作少。以運載多。蓋運載之利全歸農。而耕作之利半歸田主也。人情之於利。其不讓細微有如此者。麥太耶佃法。吾蘇尚間見之。號鐵弓佃。吉爾白曁柏來斯敦。謂古英佃名農。實則貴家大奴者。亦此類也。

案。斯密盛毀奴耕。然其俗亦起於自然。大抵地荒未墾者多。而田價甚賤。則其勢非用奴不可。至於戶口日蕃。田價降貴。則雖欲用奴耕不能。今天下之田。合而言之。尚是奴耕與麥太耶法為多。而領田具本。納主以租。如是佃者。為最少之數也。中國佃法。省各不同。如吾閩則授田於佃。歲約分收幾何。未聞主者出濬闢困窌之費也。

繼而有今田之制。其與古田制異者。斥母以庀子種、牲畜、田具。與夫傭者之廩食。及穫。則如約納地主以租。凡為此者。常有若干年之租限。計母責子。則佃者或出財治闢之。溝塍困窌。皆以益脩。彼知於租限之中。其利之必收故也。農政未脩之初。佃為此者。勢極難恃。此弊今英所無。而歐洲他國尚如此。蓋阻限未滿。田主或欲改佃。或云自耕。則農之所前費者。皆失之矣。就令田主背約違制。而佃所取直於理者。亦常不足。蓋常法不復佃於舊畝。而令田主估值償佃。則償者不及所費常遠也。

歐洲重農。英國為最。然亦遲至顯理第七之十四年。始立無端改佃之禁例。後此有違例改佃者。佃得復耕故田。不僅取還所費之值。而受估費無定之虧損。自此法立。農有固志。但觀田主與人爭畔涉官。不引田主主地之條。轉援佃者限年改佃之例。則律遇佃者之優可以見矣。故英之農佃。其安固不搖。幾與田主相若。英制。民歲出租四十先令以往者為齊民。則可以題名投斵。推舉下院議員。得此而農民愈貴。勢與地主侔矣。往往見佃者受田。未立租約。遽出財建倉廒囷稟其間。不復疑田主之見奪。其相任如此。此僅見於吾英者也。吾英政俗。此為最善。以富國之效言之。為商賈設者數百千條。未若改佃之禁之一則也。

田租年限悠久。而律有專條。為之周防。此獨英有之。未聞他國有如是者。一千四百四十九年。蘇格蘭王雅各第二。仿立此制。以便農民。顧其澤猶壅者。則斷分律為之梗。蓋承斷分業田。以之命佃。立限至短。常法不逾一年。雖議院於此頗加補救。而舊令束縛之苦。未易盡祛。又蘇之佃農。例不得推舉議員。其品流之貴。不若英佃。則田主之所易也。

至於歐洲他邦之農政。雖亦知無端改佃之病農。立為條禁。不使為田主與覬利者所魚肉。然定年猶短。不足以勸農功也。即如法國所定者。不過九年耳。聞近乃展至二十七年。然猶甚促。不足令佃者舉大股母財。加治墾以盡地力也。大抵各國議政之家。即皆有地之主。故其議律也意有所私利。則法從之。而其所謂私利者。果利與否。其智又不足以及之也。不公而貪。未能遠謀。彼以為佃限過久。則地主受束。不能逐利加科。而不悟時短則佃者不出母財以進地力。地力不進。則地利不興。而主者之利亦薄。彼固未嘗統前後以為計也。

古俗佃農之於田主。納租矣。尚有無名之徭役。主家有事。即隴呼之。此之病農不言可喻。輓近蘇俗。變者孔多。於此則凡不約者佃皆不供。故數稔之際。農困稍蘇。而田業亦進也。

田主一家之徭。其病農已如此。若國中徭役。則有甚焉者。開通大道。而時脩之。此為田農專役。諸國皆然。雖輕重有差。而至今不廢。王如出師若王官過境。車馬餱糧。農者供之。其價定於供應之吏。不得異詞。歐洲君主之國。以此政為厲民。而廢其俗者。獨吾不列顛已耳。若法蘭西、若日耳曼。皆至今尚行此令者也。

徭役之外有征求。其無定程而繁重。與徭役等。古田主多有地封君。其於國王。亦嘗苦徵求無藝矣。而獨任其王之施於己之佃農。王取於諸封之佃。名泰理稅。泰理稅者。臣虜之稅也（說詳卷五。）是稅行。則大損在田主。今法國猶有之。觀於彼可知古事矣。其意若謂此不過分取農人贏得耳。顧其征之也。則第其隴之牲畜困窌諸可見者為差。此何異於懸厲禁以沮農者之出財治田乎。雖有積畜。將避匿藏弆之不暇。其必不以廣田畜、庀舍宇、治耕具明矣。且泰理之稅。被者恆以為辱。惟傭佃乃蒙之。不得齒於齊民之列。舊家富民。於是皆相戒勿為佃。故泰理稅行。使有財者相率以違南畝。地力之衰。又何怪焉。往者英國有什一之征。有十五而一之征。其法與泰理同。而農嘗以大病矣。

夫厲農之政。其多如此。則無論國中刑政寬大公恕為如何。民生之自由。身家之可保為奚若。而田疇之業不蒸。持佃農以與有田自耕者較。其情猶貸財以賈者。貸財者常累於息。佃田者常困於租。累於息者母不進。困於租者地不脩。雖謹儉為之。猶不逮也。況佃農品地常卑。自歐俗言之。有下於工賈者。至驅商工主。愈非佃農所得比肩矣。富者之擇業也。常趨邑而棄野。益財治田者。其財必積於農。由他業移則絕少矣。國之進象。非農莫由。歐洲君主之國。不鄙農業者。惟獨吾英。餘則荷蘭瑞士最優農。而二者於今皆民主。

其他病農耗國之政。古歐洲尚多有之。受其敝者。固無間賃田於人。抑有田自耕者也。約舉其一二大者言之。則如禁運穀出口之例。幾於各國皆然。又若境內通商。凡地畝所產者。皆立種種謬法。或禁統收。或禁屯積。或禁遏糴。初視若美舉。行之皆病民。前章於羅馬禁運穀出國。與獎運穀入國之條。其後效於義大利之農功何若。固已略及之矣。夫義為歐洲最腴之壤。而在當日又為共主之所都。闇者為之。其效尚爾。至於次腴之壤。而出穀之禁。與種種謬法行於其間。其病農耗國之效何如。則真吾人所未易思議者矣。

案。自古無無弊之法。方民德未進。民智未宏。則法之為弊尤眾。故一法之行。皆有其便不便者。緩急輕重。則有之矣。曰無不便而後可行。此何異庸醫立方。必求無毒之品。其殺人乃愈多也。知時審勢之士。為國家立一法制。其異己者。必舉其不便攻之。不知擇禍務輕。行法者固擇其輕者為之。非得已也。中國自秦以來。其立政大體。多與羅馬季年相若。知防奸塞弊矣。而不知有遠且大者之邦本利源。與所塞所防者將俱去也。即如患宰相之專權矣。而不知國有緩急之無重臣。郡縣之官不用土著矣。而不知吏將視任職如傳舍。六部位同等官。至於六人。而不知官事之推諉而叢脞。三代後法。大抵以禁非有餘。而以進治不足。卒之禍常發於所慮之外。弊即伏於周防之中。而財力匱單。人才消乏。有欲圖挽救而不能者矣。可勝歎哉。

第三章　論羅馬解紐時城邑利權所由起

當羅馬帝制初隳時。歐洲城邑之民。其利權品地。與田野之民蓋同。初希臘義大利為民主合眾。亦有城邑。顧其居民。與後者大異。合眾城邑。其中皆有分地者。築城聚民。為相保持計耳。至於羅馬解紐。有地者多即野築砦堡以居。四圍皆己田。而佃者附之。為戰守耕役焉。至其邑居。乃為墟集。工賈萃之。猶為王公與有地者隸也。繼乃權利漸增。邑有約書。以為永守。觀其約所云云。可推其前此之何若矣。如云邑民女子。聽自主嫁人。不必請於地主。已有積畜。身死之日。付其子孫。或視遺囑分人。主者所不得奪。可知未有約書之前。其人皆地主豪家奴僕。與野之佃丁。亦正等耳。

凡此皆貧窶下戶之民。持貨衙鬻。過市趁墟。若今牽車負擔者然。古歐洲國俗。於此類行賈民。遇其過境。若橋梁津關、若墟市、若陳肆坐列。皆征之。蓋猶今亞洲韃靼諸部俗矣。吾英謂之界稅、橋稅、落地稅、攤稅也。其國王及封君有力者。得於境中業賈者。以令豁除之。然必歲有所貢納。賈得此者。雖品地猶污。得稱自由賈人。自由賈人者。不過易貨征為頭會而已。英國部邑中古冊籍。猶載某肆某賈歲納之數。名保護捐者。即此稅也。

邑賈。賤業也。然其發舒自由。方之野農為蚤矣。蓋由前之俗。久之而通邑工賈。無人不納頭會。頭會徧矣。久之而王設儈長。使總收之。制無定之數為定額。歲為經租。為儈長者（即中土所謂牙行總董。）則市集之監。或他富室邑中多財有畜之工賈。起而自充之。而相聯為保固。富賈為儈長。王之所便也。則聽之。令每歲總邑市租。以自完於主藏者。如經數而止。不更設吏催督之。免於吏之催督者。當時民所最亟。而惟恐失之者也。

始儈長之承邑租也。若佃農之承田然。有年限者也。久之而得相承為產業。歲納經租。不增減。邑既永永納租矣。則其民亦永永為自由民。免關市征及諸傜役。且其租為通邑之所納。則居是邑者皆自由民。不區某戶復。某戶未復也。故通而名之曰復邑。居復邑者。皆自由民。自由工賈也。

其便利。如嫁女自主。有積畜得傳子孫。若遺令所欲予者。似皆復邑之民而後享有之。邑未復。民身獨復者。嘗得此否。不可考矣。吾意其得之。特無所徵耳。總之無閒身復邑復。得此者皆真自由平民。超僮虜奴隸之列。非但若前所稱之自由賈人已也。

邑復矣。彼民之所得自為者。尚不止此。彼方聯以為一體。而一切之制度興焉。（攷英國邑集。其民聚而不合者。如中土之鎮集。曰拓溫。有聯約制度者曰柏拉。其有大教寺為教主所居者。曰錫特。其有封國若衙署者。曰沙爾。曰噶溫提。）得自推擇邑長。（英名馬芝斯脫特。不譯令宰者。以非國王所命也。）立議曹。（蓋猶中國之鄉約所。而權重過之。）頒約章。以治邑事。建城堡。習民兵。為守望。備非常。有警則登陴更戰守。其訟獄小者。邑長就平之。大者而後愬於王之理官。英之所予邑民者。僅如是。若歐洲他國。其獨以予邑民者。猶多且大也。

古歐洲之君。其有大貸於民者如是。夫謂既設僉長以收市邑之租矣。則必稍假便宜畀權勢。使有以率其頑梗者。此說近也。時方擾亂。設毫末措置。必求之於王之官吏而後能得。則事之廢而紛者眾矣。顧吾所不解者。市邑之租。年月萌長。不必勞神費財。可以收方將之利。乃其時邦君。獨肯定為經入。不復增廣。而又惠然聽民聯體立制。儼若民主於其邦域之中。而不相疑忌刻轢者。是可怪也。

欲知其所以然。則當據亂時。一國眾建之小侯甚眾。牙款棋處。畋漁其民。蓋歐洲之中。無一王焉。力足以周其疆宇。保其黎庶也。民既不能托命於國律。其自救之術。有求庇於豪家而為之奴隸。抑連體合從以相保持已耳。無論其為錫特與柏拉之民。析而言之。皆匹夫也。獨至鄰伍合從。出死力以與豪暴者抗。則其勢稍厚。未易摧矣。豪酋有地之家。其意常輕齊民。以謂彼與縱弛之奴無異。貴賤既懸。不相為類。而工賈之富實。又有以動其貪猾。啟其戎心。慮篡否耳。誰復哀此無告者。民之疾視豪酋。固其所也。顧王之於群豪。亦甚惡而深忌之者也。至於齊民。則有輕蔑而無疑忌。於是同仇相資。王與民相楮柱。以待群豪。民之安集而自由者。王之利也。欲其安集而自由。必畀之以擇長老。造令約。立城堡。習戰守之便宜。蓋聯不齊之民以為一體。非有制度賞罰行於其間。其勢不集。雖聯猶不聯耳。故其所貸者。誠不得已也。市租定為經入。使民知其後之必不復加。而諸邑之心益附。邑民附而王之勢乃不可傾矣。

大抵歐洲古王。其與諸豪最為齟齬者。則於都邑之民尤寬大。如吾英之約翰。邑集工賈。蒙賜最厚者也。法之斐立第一。於諸侯盡失其馭。至其末年。其子路易與國中諸神甫長老謀所以控制之術。則以二術碁之。一變理訟舊制。縱民得自擇邑長。設議曹。以治邑事。一令邑居民起鄉甲習兵。將以邑長。王有調發。則應之。法之有邑長議曹。自此始。餘若日耳曼之蘇阿巴王。亦以此時（南宋景定間）許群邑以聯約之權。號漢細亞公會。職開拓保衛工商之業。其會垂四百餘年不廢云。

都邑所起鄉甲。號密里沙。當此時密里沙之強盛善戰。愈於國兵也。一令傳呼。萬旅遂集。人懷怒心。各自為戰。定爭排難。群侯畏之。若義大利。若瑞士。皆以去王都遼遠。號令沮梗。於是所在邑集。爭起為民主。與其地之諸侯抗。勝之則責令鋤砦堡。去守械。入邑聚居。與齊民齒。瑞士之蒲納若他大邑。其故事類如是。若義大利諸邑民主。當以十二三稘之際。密里沙起者尤多也。

案。今歐洲各國密里沙猶有之。則以額兵過費而耗國力。故為此使民皆知兵。國有大難。人人能戰。蓋寓兵於農。與中國三代田賦唐府兵之制合矣。亞洲日本。亦如此云。

若夫英法二國之王。其操柄雖有時而不張。而廢墜則未嘗有也。故其國都邑。無自立為民主者。然其民之勢常強。故使市租既納。非百姓所諾者。其王即有急。不得橫加毫氂之賦。國有大事。則王詔通國都邑。若柏拉若錫特。各遣專使。詣闕下。號代議員。與有爵及公卿教長雜議。以定所出。所以餉王者。顧齊民與爵貴者恒持異同。而王亦樂用之。以抑群侯。殺其勢。此上下議院之所繇分。而歐洲國中諸柏拉。所以有推擇議員之制。始也僅以定賦。今則於一國事無有不當問者矣。

案。觀此知歐洲議院之制。其來至為久遠。民習而用之。國久而安之。此其所以能便國而無弊也。今日中國言變法者。徒見其能。而不知其所由能。動欲國家之立議院。此無論吾民之智不足以與之也。就令能之。而議院由國家立者。未見其為真議院也。徒多盈廷之莠言。於國事究何裨乎。然則彼日本何以能之。曰彼日本之君固新自無權而為有權者也。權孰與之。曰民與之。其民之得議。不亦宜乎。雖然。彼日本之議院。至今猶未為便國之制也。繼今以往。漸為善制。則未可知耳。

都邑之民優遊安集矣。齊治肅擾。無相侵奪。而其居田野者。其生之狹隘酷烈如故也。衣食裁足。斯為幸民。益求盈餘。則侵牟者眾。夫民惟既處既安。全而有其所自力者。夫而後更奮以求其餘。此文飾便利之饒所由興也。故若古歐之治。民之由質而文也。邑先於野。何則民由質而文。必始於生之有餘故也。當是時歐之野民。稍有餘資。必謹藏弆。乘閒伺隙逃為邑民。其時法制。於邑最優。由野逃邑。亡命一歲。不為主者所求得。則終身復。故其時野之蓋藏。歸邑若水之趨壑也。

夫謂邑居之民。衣食物材。必野焉出。是固然矣。然使都邑所居。並大海之陬。瀕可漕之河。則野矣而不必其近而居其周者也。周流通達。遠方之物。將來萃之。特視其邑所製造而運致者為何如耳。如是都會。日月之際。隱賑無倫。而野之居其周者。猶蕪然茀然可也。野之與是邑為通者。必極廣遠。而後足以供其食與役。故野以近都會而富者。古恒有之。若古希臘。若哈剌森之當阿巴錫智之世（自唐天寶至南宋末年。）若埃及未為土耳其并兼時。若西班牙當莫路戈為政之日。其邑野之形。盡若此矣。

古之以商業致隆富者。其義大利諸邑最乎。（時羅馬東遷。分為二帝。一都土耳其。一始都義。後都德。其存於義者。僅羅馬舊都已耳。）文物之國。環地中海。而義大利為之樞。若眾星之拱極。十字軍者。古今至無謂之兵役也。殘民傷財。不可臆計。餘國被其毒者。而義大利受其賜。一洲之兵。雲委鳥集。群然以光復聖冢為號。（十字軍始於宋紹聖元符之間。以耶穌耶路撒冷墳。墜回教域中。而教徒被侵掠。教皇覺和利倡復聖冢。而耶穌教諸國從之。兵連不解近百年也。）而威匿斯、絀奴亞、碧沙諸步多船舶。為載運兵旅輜重焉。當是時義大利諸邑。若司十字軍之轉運也者。而其地以之富。

民居都邑。而業境外貿易者。則通高等之熟貨與華飾珍異之屬於數國間。往往盈握之微。土物傾囷倒廩而後償之。民侈心日滋如此。故當是時歐洲商業。可二言盡也。華國出其精。質壤出其粗。而懋遷行焉。英倫之毳。易法蘭西之酒醪。伏蘭德之罽氍。波蘭之麥。易義大利之毯。法蘭西之縑帛。其他可以是推。民生日用。由質而文。由粗而精者其勢。而通商之事。有以開之。始也致水土物以求於其外。其值恒貴。及其求之者多。則則傚之事起。而於其國自製之矣。故羅馬解紐之時。製造邑業。多興於歐西諸部。

顧此所言製造之邑業。乃以地所專擅。民所專能。而成貨馳遠者言之。非常物之謂也。蓋國大民蕃。雖至僿之群。於民用不能無自產者。若布帛。若宮中之械器。齊民所有。什九皆其國所自登。此在無製造之貧國尤多。而在擅製造之富國轉寡。每觀下戶貧民。所衣者異邦之氈罽。所用者遠取之陶冶。則不待問而知其為富俗名國矣。

製造工業興。以業名其國。貨行遠方者。察所由起。有二因焉。一曰天事。二曰人力。而其致於民各異。則先自其地所本無。而由於人力者言之。巨子富商。見外國奇物異製。謂學成足以致鉅富。則斥大母。集眾力。各為其地興利源焉。卒之事勢不同。成者十四。不成者十六。故如是之製造。必後通商而生。此如古義大利北部路加之絲業。興於十三稘。逮一千三百十年。為暴令所逐。(當元初正馬可波羅遊華時。)一時織工。去其地者九百家。而三十一家適近國威匿斯所。告其官。願為威興絲縷之業。既受廛。而得資助於官者甚眾。則用三萬指為其事。他若伏蘭德之罽業。其興特古。吾英額理查白之代。乃由伏而入英。法國理安。英國倫敦北城之織絲業。皆本無者。凡人力所強致之工業。其物材無土產者。常致其物材。而效其成物。即如前之路加。其成帛皆用他國絲縷。十六稘以前。義北無蠶桑者。蠶桑之入法理安。當其王察理第九之世。然至今猶用外土絲。英倫敦北城同此。伏蘭德始為罽。用英與西班牙毳也。英罽亦嘗用班毳。而罽彌精。行彌遠。凡如此之工業。其興也非由自然。必一二有力者倡為之。繼而日廣。其地多瀕海沿河。然亦有時見於內地者。則視其地利。與倡者識力所及以為之。

其由於天事之自然。而不由於人力所強致者。則又異是。大抵群治既開。其中民生日用之所資。與夫居服翫好之為作。雖在陋邦。皆有不斷進而自進者。天成之工邑。其所治之物材。恒產於域中。其地之所居。不必若前者之近水。雖漕輓斷絕。不足害其業之興也。往往其土甚腴。耕稼既興。民食饒溢。而又以漕輓之不易。地產有餘者。居其地而不外流。於是乎以其地生事之易供。遠方執技之工。不招而自集。成貨求食。於他所為饒。既有以勸其巧力矣。其藝乃日進。而所易亦自豐。故客工之於主地。有相得之用焉。地得工。其所餘之食。無待於遠輸。而不至於委積。工得地。其專家之巧習日益上。而有所與酬。農得工而生貨貴。則本業不病。

其畎畝之膏澤益滋。工得農而熟貨流。則末業以修。其高曾之規矩益密。其始之成物。不過取邑里之周已耳。而物良聲疾。則遠所之民。爭欲得而實用之。夫生貨與雖熟而粗者。非待漕輓既通。不能行遠也。惟熟貨之精者能之。盈握之物。可卷而懷。而其價則推囷連乘而後埒之。錦繡之段。重不過數十斤耳。而易數千斤之粟。是數千斤者。皆織與治者之所食也。故內地工業行遠之後。則前此農業之所饒衍者。得此而偏達於四方。特形化而所附者殊耳。然而是工之興。必待農收既富之後。不若前之生於人事者之後於商業也。此若吾英東北之粟底思（精羽毛皮革之製造。）哈力發士（以氈毹吉貝之業名。）薛非勒（以刀劍名。）蒲明罕（中國所用棉布大抵產此。）武累罕布敦（以鐵治名。）凡此皆興於自然者。故曰天成工邑也。然考近世紀載。工邑之興於自然者。其精進廣馳。皆不若工邑之興於人力者之速。蓋自然之工邑。其興盛必後農業。而通商宏大。工政日脩者。其勢又可使農業之日上而不自知。其相因之理。為微渺矣。

第四章　論邑業興而野業轉進之理

都邑之工商。業進而富厚。則其地之野業必脩者。可言之故。厥有三端。銷場日廣。一也。此其利不僅見諸附郭之鄉野而已。凡與是邑通者。將皆驗之。然遠近有轉費之差。則近者固勝。商利歸田。二也。工商邑居而致富。聞有田可買置者。則莫不勸為之。人情隱賑之餘。樂占地產。而地之歸商。有尤便者。商為發貯居邑之人。析利最精。有所更遷。謀定後動。非若有地世家。徇愗出財。常無所收。二者皆成於習。而以之主田。斥則利害遂判。故商之析利幾秋毫。而其發也若猛獸鷙鳥。雖數萬巨貲。斥則斥耳。世家財出不返。而興事多徘徊審顧之情。不能如是之決也。生財之道。無分本末。皆條理、計慮、精神。三者用。而後利見。此世家所萬萬不及商賈者也。故商主田產。則地力必增。田主各恤其私。而國有進富之效也。終之其三。則地惟商賈製造之業大興。而後文物聲明以進。文物聲明進者。治俗整齊。民生安集之謂也。游牧耕稼之民。常苦征徭軍旅。隸於地主。奴使而虜用之。故邑業有造野業。其大者不惟國富攸關。而化之進退繫焉。然而知之者寡矣。輓近談治之家。先獲我心者。獨休蒙大闢一人而已。世家之有地也。動逾數百千頃。乃刈乃穫。積倉萬秭。其有餘如此。而其國外不與諸邦通。內無精絕可喜之工業。其所有餘。舍以食田畯。養遊閑。無所用矣。古俗其餘粟足供百人者。門下著百人之籍。足供千人者。門下亦著千人之籍。世家主人。其前後左右。大抵皆食客耳。無功而祿。將惟主人之所指揮。吾歐工商未興之世。自國主以至封君。凡號富貴者之所供億。其浩大有非今人所能致思者。威明斯德殿者。吾英最廣之宮居也。乃威廉魯拂王宴客之處。彼未嘗病其窮大也。史言柏桀妥瑪几榻不足。則以秸莞席地。以待客之後至薦食者。又瓦爾域一侯爵（英第二等爵。）日食不下三萬人。雖其詞誕。然其數必至多。故其言若此。即今蘇格蘭世家。所為尚有然者。此其事豈獨英蘇已哉。凡國工商無聞。而獨以農業富者。莫不然矣。藝師波恪為吾言。親見一亞拉伯豪酋。驅駝牛入其都市。當晝傳食。滿城行人乞子。皆席地敷坐。與共食也。

其家甫田廣陌之中。所有之佃丁。雖勞力後食。與其奴隸食客不相遠耳。田受於主人。舉家衣食。惟此焉依。而所納之租。僅僅名存而已。英律謂此種佃民為恩許之佃。蓋視主人喜怒以為容逐也。至其納租。則歲二先令半。至於一犢一羔。皆可次將其意。凡以視感恩不叛而已。此蘇格蘭山部所在多有之。夫使國有成俗。謂境內所產者。必於境內盡之。則一主家收成既廣。其所豢養者。往往徧諸數十百里而遙。不必哺餟戶庭之中。而後為門下之食客也。如是之民。其一身之飽煖。婦子之酣嬉。皆惟主人之為仰。又何怪伈俔婞阿。自處如奴婢乎。

且由是而小侯眾建之制成焉。夫群侯者。其始皆擁地之豪已耳。以其服從之眾也。浸假而獄訟質其成矣。浸假而戰陣為之帥矣。時平則定約束以使之相安。有事則出指揮以伐其所仇。他人無此權力。而彼獨優為之。何則。積勢臨之漸也。就令其土有王。亦不能遽奪其勢。王不過小侯之長耳。雖為群小侯之所嚴事。然使入小侯之封內。取其民之干憲者而誅之。則犯其合從相死之勢。而威瀆事難。故其勢不得不蠲之以與其地主。刑之事如是。兵之事亦如是也。

案。考歐史知歐洲諸種。大抵皆自西域安息流徙而西。其先皆游牧種民。降而後有耕稼。隨畜薦居。蕃生日眾。其建國本始之事如此。非必有錫土胙茅之事若中國也。希臘之制為合眾。羅馬有藩鎮而無建侯。至於中古宋元之代。國相併滅。於是論功行賞。分壤而食其租。蓋若湯沐食邑矣。顧分土因而分民。於是乎有拂特之俗。拂特者。眾建之末流也。一國之地。分幾拂特。分各有主。齊民受廛其中而耕其地。則於主人有應盡之職役。而莫大於出甲兵應調發之一事。用拂特之制。民往往知有主而不必知有王。故地大民眾者。王力不足以御臨之也。英倫王勢較尊。通國所共戴。故其中拂特之制最先廢（順治十七年。）若蘇格蘭。則略後矣（乾隆十二年。）而法國群貴。厲民尤深。其執持亦尤固。則因之以肇乾隆五十四年民變革命之大釁。世變之烈。古未嘗有。民怨其上。其報之也。但貴即足以死其軀。不問有罪無罪也。則拂特之遺孽。自無有存者矣。而德奧諸土。其制轉綿綿延延。至道光末年而始廢。亦以見變制之難為也。然世進而民智開。則食租衣稅之家。有雖欲如前之束溼而不得者。拂特之制。雖名存而實則異古久矣。

然或謂吾英鄉官聽鞫之制。為拂特之一端者。乃失考而大誤也。拂特律之行晚。而鄉邑自鞫庶獄之權。先之蓋數百千年。且不徒訟獄一端而已。即如募戍兵。造圜法。立約束。以自行於其鄉者。凡此之權。皆有地之民所前有者。撒遜之封君。其權不亞於威廉功臣也。而拂特律則自威廉兼英而始有其制。法蘭西拂特律未用之初。其封爵食采者。權力所持甚大。蓋其制生於地產之自然。各國地產之分既已如是。則鄉官地主之權力。必重於國王者。自然之勢也。近事蘇格蘭洛加巴部。有葛末倫者。不過一公爵家僕耳。非令非尉。身未膺一命於王朝。而為其地平訟獄理庶政者幾數十年。而民安之。至一千七百四十五年。乃率其鄉八百戶以歸廢王雅各而敗焉。國俗之流傳。而民安於所習如此。

考拂特律之行也。勒為約章。載諸盟府。乃所以抑有地諸封之橫恣。而非所以益廣其權力也。其制自國王泊夫最小豪宗。皆立之等差。以相系屬。而皆有臨御服役之事以維之。有地封君身死。紹其業者。年未及格（西例以二十一歲為丁。）則其地由最近之屬長主之（蓋猶中國古之方伯。）爵尊地大者。比例而升。故公侯大封死。而子弱者。其地統於國王。既為主其地收其租矣。則於嗣子有保傅之責。督其學業。主其昏娶。不如是者為違律。此制行。國王之柄稍重。而郊野小民。未嘗受其益。得善治。小民疾苦。生於田制傭耕之間。其弊非拂特律之所能革也。督責統治之柄。在國王則畸輕。在小侯則畸重。已成尾大不掉之局。故其制雖用。而群侯之暴橫如初。摟伐攻討。殆無已時。其上陵共主者。亦時時有之。田野多被兵之事。欲農業日進。難矣。

天下有其始若甚微。而後效則至鉅。有常智所視為無益。而用之反以有功。此事理之隤。所以非師其成心者所能察也。古者拂特之敝。豪暴侵欺。窮黎無告。雖有強王。其救之也。不過一時。非無明約屢盟。其相維也。終於叛散。而孰意此歐洲絕久深漸之暴俗。所欲變之以兵刑而不得者。乃轉以商賈工藝之微。卒有以鋤其荒纇而丕變乎。蓋世之所以有據亂者。以有地之家。擁眾爭強故也。彼之所以能擁眾爭強者。以其所噢咻哺飼者之多也。噢咻哺飼者之多。以積倉餱糧。聚而無所於散也。自商旅之既通。製作之日進也。彼乃得斥其所有餘。以贍其耳目口體之欲。推囷倒廩。所易者多不盈匊之物。全以自奉。而非隸其宇者所得分也。夫厚自奉而不與人同者。有欲之民皆如此。而居上者為尤。故向之施於其眾者。積而不流。不得已也。一旦有術焉。能全其所有者私於一身。不以分物。即盡一家一年之租賦經入而為之。所甚願也。一韉之繫。十家之產。一帶之鉤。千夫之膳。不以為費。且以為夸。而向者爭強擁眾之權。與俱去矣。此商工利興。豪暴力征之風。所以不待鋤而自絕也。今夫斥倉廩以養人者。俗之所善也。靡不貲以致淫巧者。世之所非也。顧救民水火之功。終在此而不在彼。然則天下事之繁賾。理之蕃變。夫豈師其成心者。所能詳審而諦論者耶。

必謂商工未興。豪富者有養民之惠。百貨日出。浮末者奪民食之資。又非極摯之論也。今使一國之中。無外至之通商矣。而亦無精巧之工作。則歲取十千鎊之粟之家。委積紅朽。勢不外流。必以贍千家之食而後已。食之而靡所與易。則其人固皆主者之僮隸也。至今日之世。此十千歲進之家。其所飼者。或不過二十夫。甚且一家之中。所雇者不過一二走卒。供使令奔走已耳。然而彼之所養者。詎可謂止此二人二十人哉。夫苟以類推之。則今富人之所費同古。其所波及而潤者。且過古之千家。而莫不及也。夫斥其積畜。以易工商之貨。斥者固多。而所易者固微也。而是至微者。其治與致者之手指。則恒至眾也。值原於功。不眾其值不能如此貴也。價之酬也。其近而可見者。所易之物。其遠而不可見者。作治運致之功庸。與鬻財廢著者之贏利也。特局遠則利之分繁。而事之變隱耳。此作治運致者之功庸。與鬻財廢著者之贏利。不必皆仰之一家也。其所得於一家者。於其物之全費。或什一。或佰一。或仟一。甚者萬分一焉。其為利之仂如此。利仂故雖受之而不必以為恩。雖靳之而不必以為怨。恩怨泯。故其勢雖相待。而若其不相待。不相待而民乃自立。民各自立而文明之治。乃可言矣。

古之局常分以為言。今之局必合而後見。古之豪家。以租養人。其所養者。必其家之佃傭隸僮。各為養者也。今之富人。以租易貨。其所養者工匠商旅。合而共養者也。苟疇其多寡。則以酒肉餔餟之奢而多糜。故今之所養者。常多於古。若獨取一家之所及。與一匠之所受而言之。則其為分又至薄也。交易廣而分功繁。一匠之所資生。皆待百千家之所出者而後集。雖蒙惠養於諸家。而其數既多。非一二人所能為貧富苦樂。而不必有所專仰者矣。

奇詭之貨交乎前。而富者之嗜欲日滋。於是乎昔之所謂有餘者。浸假而日形其不足矣。不足而求遂其欲。則昔之無功而豢者。其數不得不損。損之又損。俄則虛無人焉。且此不僅見於寄食者已也。即田隴之佃傭。有勞而食者也。至是亦將節其可已。而留其不可已者。佃減而田間之屋廬亦稀。可耕之地闢。而耕者則取足以周事。未容濫也。於是乎有限田之事。而真租徵焉。真租之初徵也。必大過於平日之經數。顧歲入進矣。而欲得之待償。往往過之。則不旋踵。又形其不足矣。不足則其責於租者將奢。過於未治之田不腴之壤之所克給者。過而猶徵。則必施濬發壅培之費於其田而後可。主者不之出而欲佃者為之。則必展累年之限約。主者必不易佃。使所斥之母。操券可復。而後佃者乃勸為之。此農耕人田長儆之規。所由昉也。夫耕他人之田而長儆之。其去己產特一間耳。厚費樂施。田疇以沃。此農業之肥而舉國之大利也。顧深追其始。乃由於主地者侈心之萌。與日通奇物者之有以鼓其嗜欲。

夫仰豪之鼻息。而一切惟所命者。特寄食之徒。與耕其田而納名租者耳。既予真租矣。則雖在恩許之佃。彼田主不能惟所欲為也。主佃有交相資之道。而佃者既以價受田矣。則不能徇主人而置其身家財產於不顧也。至於約為長僦。則主佃勢均。而耕者純為自由之佃戶。雖至微之供億。至輕之傜役。舍僦約所諾。與夫國憲所垂之外。彼此皆不得增毫釐焉。

彼耕其田者。既為自由之佃戶。而寄食者。又盡去而無遺。則其家雖有名田而無擁眾。故其勢不足以為暴。而其境之刑政。莫之傾而平矣。教經舊約。載議唆以饑餓之餘。求一飽而自鬻其與生俱來之權利。今拂牧小侯之鬻此也。非以捄饑也。非鬻於壺漿簞食也。乃鬻之於既富之餘。鬻於耳目翫好之近。晶熒譁囂。孩穉所欣。非長者所宜近者。而諸豪坐此自褫其所傅之羽翼。以降等於編戶之民。斯足異已。然而田野之民生安集。而刑政平。能與都邑俗均者。其端在此。

是故嚴宗法。重譜牒。先疇廣遠。祖孫父子相承守。垂十數葉數百年而勿墜者。有之。必重農而輕商賈之國也。若蘇格蘭之山部。若南英之衞勒斯。此皆晚通。故其地世豪。至今多有。若亞拉伯之國史。有某可汗所自簒者。迻譯者偏數國。取而觀之。舍譜牒而外。無他紀錄焉。則其國之多豪宗。可想見爾。夫國有富民。其歲入舍豢養黨人。無他道以散者。則其量入為出易耳。雖甚豪舉。必不施過其力以自累明矣。獨至身處五都之市。麗都奇詭。物物足以蕩心。則煩費之興。不知所屆矣。何則。富者嗜欲無涯。而自憙情勝故也。是故家於尚商之國。身席祖宗之餘資。雖其先有明訓。其國有禁條。所以勗節儉戒僭奢者甚至。顧其財不恒守而易糜者勢也。若夫僿簡農牧民鮮外交之國。雖無禁令誡飭。其財之聚者恒留。若亞洲之韃靼。天方游牧種民。類多若此。且其財幣主於麥酒牛羊。亦無繫而不食之理也。

無形之世變。起於野邑二民。顧彼二民之所為。初何嘗以群之休戚概其念乎。世家之子。所逐而遷者。不過求遂其童騃之嗜欲。而商之轉物。工之成器。雖未若富兒之可哂。亦不過鬻財發業。追時好以取利資。是二民者。一以其愚。一用其貪。以彼所為而遂致必然之世變如今。則所不及料者也。

是以歐洲野邑之間。其洊富寖昌之序。有與他土微殊者。他土野闢而後邑興。歐洲則邑興而後野闢。其相為因果之次殊矣。顧其序既非稟於自然。將其效亦常遲而難恃。此察於歐美二洲進富之殊。可以見矣。歐之富由工商。故其效遲。美之富由耕牧。故其效速。歐之諸部。其戶口自倍。非五百年不能。而北美諸屬。二十五年而倍者有之。二十年而倍者亦有之。大宗傳長之制。斷分永業諸律令行。則田疇完而不析。有大封而無小町。夫小町者。田事所由精。而地力所由盡也。家有數頃之田。肥瘠淳鹵。雖微必知。水利土宜。無舉不得。當其輟耕自勞。其心若人地相倚。一合不可復離也者。愛情中興。不徒治之不疲。實亦寶之無斁。是故諸農之中。小町自耕之農。其勤苦巧慧。收利之多。常為之最也。自土田不可披分。故隴畝之待售者寡。供少求多。即有售者。亦皆辜榷貴庾之重價矣。價重故租不齊息。況夫益之以培田之費。履畝之蠲。與夫費之緣田而起者。凡此皆役財取息者之所絕無者也。是故吾歐之民。家有微貲。斥以買田。厥利最劣。其或半生勞勩薄有餘財。雖知利劣。終以營田者。大抵欲長恃無失已耳。至若強力少年。斥一二三千金之貲。不治他業。不習他藝。而用之於田業農功者。其後此之所收。誠亦可以無憂而自立。獨其他厚利高名。所用其財而可冀之於餘業者。斯無望已。且如是之人。使其力欲企為田主而不足。則亦俯為佃農而不甘。故總而論之。田完而不披。則其轉於市而售者寡。售寡則價昂。價昂且使母財之用於田疇者少。用於田疇者少。則其國之農業。難以歲增矣。獨至北美之事。則大不然。人握五六十金之資。即亦可治樹畜。購荒地而治植之。用財之利。莫優乎此。無間母之大小也。役財治生由此。揚名發業亦由此。其用財利害。與歐儷馳。故富庶之效。遂懸若彼耳。吾非不知北美初國。民寥地曠。其田價幾同無物。此不特非歐之所得同。即在他洲地各有主者。亦不能也。吾所欲言者。以謂但使大宗傳長。斷分永業之法變焉。令父之傳子。遇有田業。平均為分。則既析之餘。業輕而易轉。易轉則入市者多。而田價平。田價平則租可齊息。而母之為地斥者。其利不減於他業。財注於地。則農業日蒸。而國殖亦進。此則操柄者所當圖利者耳。

案。所謂民治小業。各自有其田。則農事以精地力以進者。斯密之後。持此議而能徵其事者。實繁有徒。而其效於法國為尤著。法之國力。大抵恃此俗耳。顧亭林郡縣論五。謂使縣令得私其百里之地。則縣之人民皆其子姓。土地皆其田疇。城郭皆其藩垣。倉廩皆其困窌。為子姓。則必愛之而勿傷。為田疇。則必治之而勿廢。為藩垣囷窌。則必繕之而勿損。自令言之私也。自天子言之。所求夫治天下者。如是足矣。此其言與小町自耕地力以盡之理。乃不期而闇合。計學家楊亞德。謂其效如幻術。可轉泥砂為黃金。或又謂國行此制者。野無惰民。國多美俗。亦可謂傾倒之極矣。然自汽機盛行以還。則縵田汽耕之說出。而與小町自耕之議。相持不下。謂民日蕃眾。非汽耕不足於養。而汽耕又斷不可用於小町散畦之中。蓋世局又一變矣。事固不可執一以論時宜也。

吾英工商之業。其興盛冠諸邦者。此不徒人事之能為。亦本之天然之地利耳。土壤饒沃。海漱其周。港汊出入如犬牙。可漕之水。隨地涌發。

交流其中。通國之地。去水涯無甚遠者。故其國於通商航海之業最宜。施巧成器者。朝登於肆。夕馳四方。故收利遠而業之益精易。自額理查白臨御以來。國家議令垂條。主者皆兢兢然以獎進保持工商之利為要旨。故國家政法。於工商最優。亦非歐洲諸國所能及。是以二百年之間。商工之進。能以泉達火然如此。至於田野之業。固亦日新。而其進也。常後而遲。未若邑業之馳驟也。額理查白以前。英之土地。已粗闢矣。至今地之不耕者猶多。即耕矣。亦強半未盡其能事。國之法令。固亦時有以補助而勸驅之者。如歲非饑饉。運穀出口者。不獨無稅。且不靳重賞以獎外輸。中收之歲。有以外穀進口競農利者。則加重賦以困之。至於運販外來牲畜。則愛爾蘭而外。舉禁之矣。然則治田之民。於麮麵膎膳。地產中民食之兩大宗。幾於獨收其利而莫與爭。雖獎政禁令之施。其終皆無益於民。而為秉成者之妄見。然上既右農而重野業矣。斯襏襫之民。生業以之樂利。身氣以之發舒。而各知其所處之非汙業。此其所關為尤鉅耳。自大宗傳長。教租什一。與夫斷分永業之制既行。勸相勞民之事。能如吾英為已極。而乃極所能為。吾土田之治闢。止於如此。假令為上者於農業漠然不以置懷。獎助之政。一無所施。農業之汙。猶如洲內諸國之俗。吾英田事。又竟何如。此未易以一言決也。自額理查白之世至今。日月轉丸。為時過二百載矣。物盛而衰。則居今之日。固人事所宜稍變者也。

案。獎禁諸令。皆英國今日之所無。民智日開。知此事之無益。則痛豁除之。至同治間。大略盡矣。牛羊進口之稅已袪。當一時以牛疫之事。外至牲畜。察禁甚嚴。而牧者獲暫時之利甚優。於是殉近利者。頗持復舊之說。政府拒之。使其說果行。久之必壅而生害。微論其無所利矣。而民見小自營者不暇察也。

法之通商。先於英者百餘年。當察理第八。親赴義之尼波羅（明宏治七年事。）其船艦之數。自古言之。亦不寡矣。顧其國農業。則遠出英下。其法令於力田者。無所獨厚也。

案。斯密成書於法人革法之前。其時法政令之窳極矣。於力田之民。豈僅無所縱貸而已。刻轢椎敲。民不堪命。不然。乾隆五十四年之大變。何由興焉。田賦多寡無定程。而動貴神甫之田。則一切免租。田穀牛羊。必售其鄉。部省畛域至嚴。而農乃愈病。夫國家之立政行法。誠一由至公。則農工商三業之民。皆無所求於厚我。政之獨厚於其業者。未有不愛而適害之也。國必於民有所損而後益之。民必於群有獨勞而後求助。無所損之。未嘗獨勞。何名而請益求助乎。

西班牙波陀噶爾二國接壤。而通商皆盛。其轉運多他國舟船。獨載赴屬境。則本國者。當是時。二國之外屬最多而富厚。故其民重之。然其國無工業。少遠售之地產。而農業尤莽鹵。國中之田。荒廢者眾。蓋二國鶩遠利。而波陀噶爾民尤樂走海。歐洲走海之國。先於波陀噶爾者獨義大利耳。義大利古羅馬開基國。其地農工商三業皆優。力田貴穀。成器遠售而交通者廣。史家龜舍丁尼言。察理第八未侵義時。其國雖山田犖确。其受耒與坦平原隰等。地處地中海三半島之正中。海線綿亙。轉漕尤易。共主所都。梯航總至。此其所以利農事也。雖然。以余觀之。龜舍丁尼雖近世信史。其言義之農盛如彼。蓋未盡實。古義之農業。未必勝今英也。

國財必被諸地而後實。故國之以通商庀工富者。使積畜不注於田疇。則其富厚常難恃而不可久也。鄙語有之曰。商無定籍。此更事之言也。畜長既厚。則其人趨利遷徙。如游牧者之薦居。徙則向之養功勸業者與俱。故財積而不被於地者。非其地之財也。必小之若宮室廠肆。大之若田疇溝洫。既閎既闢。夫而後其地為有此財也。歐洲中古之世。有所謂漢細亞商會者。連十數地之商業而為之。其隱賑動一時。即今過其故都。求前跡之少留。杳不復見。知者徒以十三十四兩稘之中。同時紀載所傳而已。義大利北部之民。多斥財以脩田業。則雖遇十六稘初載。與十五稘末年之凶災。一時工商之業。掃地幾盡。而狼跋氏若吐斯堅尼二部之富庶耕桑。至今猶無恙也。其他若伏蘭德之遭虐於西班牙。數經兵戰。安都爾闢、庚特、布魯支之商業。一時盡去。然伏至今猶為歐洲最饒極富名田多稼之區。無他。工商之利易消。而甽畝之流難涸故耳。豪華之奉。錢帛之多。經兵事輒亡。經暴政亦亡。獨至溝洫既脩。土膏浮溢。民習勤苦。野有積儲者。其富厚常安而不可傾。非一二百年之暴征苛政。不至蕩然。此則僅見於羅馬解紐後之歐羅巴西部者也。